Heinrich Mann

Anfang und Ziel ist der Mensch

Heinrich Mann

Anfang und Ziel ist der Mensch

Texte eines Idealisten

Herausgegeben von Günther Rüther

S. Marix Verlag

Inhalt

»Heinrich Mann
war nebeneinander
ein ausschweifender Ästhet,
ein satirischer Erzähler und ein
radikaler Tendenzschriftsteller.
Er hatte keinen Respekt vor den
herrschenden sozialpolitischen
oder künstlerischen Konventionen.
Er nahm keine Rücksicht auf
die Realität, weder als Artist
noch als politischer Kopf.«
Hermann Kesten (1959)

Einleitung

»Meinem Geschick bin ich dankbar – nicht weil ich bald oben, bald unten war. ›Wo ich sitze, ist immer oben.‹« Diese trotzigen Worte schrieb Heinrich Mann in seinem Erinnerungsbuch *Ein Zeitalter wird besichtigt* in den frühen Vierzigerjahren des 20. Jahrhunderts in einer kleinen Wohnung einer Durchgangsstraße direkt in Los Angeles. Er brachte damit seinen moralischen Anspruch als Schriftsteller zum Ausdruck, spielte aber zugleich auf seinen wechselvollen Lebensweg an. In den Zwanzigerjahren der Weimarer Republik zählte er zu den einflussreichsten Intellektuellen, die regelmäßig in den großen Tageszeitungen und Journalen präsent waren. Zeitweise blickte sein Konterfei auch von den Litfaßsäulen auf die vorbeiziehenden Menschen der Straßen Berlins. Doch Ruhm ist flüchtig. Schon bald darauf musste er Deutschland verlassen. Als unerbittlicher Streiter für Wahrheit und Gerechtigkeit, die Ideale der Demokratie in einer Republik, zählte er schon unmittelbar nach Hitlers Machtergreifung zu den Personen, für die im »Dritten Reich« zukünftig kein Platz mehr war. Seine Flucht – zuerst nach Nizza und von dort aus 1940 nach Los Angeles – hinterließ in seiner Seele tiefe Narben und zwang ihn zu einem Leben mit Einschränkungen, das er in seinen letzten Jahren nicht mehr ohne die finanzielle Hilfe seines Bruders Thomas führen konnte. Für ihn war dies eine Schmach, die er mit in den Tod nahm.

Die Brüder verband von dem Tag an, wo sich beide berufen fühlten, Schriftsteller zu werden, ein schwieriges, von Rivalität und zeitweise Missgunst geprägtes Verhältnis. Zunächst schaute Thomas, der Jüngere, voller Achtung und Wertschätzung auf Heinrich. Er bewunderte sein Talent und seinen unbekümmerten Lebensstil. Als Kinder hatten sie sich im Elternhaus in der Lübecker Beckergrube fern der Wirklichkeit gemeinsam in eine Märchenwelt hineingeträumt, in einen »Zustand freien Schwebens, der Enthobenheit aus Zeit und Raum« (Hans Wysling). Beide berichteten in ihren Lebensrückblicken über die Bindungskräfte, die diese Kindheitserlebnisse auslösten. Noch Jahre später, als Thomas seinen Bruder Ende der Neunzigerjahre des 19. Jahrhunderts in Rom und dem nahegelegenen Städtchen Palestrina besuchte, verlebten sie glückliche Tage der Brüderlichkeit, obwohl sich schon damals die Lebenslinien der beiden zu trennen begannen. Sie genossen den Sommer in den Sabiner Bergen, wanderten, lobten die einheimische Küche und ließen es nicht an gutem Wein fehlen. Im Winter verweilten sie in Rom. Sie diskutierten, lasen und fassten Pläne. Sie haben wohl sogar daran gedacht, es den Brüdern Edmond (1822–1896) und Jules de Goncourt (1830–1870) in Frankreich gleichzutun und gemeinsam einen Roman zu schreiben. Heinrich entfaltete in diesen glücklichen Tagen neben seinen schriftstellerischen Ambitionen auch sein Talent als Maler. Die monatlich eintreffende Zuwendung aus dem väterlichen Erbe gewährte ihnen den kleinen Wohlstand, dessen es bedurfte, um ein Künstlerleben zu führen. Das Erscheinen von Thomas' *Buddenbrooks* wenige Jahre später führte zu einer tiefgreifenden Veränderung des Verhältnisses der beiden Brüder. Heinrich fühlte sich herausgefordert, was sich weiter verstärkte, je mehr diese Familiengeschichte des Verfalls der bürgerlichen Gesellschaft Furore machte. Als Reaktion darauf veröffentlichte er binnen weniger Jahre mehrere Romane. Es kam zum Zerwürfnis. Thomas warf ihm vor, eine »Blasebalg-Literatur« zu schreiben, die vor allem auf Wirkung und Erfolg setze und nicht genug Wert auf Stil, Sorgfalt, innere Ordnung, inhaltliche Konsequenz und Geschlossenheit, Tiefe und Strenge lege. Heinrich war schockiert. Ihm fehlten die Worte. Er schwieg. Das enge brüderliche Band war vorerst zerschnitten; die noch verbleibende Verbindung lebte fortan vor allem aus den Tagen der Kindheit. Auch wenn es zu Beginn der Zwanzigerjahre zu einer Versöhnung der Brüder kam, fanden sie nicht zu der Unbekümmertheit früherer Tage zurück. Sie lebten ein jeweils anderes Leben: Heinrich das Leben eines Bohemiens, Thomas ein bürgerliches Leben in einem fest gefügten sozialen Rahmen. Für Heinrich änderte sich dies vorübergehend, als er 1914 die Prager Schauspielerin Maria Kanová heiratete. Die Brüder schauten mit anderen Augen auf die Welt. Ihre Bücher sprachen, augenfällig von Heinrichs Roman *Im Schlaraffenland* und Thomas' *Buddenbrooks* an – sie erschienen kurz nacheinander – von dieser Verschiedenheit, das Leben zu betrachten und es in Literatur zu formen. Beide feierten große Erfolge. Thomas erhielt sogar 1929 den Literaturnobelpreis. Heinrich genoss in der Weimarer Republik höchstes Ansehen. Er wurde zum »Mann der Republik«. Aber mit seinen Büchern war ihm insgesamt nicht annähernd ein so anhaltend großer Erfolg vergönnt wie seinem jüngeren Bruder. Darunter litt er.

Als Schriftsteller in der »Bonner Republik« am Ende der Sechzigerjahre danach gefragt wurden, welche Romane sie von Heinrich Mann gelesen hätten, stellte sich heraus, dass nur wenige von ihnen tiefergehende Kenntnisse seines Werkes besaßen. Das mag sich heute geändert haben. Doch noch immer lasten auf seinem Werk zwei Schatten. Der Ruhm und literarische Erfolg seines Bruders Thomas und die deutsche Teilung, die Heinrich Mann als Vorzeige-Autor der DDR in der Bundesrepublik die verdiente Anerkennung versagte. Er hat sie bis heute nicht gefunden.

Kind aus wohlhabender Familie

Heinrich Mann wurde am 27. März 1871 als erstes Kind von Thomas Johann Heinrich Mann und dessen junger Ehefrau Julia, geb. da Silva-Bruhns, in der Freien Hansestadt Lübeck geboren. Bei diesem Ehepaar handelte es sich nicht um eine gewöhnliche Bürgerfamilie, sondern um junge Leute gehobenen Standes. Mitte der Siebzigerjahre flüsterte die stolze Mutter ihrem gerade einmal vierjährigen Sohn Heinrich ins Ohr: »Wir sind nicht reich, aber sehr wohlhabend.« Und das traf es auf den Punkt. Lübecker, die etwas auf sich hielten, protzten nach alter Hanseatischer Tradition nicht mit ihrem Wohlstand. Sie versteckten ihn aber auch nicht, vielmehr wussten sie damit behutsam umzugehen. Dies galt insbesondere für die alten Kaufmannsfamilien. Und dazu zählte die Familie Mann.

Heinrichs Vater führte ein seit Jahrzehnten einträgliches Kommissions- und Speditionsgeschäft, das vor allem auf dem Getreidehandel basierte. Die Familie erwarb damit so viel Ansehen, dass ihrem »Oberhaupt« der Titel eines »Königlich Niederländischen Konsuls« verliehen wurde. Thomas Johann Heinrich Mann wurde zudem 1877 zum Senator auf Lebenszeit berufen. Er zeichnete in Lübeck für das Finanz- und Steuerwesen verantwortlich. Auch seine elf Jahre jüngere Frau Julia da Silva, Heinrichs Mutter, mehrte das Ansehen der Familie. Sie hatte deutsch-portugiesische Wurzeln. Ihre Eltern lebten in Brasilien. Sie brachte gelebte Weltoffenheit nach Lübeck und verzauberte mit ihrem Charme und ihrer Anmut das familiäre Umfeld. Besonders begehrt waren ihre Einladungen zum Maskenball. Heinrich erinnerte in seiner Novelle *Das Kind* an diesen Ballzauber, der vom Kaiserlichen Hof Napoleons III. schließlich auch den Weg nach Lübeck fand. Er schrieb: »Man spielte Scharaden, gab Rätsel auf, die Damen bemalten die Fächer ihrer Freundinnen mit Aquarellen, Herren, die sie verehrten, schrieben ihre Namen darauf.« Diese Sitten und Gebräuche fanden ihren Höhepunkt im Maskenball, dessen

Faszination nicht nur die Höflinge in Paris erlagen, sondern auch die braven Lübecker. Heinrich wuchs in einer behüteten Welt des Wohlstands, der sozialen Anerkennung und in gewissem Maße des Exotischen auf. Im Maskenball fand dies seinen kultivierten Ausdruck.

Wie sich alsbald zum Leidwesen seines Vaters herausstellen sollte, fühlte Heinrich sich mehr vom Exotischen angezogen als vom Kaufmannswesen. Alle Versuche, ihn für Letzteres zu gewinnen, scheiterten. Ihn begeisterten Bücher, Schriftsteller und das ganz in der Nähe des elterlichen Hauses gelegene Theater. Die Gedichte von Heinrich Heine, Theodor Storm und Emanuel Geibel, die Balladen und Romane von Theodor Fontane hatten es ihm mehr angetan, als das Zahlenwerk des Kommissionshandels und die Verhandlungen mit den Getreidebauern. Schon als Schüler fing er an zu schreiben. Das Gymnasium trat dabei mehr und mehr in den Hintergrund. Zuerst ein vortrefflicher Schüler, ließen seine Leistungen allmählich nach. Das Abitur zu machen, wozu es ihm keineswegs an Fähigkeiten mangelte, reizte ihn nicht. Er sah seine Zukunft nicht in Lübeck. Es zog ihn nach Dresden. Durch den Beginn einer Buchhandelslehre glaubte er, zusätzlich zur Profession des Schreibens auch noch das Lesen zum Beruf machen zu können. Doch schon schnell zeigte sich, dass von ihm anderes erwartet wurde, als Bücher zu studieren. Von seiner Mutter zum Freigeist erzogen, missfiel ihm die soziale Unterordnung in dem feinen aber kleinen Unternehmen Zahn und Jaensch. Um die Enge zu verlassen, kündigte er und suchte im S. Fischer Verlag in Berlin sein Glück. Dort begann er im April 1891 ein Volontariat. An der damaligen Friedrich-Wilhelms-Universität schrieb er sich als Gast ein. Damit eröffnete sich ihm die Möglichkeit, die dort versammelten Geistesgrößen von Wilhelm Dilthey, über Heinrich von Treitschke bis Hermann Grimm zu hören. Doch auch der streng geregelte und lebensferne Universitätsbetrieb entsprach anscheinend nicht ganz seinem inneren Wesen. Er tummelte sich lieber in der Berliner Theaterszene und den

Etablissements der Berliner Nacht. Der frühe und unerwartete Tod seines Vaters im Oktober 1891 bedeutete einen tiefen Einschnitt in das Leben der Familie. Die Mutter zog bald darauf mit ihren Kindern nach München. Gerade 20 Jahre alt, musste Heinrich auf eigenen Füßen stehen. Fortan stand für ihn fest, Schriftsteller zu werden.

Jahre der Selbstfindung

Nach dem Tod seines Vaters führte er ein rastloses Leben. Von einer systematischen schriftstellerischen Arbeit konnte zunächst nicht die Rede sein. Aber er bereitete sich darauf vor; er las viel, hörte den einen oder anderen Vortrag und vertiefte sich in die Lektüre zeitgenössischer Autoren. Besonders Friedrich Nietzsche, dieser »Aufwühler des Zeitgeistes«, hatte es ihm angetan. Seine Werke wurden zu seiner Hauptlektüre. Hinzu kam der aufregende Prophet der Moderne, Hermann Bahr. Er nahm einen nachhaltigen Einfluss auf sein Denken und Schreiben. Bahr beschäftigte, wie die Hektik der Tage, die Industrialisierung und Landflucht, auf die innere Verfassung der Menschen einwirke, wie die rastlose Zeit deren Nerven und Seele bestimme, sodass schließlich sie – nicht die Vernunft – zum bestimmenden Wesenszustand des Menschen würde. Nach einem Blutsturz musste Heinrich sein Volontariat beim S. Fischer Verlag aufgeben und zu seiner Genesung längere Zeit in Sanatorien verweilen. Nachdem er seine Krankheit überwunden hatte, zog es ihn nach Italien; nach Florenz, Rom oder an den Gardasee nach Riva, das damals noch zum Habsburger Reich gehörte. Nur selten kehrte er nach München zu seiner Familie zurück. Italien galt in den Neunzigerjahren als Sehnsuchtsland der europäischen Oberschicht.

Heinrich führte zur Jahrhundertwende ein Künstlerleben. Hier und da gelang es ihm, einen Artikel zu schreiben, der in der Monatsschrift *Die Gesellschaft* und bald darauf auch in *Die Gegenwart* veröffentlicht wurde. Mitte der Neunzigerjahre gab er die Berliner Zeitschrift *Das Zwanzigste Jahrhundert* heraus und schrieb dafür zahlreiche Beiträge im Geiste der Wilhelminischen Zeit. Sein Lebensstil änderte sich erst, als er 1914 nach München zurückkehrte und Maria Kanová heiratete. Aus der Ehe ging die gemeinsame Tochter Leonie hervor, genannt Goschi.

Bedeutende Köpfe der Philosophie und Literatur beeinflussten Heinrich Manns schriftstellerische Arbeit. Über Bahr fand er zu dem französischen Schriftsteller Paul Bourget. Ihm widmete er seinen ersten Roman *In einer Familie*, der mit finanzieller Hilfe der Mutter bereits 1894 erschien. Bourget öffnete ihm den Blick in die Welt der heimatlosen Oberschicht, die ein ausschweifendes, genusssüchtiges Leben führt und das Wohl des Einzelnen über die gesellschaftliche Verantwortung stellt. Bourgets radikaler Individualismus, seine konservative Weltanschauung, seine Stoffauswahl und psychologisierende Darstellungsweise prägten ihn. Auch Heinrich Manns in den Neunzigerjahren entstandene Novellen atmen den Geist dieses französischen Meisters. Bourgets Weltanschauung formte sein Bewusstsein. Heinrich Mann war in den Neunzigerjahren ein patriotischer Monarchist. Seine Beiträge in der Zeitschrift *Das Zwanzigste Jahrhundert* weisen ihn als Gefolgsmann Wilhelm II. aus. In seinen politischen Essays verteidigte er nicht nur den Kaiser, die Monarchie und das Gottesgnadentum; er polterte zugleich gegen das Parlament und die Juden. Obwohl er sich mit Nietzsche schon lange beschäftigt hatte, wiesen dessen Schriften ihm erst zu Beginn des 20. Jahrhunderts den Weg zu einer literarischen Neuorientierung. Vor allem machte er sich Nietzsches Kritik am Wilhelminischen Reich zu eigen und fühlte sich von dessen Verständnis des Künstlerdaseins inspiriert. Im Künstler sah Nietzsche einen »Philosophen der Macht«, der ohne Rücksicht auf sein eigenes Lebensglück tätig sei. Die Romane *Im Schlaraffenland*, *Jagd nach Liebe* und die Trilogie *Die Göttinnen*, die alle in den ersten Jahren des 20. Jahrhunderts entstanden, verweisen auf ihn. In *Die Jagd nach Liebe* schildert er, wie die Kunst den Zugang zum Leben verschließt. Die Schauspielerin Ute kanzelt ihren Jugendfreund Claude mit den Worten ab: »Eine Künstlerin, die sich verliebt, wirklich und ganz verliebt – das war nie eine.«

Im Eingangszitat offenbart sich Nietzsches Einfluss auf Heinrich Mann bis ins hohe Alter. Zweifellos ließ er sich von ihm am Anfang seines Lebens als Schriftsteller begeistern. An dessen Bild vom Künstler, dessen Sendungsbewusstsein, Ausnahmestellung in der Gesellschaft und dessen Glaube an die Macht des Wortes hielt er fest, auch wenn die Wirkungsmacht dieses »Aufwühlers des Zeitgeistes« auf ihn insgesamt im Laufe der Jahre abnahm. Mit der Machtübernahme der Nazis bekam sein Nietzsche-Bild Risse, je mehr diese sich auf ihn beriefen und sein Werk missbrauchten. 1939 schrieb er in seinem Nietzsche-Essay: »Was haben Eingeweihte ihm geglaubt?« Er fügte an: »Vieles, aber nicht alles.«

Geist und Tat

Eine zentrale Figur in Nietzsches Philosophie ist der zur Tat schreitende, geistige Mensch und die »Verachtung der dumpfen, unsauberen Macht«, wie es in Heinrich Manns Essay *Geist und Tat* heißt. Doch bevor Heinrich Mann von 1910 an mehr und mehr in die Rolle des intellektuellen Wortführers zur Gestaltung einer besseren Gesellschaft hineinwuchs, verfasste er mit *Professor Unrat*, *Zwischen den Rassen* und vor allem dem Roman *Die kleine Stadt*, der 1909 erschien, gesellschaftskritische Werke, die sich vom Kult des Individualismus und Ästhetizismus abwandten und mit kritischem Blick auf die Gegenwart schauten. In seinem Roman *Die kleine Stadt* inszenierte er am Beispiel italienischer Lebenskultur einen Gegenentwurf zur wilhelminischen Untertanengesellschaft. In Gestalt der Mitglieder einer fahrenden Theatertruppe und der Bürger der kleinen italienischen Stadt, in der die Schauspieler gastieren, treffen zwei Welten aufeinander, sind Kunst und Leben Teil eines vielfältigen Reigens. Die Kultur, besonders deren musikalische Form, spielt im Roman wie in Heinrich Manns Leben eine zentrale Rolle; sie wird für ihn nicht nur im Roman zum prägenden Element des gesellschaftlichen Fortschritts. Von ihr geht der Impuls zu einer demokratischen Lebensform aus. Heinrich Mann selbst schrieb über *Die kleine Stadt*: »Was hier klingt ist das hohe Lied der Demokratie. Es ist da, um zu wirken in einem Deutschland, das ihr endlich zustrebt.« Den Weg zur demokratischen Lebensweise zeigte er in dem Zola gewidmeten Essay auf. In der Spiegelung von dessen Lebensgeschichte erklärte er auch seine eigene. Der Essay *Zola* erschien 1915. Er ist ein wahres Kunstwerk des Versteckens und Anklagens. Zolas Leben und das des Autors, deren Gedanken fließen hin und her und verschränken sich, sodass die Vergangenheit in die Gegenwart rückt und umgekehrt. Allein diese kunstvolle Form der Verhüllung ermöglichte es, dass diese Anklageschrift während des Krieges erscheinen konnte. Am Scheidepunkt des Wilhelminischen Reiches sprach Heinrich Mann sich darin im Namen Émile Zolas gegen die Monarchie, den Krieg und für die Republik, ihre Ideale der Freiheit, Gleichheit und Gerechtigkeit aus. Zwei Schlüsselsätze aus diesem Manifest der Freiheit lauten: »Die Wahrheit und die Gerechtigkeit siegen trotz allem, nur darf es nicht verlauten. Der Sieg muß zweifelhaft bleiben.« Er musste zweifelhaft bleiben, weil die Stunde des Tages es erforderte. Die Stunde der Wahrheit und Gerechtigkeit war im Wilhelminischen Reich noch nicht gekommen, aber sie kündigte sich für kritische Zeitgenossen wie Heinrich Mann an. Da es zu den Eigenschaften der Vernunft gehört, zeitweilig zu ermüden, muss ständig um sie gerungen werden. Nur dann kann sie sich auch nach einer Phase der Erschlaffung kraftvoll zurückmelden. Sie ist mehr Hoffnung als Erfüllung. Dies erklärt der zweite Schlüsselsatz: »Wir können nichts tun, als kämpfen für die Ziele, die nie erreicht werden, aber von denen abzusehen schimpflich wäre, – kämpfen und dann dahingehn.«

Als er diese Zeilen schrieb, hatte er bereits sein nach dem Ersten Weltkrieg Furore machendes satirisches Meisterwerk *Der Untertan* abgeschlossen, das zunächst 1914 der Zensur zum Opfer fiel. Darin thematisiert er die fatale Neigung der Deutschen nach oben zu buckeln und nach unten zu stoßen. Oberflächlich betrachtet schien dieser menschenverachtende Untertanengeist mit dem Ende der Monarchie und der Niederlage des deutschen Militarismus 1918 überwunden. Doch Heinrich Mann zweifelte nicht daran, dass er in Wahrheit in den Tiefenstrukturen der Weimarer Republik fortleben würde. In dem Essay *Kaiserreich und Republik* entwickelte er, in welchem Maße die noch junge Demokratie auf den Trümmern des Kaiserreiches und seines missratenen Geistes fußte. Ihm war bewusst, dass es nicht ausreiche, die Republik auszurufen und in der Verfassung zu verbriefen; die Republik brauche Zeit, damit sie im Innern der Bürger wachsen könne.

Lehrmeister der Demokratie

Zu Beginn des Großen Krieges sorgte sich Heinrich Mann, ob er nach dessen Ende – er rechnete mit einer Niederlage der Mittelmächte –die Familie als Schriftsteller ernähren könne. Doch seine düsteren Vorahnungen trafen nicht ein. Er wurde einer der einflussreichsten und angesehensten Intellektuellen im Land. Sein Bruder Thomas nannte Gerhart Hauptmann anlässlich dessen 60. Geburtstags »König der Republik«. Heinrich Mann wurde ihr Lehrmeister. In zahlreichen politischen Essays, die manches Mal die Titelseiten der großen Tageszeitungen zierten, warb er für ihren Erhalt. Zugleich zählte er aber auch zu ihren engagiertesten Kritikern. Am vierten Verfassungstag hielt er in der Dresdner

Semperoper im August 1923 eine flammende Rede zur Weimarer Verfassung. Die Zeiten waren schwierig; die Inflation führte zur Verarmung der Gesellschaft, die Ruhrkrise stellte die Einheit der Republik in Frage, politische Morde von Rechtsextremisten und Putsche von links und rechts forderten die Wehrhaftigkeit der Republik heraus. Ihr Zerfall drohte. In dieser schweren Stunde rief Heinrich Mann den Verantwortlichen in Politik, Wirtschaft und Medien entgegen: »Anfang und Ziel ist der Mensch. Der Staat, die Wirtschaft sind tauglich oder verfehlt, je nachdem sie den Menschen fördern oder hemmen. Humanität im Sinne Weimars sollte der Kern der Politik sein.« In diesem Sinne plädierte er für Vernunft, Gerechtigkeit und Frieden. Er trat dafür ein, die Weimarer Verfassung in Ehren zu halten. Reichskanzler Gustav Stresemann riet er in einem offenen Brief zu einer Diktatur des Rechts und der Vernunft, um die Republik vor ihren Feinden zu schützen. Er sah sie durch Kommunisten und Nationalsozialisten in ihrem Inneren bedroht. Zum deutschen Volk sagte er: »Dieses Volk ist immer dort, wo nichts zu holen ist als Wahnsinn, wo nichts zu finden ist als Nacht.« Ein Menetekel für alle Deutschen, ein Warnruf, dessen Berechtigung erst zehn Jahre später in seiner ganzen Tragweite erkennbar wurde. Auf dem Parteitag der Deutschen Demokratischen Partei 1927 in Hamburg appellierte er als Festredner an alle Demokraten, im Kampf des Tages den Gemeinsinn nicht aus dem Auge zu verlieren. Denn Demokratie heißt Güte, heißt Zusammenhalt, alle sind für einander verantwortlich. Ihr Gegenteil sei Ideenhass und die Verweigerung des Rechts.

Heinrich Mann trat für eine Versöhnung der europäischen Staaten ein. Dabei wies er Frankreich und Deutschland eine Führungsrolle zu, weil ohne sie Europa nicht zusammenwachsen könne. Er plädierte für eine deutsch-französische Konföderation. Sie sollte den Nukleus für die Vereinigten Staaten von Europa bilden. Im europäischen Gedanken erkannte er die Chance, dem aufkommenden Nationalismus die Stirn zu bieten und einen nochmaligen europäischen Bürgerkrieg wie die Heimsuchung von 1914 zu verhindern. Seine politischen und kulturellen Essays in der Weimarer Republik weisen ihn als einen Brückenbauer zwischen den Nationen und Friedensstifter zwischen den gesellschaftlichen Kräften aus, die die Republik erhalten wollten. Zugleich wies er die geistigen Brandstifter, die Kommunisten und Nationalisten, aber auch die skrupellosen Wirtschaftsbosse in die Schranken. Er war bis zur Machtergreifung der Nationalsozialisten 1933 davon überzeugt, dass die sittliche Idee der Republik, ihr geistiges Fundament und ihre in der Verfassung garantierte politische Ordnung den Stürmen der Zeit standhalten würden. Zunächst als Mitglied der Akademie der Künste und später als Präsident der Sektion Dichtkunst in Berlin versuchte er, die Demokratie vor ihren Feinden zu schützen. In den Dreißigerjahren erlebte er, wie der Verfassungskonsens von den widerstreitenden zentrifugalen Kräften ausgezehrt wurde. Die Republik zerfiel, weil die staatstragenden Kräfte vom Reichspräsidenten, über den Reichstag bis zu den Parteien der Mitte kurzsichtige Interessen über das nationale Wohl stellten. Hitler hatte deshalb leichtes Spiel, die Macht an sich zu reißen und die Verfassung außer Kraft zu setzen.

Seit 1926 lebte Heinrich Mann überwiegend in Berlin. Ihn zog es in die Hauptstadt, weil dort die Kultur aufblühte. Immer mehr namhafte Künstler, Maler, Musiker, Schriftsteller und Schauspieler verließen die Großstädte in den Ländern, um in dem gärenden Musentempel Berlin dabei zu sein, wenn nahezu täglich eine neue Sensation die Gemüter erregte. Berlin schickte sich an, zum Babylon der Moderne zu werden und Paris als europäische Kulturmetropole den Rang abzulaufen. Einen Beitrag dazu leistete auch die Verfilmung seines 1905 erschienenen Romans *Professor Unrat*. Er wurde unter dem Titel *Der blaue Engel* mit Marlene Dietrich und Emil Jannings in den Hauptrollen zu einem Welterfolg und machte Heinrich Mann zum Star der frühen Dreißigerjahre. Aber nicht nur die Produktion dieses Films erforderte seine Anwesenheit in Berlin. Vor allem war es sein neues Amt in der Preußischen Akademie der Künste in der Sektion Dichtkunst. Hier prallten die wachsenden geistigen und politischen Auseinandersetzungen in der zweiten Hälfte der Zwanzigerjahre in wachsender Härte aufeinander. Trotzdem wurde er 1931 zu ihrem Präsidenten gewählt. Seine Bekanntheit und seine Persönlichkeit halfen den Mitgliedern der Sektion offensichtlich dabei, über seine ebenso entschiedene wie streitbare Haltung zur Weimarer Republik hinwegzusehen. Er wurde einvernehmlich per Akklamation gewählt. Seine häufige Anwesenheit in Berlin ließ ihm immer weniger Zeit, sich um seine Familie in München zu kümmern.

Seine Ehe ging in die Brüche. Zuerst verliebte er sich in die Kabarettistin und Filmschauspielerin Trude Hesterberg, danach in die Bardame Nelly Kröger, die er 1939 im Exil zu Beginn des Zweiten Weltkrieges heiratete. Seine vielfältigen Verpflichtungen hinderten ihn nicht, neben seiner umfangreichen essayistischen Tätigkeit auch weiterhin Romane zu schreiben. Zeit für Novellen fand er nur noch selten. Hervorzuheben ist vor allem seine Generalabrechnung mit dem Kaiserreich in dem Roman *Der Kopf*, der 1925 erschien. Immer wieder kommt Heinrich in seinen Romanen auf die schmerzhafte Kontroverse mit seinem Bruder zu sprechen. Nirgendwo geschieht dies jedoch so ausführlich und unverhüllt wie hier. In den Figuren Terra und Mangolf schilderte er die Hintergründe und Rivalitäten. Terra, dem selbstlosen Gesellschaftskritiker steht Mangolf gegenüber, der Strebsame, Erfolgshungrige, dem es nicht schwerfällt, mit der Zeit zu gehen.

Von dieser Kontroverse ist in den darauf folgenden sogenannten »Republik-Romanen« *Mutter Marie*, *Eugénie oder Die Bürgerzeit* und *Die große Sache* nichts mehr zu spüren. Darin ging es Heinrich vor allem darum, der entgleisenden Gesellschaft den Spiegel vorzuhalten. Seine moralische Lehre lautete: »Lernt verantworten«, »lernt ertragen« und »lernt euch freuen«. Dieser Dreiklang verbindet die ansonsten thematisch sehr unterschiedlichen Handlungen und Begebenheiten der Romane.

An seinem 60. Geburtstag 1931 befand er sich auf dem Höhepunkt seiner Karriere. Er wurde in den Medien als Intellektueller gefeiert, der die Abgründe der Zeit aufgreift. Er schilderte sie, ermutigte die Zeitgenossen aber auch, nicht in sie hinabzusinken, sondern sich ihrem Sog zu erwehren.

Eine Ausnahmestellung seiner Romane in der Weimarer Republik nimmt das Sozialdrama *Ein ernstes Leben* ein. Darin erzählt er die schillernde Lebensgeschichte seiner späteren Frau Nelly Kröger, die aus einfachsten Verhältnissen kommend ein Leben zwischen familiärer Fürsorge, Kriminalität und Bordell führt. Der Roman erschien am Ende der Republik; ihm blieb es nicht zuletzt deshalb versagt, eine Breitenwirkung zu erzielen. Mit Beginn des Nationalsozialismus fiel er in Vergessenheit. Heinrich Mann stellte mit Marie Lehning eine Frau in den Mittelpunkt der Handlung, die es wegen ihrer Authentizität, Originalität, Menschlichkeit und Ausstrahlungskraft verdient mit anderen großen Frauengestalten der Weltliteratur verglichen zu werden. Im Geist seines großen Lehrmeisters Honoré de Balzac inszenierte er mit Marie eine Frauenfigur, deren Kriminalität nicht einer Charakterschwäche, sondern den Zumutungen einer entgleisenden Gesellschaft entspringt, einer Gesellschaft, die den Armen die Möglichkeit nimmt, ein Leben in Anstand und Würde zu führen. In keinem anderen Roman gelingt es dem Autor eine ebenso plastische, authentische und ergreifende weibliche Romanfigur zu schaffen, die gerade in ihrer Widersprüchlichkeit zu überzeugen weiß und die Möglichkeit wertvoller Menschlichkeit trotz Kleinkriminalität aufzeigt. Wie bei Balzac ist es auch hier eine magische Macht in Gestalt eines Polizeikommissars, die Marie vor dem Abgrund rettet.

Fast zeitgleich zu diesem Roman erschien der Essayband *Das öffentliche Leben*. Nach *Macht und Mensch*, *Diktatur der Vernunft*, *Sieben Jahre* und *Geist und Tat* war es der fünfte und letzte in der Weimarer Republik. *Geist und Tat* nimmt unter ihnen insofern eine Sonderstellung ein, da in ihm biografische Portraits französischer Schriftsteller vorgestellt werden. *Das öffentliche Leben* vereinigt politische und kulturelle Beiträge der letzten Jahre unterschiedlicher Art. Rückblickend sticht seine Auseinandersetzung mit dem aufkommenden Nationalsozialismus hervor. Heinrich Mann mutmaßte, dass der Nationalsozialismus zur Herrschaft gelangen könne, weil die Deutschen wieder einmal in sich den »Ruf des Abgrunds hören«. »Die Deutschen hören ihn reichlich oft«, stellte er fest. Doch noch schien es offen, ob sie ihm wirklich folgen würden. Heinrich Mann hoffte, dass die vorangegangenen Katastrophen das Volk belehrt hätten. Er hoffte vergebens, wie wir heute wissen.

Im Februar 1933 wurde er von den Nazis aus der Akademie der Künste ausgestoßen, ebenso wie unter anderen auch Käthe Kollwitz. Nach einem mahnenden Hinweis des französischen Botschafters und wohl auch anderer verließ er wenige Tage später das »Dritte Reich«. Er glaubte an eine Abreise auf Zeit, nicht an einen Abschied für immer.

Fremde Heimat

Heinrich Mann fühlte sich in Nizza wohl. Schon in früheren Jahren hatte er diese wunderbare Metropole an der Grenze zwischen Italien und Frankreich, zwischen dem Glitzern des Mittelmeeres und der Kühle der nahen Berge schätzen und lieben gelernt. In Nizza erlebte er nicht die Bitternis des Exils. Frankreich empfand er als »Vorposten der menschlichen Freiheit«. Aber fern von seinen Lesern in Deutschland hafteten Nizza und der Côte d'Azur auch etwas Fremdes an. Es war ein Unterschied, ob er dort Urlaub machte und ausruhte, oder ob er als Schriftsteller dort sein Leben bestreiten musste. Die »Côte« konnte trotz ihrer unbestreitbaren Reize seine Heimat nicht ersetzen und es kam noch hinzu, dass Deutschland ihm während der nationalsozialistischen Diktatur immer fremder wurde.

Nelly und Heinrich lebten gut sieben Jahre in Nizza, stets in der Nähe des Boulevard des Anglais. In dieser Zeit veröffentlichte er drei Essaybände. Der erste kam bereits Ende 1933 heraus, der letzte im Kriegsjahr 1939. In allen drei Büchern stand die Auseinandersetzung mit Hitler und seinen Helfershelfern im Vordergrund. Den schärfsten Ton schlug Heinrich Mann gegen sie in seinem ersten Band *Der Haß* an. Die Wunde der Flucht und die seelischen Folgen der Erniedrigung verleiteten ihn dazu, dem Regime mit blanker Verachtung und Hass zu begegnen. So nachvollziehbar dies nicht nur aus seiner persönlichen Situation heraus war, entsprach seine radikale Darstellung nicht der Wahrnehmung vieler Deutscher, Franzosen und der Einschätzung im europäischen Ausland. Sie sah darüber hinweg, dass es Hitler gelang, weite Teile der deutschen Bevölkerung für seine Politik einzunehmen und das Ausland zunächst zu beruhigen. Die Olympischen Spiele 1936 in Berlin wären nicht zu einem internationalen Festival des Nazi-Regimes geworden, wenn es auf breite Ablehnung im Deutschen Reich und seitens der bei den Spielen versammelten Welt gestoßen wäre. Heinrich Manns Schriften blendeten dies weitgehend aus. Zudem zog er einen dicken Trennungsstrich zwischen dem deutschen Volk und seinen Verführern, ohne zu erkennen, dass es ihnen allzu bereitwillig folgte. Auch wenn er in den beiden Folgebänden seinen hasserfüllten Ton milderte, hielt er an seinem Ziel fest. Er wollte das europäische Ausland, insbesondere Frankreich, vor den deutschen »Schreckensmännern« warnen und die Wachsamkeit und Solidarität gegen das »Dritte Reich« fördern. Zweitens kam es ihm darauf an, die in der Emigration lebenden Deutschen über weltanschauliche Gräben hinweg zu einen. Beide Ziele erreichte er mit seinen politischen Essays, wenn überhaupt, nur ansatzweise. Sie stießen weder in Frankreich noch im erweiterten europäischen Ausland auf eine breite Resonanz. In den Kreisen der Emigranten fanden sein Mut und seine Unerschrockenheit breite Anerkennung. Erst seit Mitte der Dreißigerjahre, als die Nazis ihr Regime gefestigt hatten, traten Heinrich Manns schlimmste Befürchtungen für alle, die es sehen wollten, ein. Trotzdem scheiterte sein Bemühen, eine Volksfront gegen Hitler zu schmieden. Schon am Ende der Weimarer Republik hatte er Sozialdemokraten und Kommunisten aufgefordert, sich zusammenzuschließen. Daran knüpfte er wieder an. Jedoch wollte er den Kreis nunmehr um alle diejenigen erweitern, die bereit waren, gegen die Hitler-Diktatur ihre Stimme zu erheben. Das Vorhaben scheiterte, weil die Kommunisten einen Führungsanspruch erhoben und sich weigerten, ein Bekenntnis für ein freies republikanisches Nachkriegsdeutschland abzulegen. Heinrich Manns Vermittlungsversuche liefen ins Leere, obwohl er den Kommunisten weit entgegenkam. Er trat für ein enges Einvernehmen mit der Sowjetunion und ihren – seiner Meinung nach – glorreichen Führern Lenin und Stalin ein. Ohne die Sozialistische Sowjetunion könne es keinen Frieden und auch keinen deutschen Volksstaat geben, schrieb er. In seinen Lebenserinnerungen bekräftigte er diese Position und sah in Stalin einen genialen Weltenlenker, und in der Sowjetunion ein Modell der Zukunft für die Welt. Diese Sichtweise irritiert. Dabei bleibt zu bedenken, dass die Welt erst später vom ganzen Ausmaß des stalinistischen Terrors erfuhr.

Neben den Essaybänden beschäftigte ihn die Niederschrift seines Doppelromans *Die Jugend des Königs Henri Quatre* und *Die Vollendung des Königs Henri Quatre*. Die Arbeit daran füllte nahezu die ganze Zeit seines Aufenthalts in Frankreich aus. Es entstand ein historisches Epos mit vielen Bezügen zur nationalsozialistischen Diktatur. Es hat Shakespear'sches Format. Im Mittelpunkt der Handlung steht Heinrich IV., der vom König von Navarra zum König von Frankreich während der Zeit der Religionskriege aufstieg. Heinrich Mann diente die historische Vorlage vor allem als Quelle der Inspiration. Er schrieb kein Geschichtswerk, sondern einen Roman, der sich vom Leben dieses sagenumwobenen Königs leiten ließ. Der Kristallisationspunkt der Handlung ist die Bartholomäusnacht im August 1572 in der tausende Protestanten niedergemetzelt wurden. Heinrichs Gefolgsleute hielten sich in Paris auf, um die Hochzeit der Versöhnung Heinrichs, dem Hugenotten, mit der Katholikin Margarete von Valois zu feiern. Sie zahlten mit dem Tod, Heinrich IV. überlebte.

Margarete war die Tochter des bösen Geistes im Louvre, Katharina von Medici, die im Hintergrund die Strippen dieser Bluttat zog. Die Bluttat stellt den zivilisatorischen Tiefpunkt der Religionskriege in Frankreich dar. Nach seiner Flucht aus dem Louvre versuchte Heinrich IV., der inzwischen zum Katholizismus konvertiert war, das Land zu befrieden, was ihm schließlich mit dem Edikt von Nantes 1598 als König von Frankreich gelang. Es garantierte die Gewissens- und Religionsfreiheit. Von der Bartholomäusnacht bis zum Edikt vergingen über 20 Jahre, in deren Mittelpunkt Henris Kampf gegen die immer einflussreicher werdende katholische Liga stand. In ihrer Radikalität und menschenverachtenden Herrschaft entdeckte Heinrich Mann Parallelen zur nationalsozialistischen Diktatur. Mit der Darstellung ihrer Führer und deren Wortwahl verwies er auf ihren gewaltsamen Weg zur Macht. In der Gestalt des Predigers Boucher skizzierte er das Portrait von Joseph Goebbels. Als Kontrast zu den Gewaltmenschen zeichnete er mit Henri einen Herrscher, der seine Macht auf Güte und Ausgleich gründete, der versuchte, in seiner Amtszeit den Menschen ein guter König zu sein. Heinrich Mann schildert seine Entwicklung vom kämpfenden Heerführer zum volksnahen Herrscher, der dafür eintritt, dass seine Untertanen ein auskömmliches Leben in Freiheit führen können. Am Ende des Romans zieht Henri die Bilanz seines Lebens: »Ich habe viel geliebt. Ich habe mich geschlagen und die Worte gefunden, die packen. Französisch ist meine Lieblingssprache: selbst die Fremden möchte ich daran erinnern, dass die Menschheit nicht dazu erschaffen ist, ihren Träumen zu entsagen, die nichts anderes sind als wenig bekannte Realitäten. (…). Das Glück, es gibt es. Erfüllung und Überfluß sind in Reichweite. Und die Völker kann man nicht erdolchen. Habt keine Angst vor den Messern, die man gegen euch aussendet. Ich habe sie nie gefürchtet. Macht es besser als ich. Ich habe zu lange gewartet. Die Revolutionen kommen nie zur rechten Zeit: deshalb muß man sie zu Ende führen, und zwar gewaltsam.«

Im Angesicht des Nationalsozialismus trat Heinrich Mann für einen kämpferischen Humanismus ein, um die Freiheit zu verteidigen. Er war ein Idealist, der spürte, dass in der Stunde der Not die Ideale nicht allein mit Ideen und Worten verteidigt werden können. Im zweiten Teil des Romans heißt es: »Unser König ist kein Künstler, sondern ein Soldat«.

Neubeginn ohne Erfolg

Als die nationalsozialistischen Truppen Paris besetzten, konnten Nelly und Heinrich nicht länger in Frankreich bleiben. Sie flohen über die östlichen Ausläufer der Pyrenäen nach Lissabon und von dort mit dem Schiff nach New York. Nach einem kurzen Aufenthalt bei seinem Bruder Thomas in Princeton zog Heinrich mit seiner Frau nach Los Angeles. Dort versammelten sich – wie einst in Nizza – viele deutsche Migranten. Auch sein Bruder Thomas ließ sich bald darauf in Pacific Palisades nieder, wo er eine geräumige Villa baute, das sogenannte »Weiße Haus«. Ein Jahr erhielt Heinrich eine großzügige Unterstützung von der Filmgesellschaft Warner Brothers. Doch ihm fehlte das Talent, Drehbücher à la Hollywood zu schreiben. So war er fortan darauf angewiesen, von seinen Büchern zu leben. Im amerikanischen Exil gelangen ihm noch drei Romane und sein Memoirenbuch *Ein Zeitalter wird besichtigt*. Bei den Romanen handelt es sich um *Lidice*, *Der Atem* und *Empfang bei der Welt*. In diesen Arbeiten schlug er einen neuen

Ton an. Sein Bruder Thomas sprach von einem »Greisen-Avantgardismus«, ohne genau zu erklären, was er damit meinte. Heinrich jedoch fühlte sich geehrt. Neben der politischen Dimension dieser zum Teil sehr aufwändigen Arbeiten lag es vielleicht auch an dem neuen poetischen – teils extravaganten, teils geheimnisvollen, surrealistischen – Ton, dass es nicht gelang, einen Verlag in den USA dafür zu finden. Mit großen Hoffnungen gestartet, gerieten seine Frau Nelly und er in Not. Nur mit finanzieller Hilfe seines Bruders und anderer Migranten konnte sich das Paar über Wasser halten. Nelly versuchte mit verschiedenen Tätigkeiten ihre schwierige wirtschaftliche Lage zu verbessern. Ihrer labilen Befindlichkeit war dies nicht förderlich. 1944 starb sie beim fünften Versuch, sich das Leben zu nehmen. Heinrich Mann fiel in tiefe Trauer und vereinsamte. Nur noch wenige Freunde besuchten ihn. Lion Feuchtwanger und seine Frau, Ludwig Marcuse und dann und wann der eine oder andere der in Los Angeles lebenden Migranten. Mit seinem Bruder telefonierte er fast täglich. Einmal in der Woche wurde er ins »Weiße Haus« eingeladen. Vor allem das Schreiben gab ihm Halt. Besucher berichteten, dass die ihn im Alltag begleitende Melancholie Heinrich nicht davon abhielt, im Gespräch seinen Witz und Geist aufblitzen zu lassen. Aufmerksam verfolgte er bis zuletzt das Weltgeschehen.

Heinrich Mann verstarb am 11. März 1950 in Santa Monica. Sein Tod kam überraschend, obwohl er seit Längerem krank war. Am Tag zuvor hatte sein Bruder ihn noch gemeinsam mit seiner Frau Katia nachmittags in seiner kleinen Wohnung besucht. Noch lange Musik hörend, verbrachte Heinrich den Abend. Es ging ihm den Umständen entsprechend gut. Spröde vermerkte Thomas zu Heinrichs unerwartetem Ableben in seinem Tagebuch: »Gehirntod, bei noch schwach fortarbeitendem Herzen. K. dort. Das Ableben eine Frage von Stunden. Natürliche Erschütterung ohne Widerstand gegen dies Geschehen, da es nicht zu früh kommt und die gnädigste Lösung ist.« Die Trauerfeier fand in kleinem Kreis statt. Die DDR rühmte ihn als großen deutschen

Dichter, Freund des Friedens und der Sowjetunion. Sie förderte sein Werk, benannte Straßen und öffentliche Plätze nach seinem Namen und ehrte sein Gedenken mit einem Heinrich-Mann-Preis, der bis heute jährlich an seinem Geburtstag verliehen wird. Zu den frühen Preisträgern zählten u. a. Stefan Heym, Franz Fühmann und Christa Wolf. Aus der Bonner Republik trafen keine offiziellen Reaktionen ein. Dort galt Heinrich Mann als Kommunist und Stalin-Verehrer. Als Walter Ulbricht bei der Beisetzung seiner Urne – nach diplomatischem Tauziehen kam sie aus Los Angeles nach Berlin – auf dem Dorotheenstädtischen Friedhof im März 1961 kurz und bündig formulierte: »Heinrich Mann ist unser«, instrumentalisierte er sein Werk. Diese Vereinnahmung trug dazu bei, dass der S. Fischer Verlag erst Mitte der Achtzigerjahre damit begann, es nach und nach in einer Taschenbuchausgabe einer breiteren Öffentlichkeit bekannt zu machen. Noch heute haftet Heinrich Mann das Stigma an, ein Parteigänger des Kommunismus gewesen zu sein. Doch er stand auf der Seite der Freiheit. Als er gebeten wurde, ein Vorwort zum Verfassungsentwurf der DDR zu schreiben, notierte er der SED-Führung ins Stammbuch: »wer die ganze Wahrheit wünscht, rechnet mit der Verschiedenheit der Meinungen.«

In dem nachfolgenden »Lesebuch« werden Ausschnitte aus Heinrich Manns Romanen, Novellen und Essays dokumentiert. Sie eröffnen dem Leser die Möglichkeit, seine literarische und zeitkritische Entwicklung nachzuvollziehen. Sie bieten nicht nur Einblicke in das Werk Heinrich Manns, sondern ermöglichen auch, sich in den Menschen Heinrich Mann und seine Zeit hineinzufühlen. Dennoch vermitteln sie nicht mehr als einen ersten Eindruck. Sie sollen zu einer vertiefenden Betrachtung einladen. Nicht alle Romane, noch weniger alle Novellen und schon gar nicht die Vielzahl seiner Essays fanden hinreichend Erwähnung. Auf Auszüge aus seinem nicht unbedeutenden dramatischen Werk musste aus Platzgründen ganz verzichtet werden. Zur Illustration wurden drei Gedichte zitiert; es gibt gut 200 Gedichte von ihm. Sie entstanden zum größten Teil in seinen jungen Jahren; einige finden sich aber auch in seinem Werk verstreut. Bis heute fehlt es an einer Sammlung. Das erste zitierte Gedicht und die sich anschließende Novelle verraten viel über seinen Orientierungsnotstand zu Beginn der Neunzigerjahre des 19. Jahrhunderts. Die beiden Gedichte aus dem Doppelband *Die Jugend des Königs Henri Quatre* und *Die Vollendung des Königs Henri Quatre* verweisen darauf, wie Heinrich Mann Prosa und Lyrik zu verflechten weiß.

Bei der Zusammenstellung ließ der Herausgeber sich davon leiten, inwieweit die Texte repräsentativen Charakter für den Roman, die Novelle und den jeweiligen Essay des Werkes insgesamt haben. Zudem kam es ihm darauf an, dass sie in sich abgeschlossen und damit gut verständlich sind. Drei Bücher wurden aufgrund ihres besonderen Stellenwertes herausgestellt: *Der Untertan*, der Doppelroman *Die Jugend des Königs Henri Quatre* und *Die Vollendung des Königs Henri Quatre* sowie das Erinnerungsbuch *Ein Zeitalter wird besichtigt*. Die mit * gekennzeichneten Überschriften stammen nicht von Heinrich Mann, sondern vom Herausgeber.

Günther Rüther, Euskirchen im Sommer 2020

Die Anfänge im Wilhelminischen Reich

»Ein Visionär, dem seine Höhle in Flammen steht,
dem jedes Schneckenhaus zum Feenpalast aufschießt,
hinter jedem Felsblock Satan hervorschnellt und lechzende,
schwarze Blicke aus allen Morgennebeln brechen, das
war er sieben Jahre, aber dann – : Dann fand er heim
in das Reich, in dem er sich selbst erkannte in den Bildern,
die alle auf Größe und Lust aus waren, zu den Gefilden
der Helden, worin keine Träne lange hängen blieb, zu
dem ewig jünglinghaften Volk, – heim zu jenen Werken,
jenen weiten Ländern, die er bevölkerte mit seinen Halb-
göttern, verschlossen, langsam, stark und ohne Lachen – :
die italienischen Romane.«

Gottfried Benn über Heinrich Mann (1930)

Vorbemerkung

Nach dem unerwartet frühen Tod seines Vaters 1891 fühlte Heinrich Mann sich im eigentlichen Sinne des Wortes frei. Frei, Schriftsteller zu werden. Er machte sich auf, das Leben kennenzulernen. Er schöpfte die Tiefen und Untiefen des Seins aus. Italien wurde zu seinem Lebensmittelpunkt. Zu Beginn der Neunzigerjahre schrieb er seinen ersten Roman und verfasste die ersten Novellen. 1895/96 leitete er das monatlich erscheinende Journal *Das Zwanzigste Jahrhundert*, in dem er zahlreiche publizistische Beiträge veröffentlichte. Hier entstanden auch seine ersten politischen Essays im Geist des Wilhelminischen Zeitalters. Literarisch wandte er sich zunächst der Neuen Romantik und dem französischen Schriftsteller Paul Bourget zu, dessen psychologische, in einer mondänen Welt spielenden Romane und geistreichen Abhandlungen ihn tief beeindruckten. Nach Bourget wurde Nietzsche sein großer Lehrmeister. Mit Nietzsche wandte er sich auch vom Wilhelminischen Zeitalter ab. Heinrich Manns Romane *Im Schlaraffenland* und *Die Göttinnen* zeigen ihn in seinem Geleit. Sie schildern eine Welt des hysterischen Individualismus und der Dekadenz im Zuge des sich zur Jahrhundertwende ausbreitenden Renaissancekults. Sie weisen aber auch bereits darauf hin, warum in dieser Kultur ihr Scheitern angelegt ist.

Fantasien über meine Vaterstadt L.

Halten Sie sich nicht das Näschen zu, mein Fräulein, wenn Sie, zum ersten Mal die Straßen meiner geliebten Vaterstadt durchschreitend, durch den in einigen derselben herrschenden, Fremde mehr oder weniger beleidigenden Unwohlgeruch unangenehm berührt werden sollten. Das ist nämlich kein gewöhnlicher Gestank, das ist ein Gestank, wie ihn nicht jede Stadt besitzt, das ist ein Millionengestank.

Sie schauen mich mit Ihren schönen Augen fragend an?

Oh, mein Fräulein, ich muß suchen, Ihnen verständlich zu werden. Wenn ein Mensch nach Petroleum oder Leder duftet, so werden Sie sicher neben andern, weniger liebenswürdigen Gedanken auch den haben, dieser Mensch handle mit Petroleum oder Leder.

Wenn dieser Mensch stark nach den erwähnten Handelsartikeln duftet, werden Sie die gewiß nicht unbegründete Vermutung aufstellen, er mache gute Geschäfte; wenn er aber nun sehr stark, sehr eindringlich jene merkantilen Gerüche ausströmt, – werden Sie nicht willkürlich zu der Annahme gelangen, dieser Mensch müsse sehr, ja außerordentlich reich sein, vielleicht Millionär – – mein Fräulein, Sie verstehen jetzt den Ausdruck »Millionengestank«. Mit einer Stadt liegen die Sachen natürlich gerade so wie mit dem einzelnen Manne, – und ich kann es zur Ehre meiner Vaterstadt sagen – dieselbe riecht wahrhaft wohlhabend, stinkt sozusagen behäbig .

Immerhin gibt es selbst in L. einige Straßen, welche an einer wahrhaft armseligen Geruchlosigkeit leiden, so besonders die Straße, in welcher das Theater liegt. Welch ein bedauerliches Institut! Wer verdient denn etwas dabei? Kaum der Direktor; denn die weit einträglicheren und erfolgreicheren Geschäfte, welche gewisse Damen vom Theater zuweilen mit wohlaccreditierten L.'er Herren eingehen, sind viel zu diskreten – Geruches um hier erwähnt zu werden. Aber das Theater mitsamt der ganzen pöbelhaft geruchlosen Straße sind eigentlich nur ein großes Siegesdenkmal, ein Denkmal des siegreichen Verstandes der unübertrefflichen L.'er.

Oder ist es nicht ein wahrhaft genialer Gedanke, gerade in diese Straße und in unmittelbarster Nähe des Theaters ein Institut zu legen, welches die schlechten und geruchlosen Eigenschaften der Kunsthalle wenigstens einigermaßen zu heben im

Stande ist? – ich meine nämlich die Börse. »Welch' ein genialer Gedanke!« muß ich wiederholen, wenn ich zur Mittagsstunde die meist schon aus der Ferne einen recht behäbigen Eindruck machenden Kaufherrn daherkommen sehe; einen Eindruck, der in der Nähe durch den lieblichsten Geruch bedeutend erhöht wird. Und mit diesem Duft, der unauslöschlich an ihnen haftet, mit diesem Duft von Käse, Petroleum, Schmalz, Leder etc. etc. schwängern und – bereichern sie die Luft, und dieser Duft – –

Oh, mein Fräulein, die Worte versagen mir, und in überströmender Bewunderung vermag ich nur auszurufen: »Welch' ein genialer Gedanke!«

Es ist doch gut, daß L. nur ein Theater besitzt. Man denke sich, es seien etwa ein halbes Dutzend Straßen von derartiger fataler Geruchlosigkeit zu befreien: – ich fürchte, ich fürchte, selbst den L.'er gingen auf die Dauer die genialen Gedanken aus. Aber Gott sei Dank, L. hat nur ein Theater.

(1889) Essay. Posthum veröffentlicht in Sinn und Form 1/1963, hier: Klein, W. Hg. u. a., Essays und Publizistik, Bd. 1., S. 389f.

Wohin

Ich wußte nicht, wohin ich ging –
Vor mir auf, durch den Park, der so dunkel jetzt,
Matt flattert ein weißer Schmetterling –
Ist nun meine Liebe zu Tod gehetzt,
Sah ich diese Nacht zuletzt? –
Oder wird das schmerzliche Licht mich lehren,
Zu dir, zum Vergessen zurückzukehren? –

Dann wirst du umarmen mein schwindelndes Haupt,
Und alles wird sein, wie es immer war –
Und hab ich auch nie an dich geglaubt,

Jetzt ist es, als säh ich alles klar,
Als seiest du dennoch, dennoch wahr –
Und wieder ein Tag, und deine Züge,
Können doch nichts sein, als kalte Lüge.
Wer bist du? – Und wenn du mich fragst,
weiß ich denn selber, wer ich bin?
Wie oft, daß in meinen Armen du klagst,
Es sei verdrossen und kalt mein Sinn,
Ich liebte dich nicht. – Weiß ich's? – Wohin?
Wohin – Wie kann ich finden uns beiden
Erlösung von unserm seltsamen Leiden.

(1892) Gedicht. Briefe an Ludwig Ewers, S. 305

Haltlos

Der nächste Tag war der unsäglichsten Aschermittwochsstimmung geweiht. Weniger im Gedanken an das Geschehene: Was jetzt zu tun oder nicht zu tun – das war der Inbegriff seines Jammers. Er hatte ja eigentlich – nun gewiß, er war Moralphilosoph – also, er hatte eigentlich gewisse Verpflichtungen übernommen. Das tut jeder mal, vielmehr es *passiert* jedem mal. Aber sie auch gleich einhalten –

Hatte er denn überhaupt das Zeug dazu? Er, in seiner Stellung, mit seinen Lebensanschauungen, mit seinem Naturell! Er würde bodenlos unglücklich werden und machen. Und nahm er die Folgen seiner – Unüberlegtheit auf sich, trotz alledem – nun, so war er eben ein »guter Kerl«. Ah, wie ihm's in den Fingerspitzen kribbelte, ihn zu ohrfeigen, diesen »guten Kerl« – das heißt, den Begriff … denn er selbst – – Unsinn, nie! Da hörte einfach jede Philosophie auf. Die war gut für die Theorie, hier aber … Und dann hätte er sich doch fast geohrfeigt, so weit er vom »guten Kerl« entfernt war.

Oh, er wußte ja gut, wie entsetzlich gemein er handelte – noch schlimmer: wie gewöhnlich, unoriginell. Ihn schwindelte, so tief war der Fall, den er tun mußte von der Höhe seiner weltverachtenden, bewußt-exklusiven Moral, die bei der ersten Gelegenheit, sich zu *betätigen*, barst und bebte, ihn in das flache Sandfeld der Gewöhnlichkeit hinabzuschleudern. Und kein Ausweg. Denn die Unmöglichkeit des – das platte Wort, er mochte es nicht denken! – des Heiratens war ja so trostlos klar.

So räderte sich der Kreislauf der Gedanken ihm durchs Hirn, von morgens an. Mittags lief er zwecklos durch die Straßen; ans Essen dachte er so wenig wie an ein Wiedersehen mit – ihr, mit seiner Geliebten. Nur ein dunkles Gefühl hatte er, man werde sich wohl noch mal sprechen müssen. Er hatte doch eigentlich etwas »gutzumachen«. Ja, das war klar. Aber wie! – »Mit Geld!« stieß er höhnisch hervor, wie um seine Selbstverachtung noch mehr zu reizen. Und dann – im Ernst, er fand nichts anderes. Und das Ende war – der Wunsch sich selbst anzuspeien.

(1890, veröffentlicht 1897) Novelle. Haltlos, Novellen Bd. 1, S. 51f.

Bourget als Kosmopolit

Seine Kunst des Verallgemeinerns mußte sich ungleich schwieriger gestalten, sobald sie von der Uebung an dem landschaftlichen Charakter, an der Bevölkerung, an Kunst und Leben eines einzelnen fremden Landes dazu überging, Typen verschiedener Nationalitäten und Rassen und diese auch wieder in einer ihrem Ursprung fremden Umgebung und Lebensweise darzustellen. Die Aufgabe hatte eine complicirte Fassung bekommen, sobald es sich darum handelte, den eigenen Kosmopolitismus gleichsam mit dem der zu zeichnenden Charaktere zu multiplizieren. Da es aber Bourget war, der sie sich stellte, so konnte die vollgültige Lösung entstehen, welche nunmehr in dem mit einem, wie es scheint, zuerst von Stendhal gebrauchten Wort »Cosmopolis« betitelten Roman vorliegt.

»Heute … schaffen sich eine beträchtliche Anzahl von Personen, wie Beyle, in Graden und Nuancen, die nach den Mitteln und Temperamenten schwanken, Sammelplätze zum Genuß exotischer Eindrücke. Allmählich und Dank einem unvermeidlichen Zusammentreffen der verschiedenen Adepten des weltbürgerlichen Lebens, bildet sich eine europäische Gesellschaft, eine Aristokratie besonderer Art, deren vielfältige Sitten noch nicht ihren endgültigen Maler gehabt haben.« Mit diesen Worten war bereits in dem in mancher Beziehung grundlegenden Aufsatz über Stendhal das Thema angedeutet. Bei näherem Eingehen auf dasselbe mögen sich die besonderen Schwierigkeiten aufgedrängt haben, von denen in einigen Bemerkungen der »Italienischen Eindrücke« die Rede ist. »Je mehr ich gereist bin«, heißt es dort, »desto augenscheinlicher ist es mir geworden, daß die Civilisation die Grundverschiedenheiten zwischen Volk und Volk, auf denen die Rasse beruht, nicht gemäßigt hat. Sie hat bloß die hervor tretenden Aeußerlichkeiten dieser Verschiedenheiten mit einem einförmigen Firniß überkleidet. Das Ergebnis ist nicht eine Annäherung. Die Rasse ist im Gegenteil schwerer zu erkennen, da die Gleichheit der äußeren gesellschaftlichen Formen uns die innerlichen Gegensätze verbirgt. Es erscheint paradox, aber wahrscheinlich kennen wir einander viel weniger, unter Nationen gesprochen, als zu den Zeiten, wo jeder nach seiner Gewohnheit lebte.«

Die Gesellschaft, welche Cosmopolis schildert, ist eine solche, in der kaum Einer nach den ihm von Hause eigenen Gewohnheiten lebt. Alle diese Menschen, die in der gleichen Stadt Rom, wo sie sich theils für immer, theils zu länger oder kürzer begrenztem Aufenthalt niedergelassen haben, die gleiche Existenz des vornehmen Genusses führen, »die gleiche Sprache sprechen, von den gleichen Lieferanten gekleidet sind, die gleiche Morgenzeitung gelesen haben und die gleichen Gefühle und Gedanken

zu haben glauben«, scheinen bis zur thatsächlichen Gleichheit assimiliert zu sein. Aber es kann auch zwischen ihnen Situationen geben, wo durch den inneren Druck von Leidenschaften der einförmige Firniß, der die Verschiedenheiten ihrer Geburt verdeckt, Sprünge erhält. Wenn in solchem Falle die Rassen unter Hervorkehrung ihrer Grundeigenthümlichkeiten gegen einander gerathen, so ist in erster Linie ein heftiger Zusammenstoß zwischen den weitesten Gegensätzen Schwarz und Weiß zu erwarten. Der Instinkt ist hier so stark, daß er auch wenige Tropfen des schwarzen Blutes, mögen sie selbst vor geraumer Zeit in das Familienblut gerathen sein, unschwer erräth.
(1894) Essay. Bourget als Kosmopolit, zuerst in: Das Zwanzigste Jahrhundert. Blätter für deutsche Art und Wohlfahrt, hg. v. H. Mann, Heft v. Januar 1894, hier: Klein, W. Hg., Essays und Publizistik, Bd. 1, S. 52–67, hier S. 53ff.

Reaction

Doch alles ist Reaction! Mit diesem Schlagwort wird jede vernünftige Bestrebung, die Zukunft zu bessern, niedergeschlagen. Werden wir uns doch über die Begriffe klar. Die, welche den freien Gedanken zu vertheidigen vorgeben, vergessen gern die erste größte Wahrheit, die uns die Philosophie mitzutheilen hat: die Begriffe sind relativ. Der Begriff »Fortschritt« ist ebenso wenig absolut wie ein anderer; er kann also auch nicht dauernd derselben Partei wie derselben Geistesrichtung angehören. Die bürgerliche Revolution, die den heutigen Liberalismus zur Macht erhoben hat und auf die er sich beruft, bedeutete einst den Fortschritt. Sie ist mit aufrichtigen und hohen Idealen vom Gelehrtenthum und der lernenden Jugend angestrebt, vom Bürgerthum errungen worden, und sie hat wenigstens auf der einen Seite Erfolge erzielt, die niemand von uns entbehren möchte. Wir danken ihr ein großes Maaß bürgerlicher Freiheit, einen freieren Athem des öffentlichen Lebens, einen regeren Austausch der geistigen Erzeugnisse, zum Theil sogar die Machtstellung, welche Deutschland heute behauptet.

Auf der anderen Seite aber haben jene edlen und vertrauensseligen Bestrebungen, die dauernden politischen und wirtschaftlichen Ausgleich und Zufriedenheit bezwecken, keine andere als die geradezu und dennoch natürliche Folge gehabt, das Nationalvermögen und damit auch den politischen Einfluß in den Händen Weniger anzusammeln, die ohnehin zumeist mit unserem Volksthum wenig oder nichts gemein haben und ihm auf alle Weise zur Last fallen. Eine namenlose Verbitterung der besitzlosen Stände ist daraus hervorgegangen, so drohend und so stark, wie sie keiner der revolutionären Staatengebilde je gekannt hat. Für uns muß es sich darum handeln, daß dieser Verbitterung keinerlei neue Nahrung zugeführt und daß ihr die alte entzogen werde; daß die kapitalistische Ungerechtigkeit so viel wie möglich ihren Ausgleich erhalte. Wir wünschen die Ideale von 48 auch in dem Theile verwirklicht zu sehen, in welchem sie bisher fehlgeschlagen sind. Das ist in Wirklichkeit der Weg des Fortschrittes.

Läßt man alles in dem Sinne wie bisher weiter gehen, so werden wir nur bald am Ziele sein. Die Vielen, die unserer Kultur fremd geblieben sind, die an unsren Genüssen nicht theilgenommen haben, von unserer Kunst nichts und von unserer Wissenschaft nur das kennen, was ihnen den Verstand raubt – sie werden über diese gehaßte Cultur herfallen und das Ende wird eine Barbarei sein, von der wir keine Vorstellung haben. Dann, nur leider zu spät, wird Jeder wissen, daß Alles, was man heute Fortschritt nennt, Reaction war.

Es ist heute Reaction, für die unbeschränkte politische Freiheit, für Gewerbefreiheit und freie Konkurrenz einzutreten. Es ist eine rückständige und überlebte Meinung, Wissenschaft und Aufklärung für die Förderer der Zivilisation im unwissenden und armen Volk zu halten. Es ist ein reactionäres Verbrechen, Gott und die Unsterblichkeit zu leugnen.

Gleichwohl wird die Presse, die den Geschäftemachern und Spekulanten dient, fortfahren, dies alles Fortschritt zu nennen. Und leider wird man ihr bis tief in die staatserhaltenden Schichten hinein Glauben schenken. Die große Menge wird ihren ehrlichen aber unzeitgemäßen Idealen blindlings folgen und dadurch zu zahllosen Gimpeln werden, die sich von wenigen nüchternen Interessen leicht einfangen lassen. Je größer aber diese Menge ist, desto weniger vertritt sie den Fortschritt. Wann wäre dieser je bei der Menge gewesen? Er hat sich noch stets bei der Minorität befunden, die am Ende dennoch Recht behält.

(1895) Essay. Reaction, zuerst in: Das Zwanzigste Jahrhundert. Blätter für deutsche Art und Wohlfahrt, hg. v. H. Mann, Heft v. April 1895, hier: Klein, W. Hg. u. a., Essays und Publizistik, Bd. 1, S. 119–125, hier S. 124f.

Kaiser Wilhelm II. und das Gottesgnadentum *

Nur vor einer Persönlichkeit pflegte sie bisher Halt zu machen, die Kritik, die allen anderen zugesetzt hatte. Wenn man sonst Jedermann als Typus oder vielmehr als eine Zusammensetzung von Typen ansah, (…), so hatte man gewöhnlich doch für die *eine* Persönlichkeit *ganze* Gefühle bewahrt, den Monarchen liebte oder haßte man, man empörte sich oder gab sich hin. Man konnte noch, im Guten oder Bösen an ihn glauben wie man nur an das glaubt, was man nicht kennt. Seine Persönlichkeit war auch noch von keinem Revolutionär angetastet worden. Man mochte ihn auf's Schaffot schleppen, so wußte man im Grunde doch niemals wer er war. (…). Denn sein Wille war zu dem Kollektivbegriff der »Regierung« erweitert, aus deren Physiognomie die seinige niemals mit Sicherheit zu entziffern war.

Auch in dieser Bedeutung ist er »von Gottes Gnaden« geblieben. Denn es ist zu bedenken, daß das Gottesgnadenthum ein Rest ist von Etwas, was ehemals allgemein war. Wir Alle waren einmal von Gottes Gnaden, jeder an seinem Platze, als volle Persönlichkeit, mit einer Seele aus einem Stück, die man gut oder schlecht, unbrauchbar oder tüchtig nannte. Diese einfache Schöpfung ist von der Kritik analysirt worden als ein komplizirter Automat mit widersprechenden Fähigkeiten und vorgeschriebenen Bewegungen. Sollte nun auch jene einzig übrig gebliebene Seele der Kritik verfallen, so würde aus den Stücken, in die sie sie zerlegt hätte, Jeder das ihm Genehme festhalten, das übrige ausscheiden. Es würde ein Feilschen und Zerren beginnen, dem die Persönlichkeit des Monarchen und damit der Monarchie selbst endgültig erliegen müßten. Denn die Mystik des Gottesgnadenthums besteht eben in der Unkenntnis des Monarchen, und das Ende dieser Unkenntnis wäre zugleich das Ende der Monarchie.
(1895) Essay. Wilhelm II., zuerst in: Das Zwanzigste Jahrhundert. Blätter für deutsche Art und Wohlfahrt, hg. v. H. Mann, Heft v. Juli 1895, hier: Klein, W. Hg. u. a., Essays und Publizistik, Bd. 1, S. 190–195, hier S. 193f.

Antisemitismus im Geist der Zeit *

Denn von einer »Religion« kann wohl auch bei den gebildeten »Reformjuden« kaum die Rede sein, die sich in »Freien Gemeinden« zusammenfinden, wie solche auch von Christen begründet werden, die der Kirchlichkeit dadurch zu widersprechen meinen, daß sie neue Sekten bilden. Es wird dort eine Freimaurermoral gelehrt, die von jeder Autorität losgelöst, gerade so willkürlich und unverbindlich ist, wie etwa die der »Ethischen Kultur«. Und einen, immerhin platonischen Sinn für Ethik mögen ja auch die Mitglieder der jüdischen Aristokratie besitzen, die noch erübrigt: die Hochfinanz.

Da ist der Typus des Mitbürgers, der mit einem Haufen schmutziger Wäsche (in mehrfacher Bedeutung) von Osten bei uns eingefallen ist. In Wien schien sich ihm die Kerkertür ein wenig weit zu öffnen, so entschließt er sich, den schon erworbenen Ruf hoher Begabung bei den »Glaubensgenossen« in Berlin zu verwerthen. Durch einige diskrete Hilfeleistungen, die ihm zugleich ein wenig, nicht für die Oeffentlichkeit bestimmtes Material über die Größe des Weltmarktes in die Hände liefern, weiß er sich unentbehrlich zu machen. Man betheiligt ihn einigemal an, wenigstens in Betreff des Erfolges, zweifellosen »Operationen«. Und plötzlich kann er seinen Gönnern die Zähne weisen. Er ist jetzt selbst eine Macht geworden und befindet sich auf der Höhe, wo der Diebstahl diesen Namen verliert, weil er sich nach Millionen berechnet. Um diese Zeit ist er beinahe ehrlich, da die kleinen Gaunereien das Risiko nicht mehr lohnen, das mit ihnen verknüpft ist. Man ahnt ihn jetzt regelmäßig hinter Vorgängen, die ein großes, nicht mehr zu zählendes und zu berechnendes Unglück (gegen das sich darum auch Niemand auflehnen kann) im Volke hervorbringen. Jeder Krach exotischer Werthe bringt seinen Namen auf alle Lippen, jede durch einen »Ring« vollzogene Vertheuerung eines notwendigen Verbrauchmittels trägt ihm tausend Verwünschungen ein. Aber was thut das, wenn ihn die Geschäftswelt fürchtet, wenn ihm die Presse dient und vielleicht sogar die politischen Gewalten ihn berücksichtigen! Im Übermut seines Glanzes oder auch in der Verlegenheit einer allzu gewagten Situation kann ihm wohl einmal eine kleine Unvorsichtigkeit passiren, von der Art, daß sie beim besten Willen nicht mehr zu übersehen ist. Er lernt den Undank des Menschengeschlechts kennen. Aber wenn selbst seine Freunde über ihn herfallen, die ihm Alles verdanken, so findet sich ein neuer Freund, den er gerade durch sein Unglück verpflichtet. Der berühmte Anwalt, vor dem alle Staatsanwälte zittern, reißt ihn mit sicherm Griff heraus. Und sollte er doch einmal mit der Nachtseite des Lebens Bekanntschaft machen müssen, so hat er rechtzeitig sein Haus bestellt und etwa auf den Namen der Frau ein paar Grundstücke übertragen – o, nur eine Kleinigkeit von zwei Millionen oder drei allerhöchstens. Diese sind dann doch aus dem Zusammenbruch gerettet und können, sobald die lächerliche Formalität der Gefängnisbuße überstanden, in Paris als Grundstock eines neuen Vermögens dienen. Aber zu diesem Aeußersten kommt es fast nie, und inzwischen kann er ruhig dem Haß trotzen, dessen Blick ihm folgt, wenn er überall in der Oeffentlichkeit seinen lärmenden Prunk ausbreitet, um sich auch so von anderer Rasse zu zeigen als diejenige unserer Großkaufleute es ist, deren ruhiger Wohlstand sich von jeher nur im Behagen ihrer Häuslichkeit bekundet hat. Wenn er mit seinem Tibury und seiner Cocotte die Linden lang fährt, sieht ihm verwundert der zu Fuß gehende Gardeleutnant nach, der den kleinen, schwarzborstigen, fahlen, schwammigen Menschen natürlich nur grotesk finden kann. Aber je bescheidener sein Dasein und je unkritischer sein Sinn, desto stärker muß das Volk, das gleichwohl noch lange nicht sozialistisch verführt ist, um die Notwendigkeit des Reichthums zu leugnen, diesen Fremdling hassen, dem es dunkel etwas Unheimliches ansieht, als rollten seine Räder über Tausend Leichen. Und hat nicht wirklich dieser Mann auf tausend vernichtete Existenzen seine Macht aufgerichtet wie eine unheilvolle Bestie, die einfach weil sie da ist, weil sie im Haushalte der Natur vorgesehen ist, den Tod um sich her verbreiten muß! Aber was allein den Menschen vom Tier unterscheidet, ihn von seiner Tierheit befreien kann, das ist der Ausgleich oder die Milderung des Kampfes ums Dasein. Jede andere »Kultur« ist hinfällig, so lange man die wilden Thiere im »freien Spiel der Kräfte« duldet, anstatt sie auszurotten oder in Käfige zu sperren! Dieser Mann hat, wie kein Anderer, die moralischen Werthungen verwirrt, das Bewußtsein der sozialen Pflichten und Gesetze geschwächt, verzweifelten Unglauben und haltlose Anarchie ringsum in den Geistern gesäet: – und dann stelle man ihn sich vor, wie er zwischen einem vortheilhaften »Abschluß« und einem *diner fin* zufällig einen antisemitischen Zeitungsartikel in die

Hand bekommt und sich traurig wundert, warum man ihn denn seines Glaubens wegen verfolge!
(1895) Essay. »Jüdischen Glaubens«, zuerst in: Das Zwanzigste Jahrhundert. Blätter für deutsche Art und Wohlfahrt, hg. v. H. Mann, Heft v. August 1895, hier: Klein, W. Hg. u. a., Essays und Publizistik, Bd. 1, S. 195–202, hier S. 198ff.

Im Schlaraffenland. Ein Roman unter feinen Leuten

Der Vortrag einer Sängerin, die sich nebenan hören ließ, ging unter in den lauten Gesprächen. Als man nach einiger Zeit merkte, daß sie fertig war, ertönte frenetischer Beifall. Drüben auf dem Kamin aus rosigem Porzellan schlug die Stutzuhr, Schildpatt mit eingelegtem Kupfer, halb zwölf.

Andreas setzte sich endlich, er lehnte den Kopf zurück und versuchte sich betäuben zu lassen von der funkelnden Decke, deren vergoldete Kassetten elektrische Birnen bargen. Dies hinderte ihn nicht, von neuem in eine verzweifelte Mutlosigkeit zu verfallen. Was hatte er bisher erreicht? Kein ernsthafter Bekannter stand bei ihm, es war zu klar, daß die Leute, die er kennenlernte, ihn nur daraufhin ansahen, ob sich ihm eine heitere Seite abgewinnen lasse. Gelang es ihm heute abend nicht, ein Lächeln von der Hausfrau zu erhalten, so war es aus mit seinem Eintritt in diese Welt. Und jetzt, da er einen Blick hier herein getan hatte, fanden seine Begierden erst ihren Gegenstand. Er sandte seine schüchternen Eroberungsblicke im Kreise der geschmückten Frauen umher. Manche waren üppig, schwer und weich wie Odalisken. Andere, Hagere, hoben langgestielte Lorgnons vor die umränderten, pervers blickenden Augen. Wer von einer von ihnen in Gnaden aufgenommen wurde, so als Schoßhündchen wie Diedrich Klemper bei Lizzi Laffé, der war sein Lebtag versorgt. Das Geld rollte hier unter den Möbeln umher. Gewiß tat keiner etwas anderes, als sich die Taschen zu füllen. Welch ein Wohlleben in diesem Schlaraffenland!

Eine häßliche Falte seines Fracks, die ihm noch nie so aufgefallen war wie in dieser Beleuchtung, entriß den armen jungen Mann seinen Träumen. Er verglich seine dürftige Kleidung mit den tadellosen Anzügen, die an ihm vorüberwandelten, und bei jedem Vergleiche stieg seine Wut. Endlich befand er sich in der erforderlichen Stimmung, um mit sich selbst va banque zu spielen. Wenn er in einer halben Stunde noch keinen Schritt auf seiner Laufbahn vorwärts getan haben würde, so schwur er sich, wegzugehen und nie wiederzukommen.

Er wollte sich erheben, als zwei junge Leute dicht vor ihm stehenblieben. Sie sahen hinüber nach der Palmengruppe, vor der in einer Pompadour-Bergère eine große starke Dame saß. Sie war nicht gerade jung, aber ihr weißer Teint hatte nichts verloren, und so prachtvolle Schultern konnte sie nach Andreas' Meinung in ihrer Jugend kaum besessen haben. Ihre zu starken Gesichtszüge erhielten etwas Charakteristisches durch den hohen schwarzen Helm von Haaren über der engen Stirn. Sie war in weiße Seide gekleidet, mit tief über die Büste fallenden Spitzen, worauf Brillantagraffen blitzten.

Der eine der jungen Leute bemerkte: »Sie ist doch noch immer schön.«

»Die Hausfrau?« sagte der andere. »Selbstredend. Zwar n' bißchen schwere Nahrung, aber es tut nichts. Je mehr, desto besser, nach der Taxe der Wüstenstämme.«

»Welche Taxe?«

»Als die Schönste gilt diejenige, die nur auf einem Kamel fortbewegt werden kann. Nach ihr kommt die, die sich auf zwei Sklavinnen stützen muß. – Aber warum macht sie denn so'n leidendes Gesicht?« »Frau Türkheimer? Das wissen Sie nicht? Wo kommen Sie denn her? Ratibohr hat ja mit ihr gebrochen.«

»Der Esel! Und warum?« »Wegen des Gatten, sagt man.«

»Türkheimer? Der wird sich doch nicht lächerlich machen? Er läßt doch seit bald einem Menschenalter seine Frau tun, was sie will. Was hat der denn gegen Ratibohr?«

»Ja, Ratibohr soll kein dankbarer Kunde sein. Durch die Vertraulichkeit mit Frau Adelheit ist er hinter allerlei Geheimnisse gekommen. Türkheimer hat gemerkt, daß ihm, seit seine Frau mit Ratibohr zusammensteckt, öfter was vor der Nase weggeschnappt wird. Das hat ihn entrüstet.« »Wirklich?«

»Türkheimer ist ja ein sehr verständiger Mann, um die Privatangelegenheiten seiner Frau kümmert er sich nicht. Aber wenn die Geschäfte ins Spiel kommen, dann wird er strenge.« »Und da hat er dem Ratibohr Krach gemacht?« »Sie kennen ihn nicht. Er hat ihm die Beteiligung an einem feinen Coup angeboten, mit der Bedingung, seine Frau aufzugeben.« »Und Ratibohr hat eingeschlagen?« »Was dachten Sie denn?«

In diesem Augenblick sah Andreas den eleganten Doktor Bediener, das Glas im Auge, in der Tür erscheinen. Der junge Mann stürzte jäh auf den Chefredakteur los. »Herr Doktor!« sagte er hastig. »Gestatten Sie mir eine Bitte, würden Sie die Güte haben, mich der Dame des Hauses vorzustellen?«

»Comment donc, mon cher!« rief Doktor Bediener, der früher Korrespondent in Paris gewesen war. Er sah Andreas starr an und setzte hinzu: »Ich suche Sie seit zwei Stunden, mein lieber Herr, Herr – re …« »Andreas Zumsee«, ergänzte Andreas.

Der Chefredakteur ergriff seinen Schützling leicht am Arm, trat mit ihm vor Frau Türkheimer und sprach: »Schöne Frau, ich mache mir das Vergnügen, Ihnen einen talentvollen jungen Kollegen zuzuführen, Herrn Andreas Zumsee, den ich der kunstsinnigen Güte der gnädigen Frau empfehle.«

Alsbald war Doktor Bediener verschwunden. Andreas verlängerte seine Verbeugung so sehr, als hypnotisierten ihn seine eigenen, nicht sehr blanken Stiefelspitzen. Ein mitleidiges Lächeln hatte Frau Türkheimer schon wieder unterdrückt, als der junge Mann aufsah. Sie redete ihn sehr freundlich an.

»Unsere jungen Dichter finden hier stets ein offenes Haus, und die von Doktor Bediener empfohlenen Talente sind uns besonders willkommen, Herr Zumsee.« Andreas verbeugte sich abermals. Er nahm das Tabouret ein, auf das Frau Türkheimer deutete.

»Widmen Sie sich schon lange der Literatur?« fragte sie. »Erst seit ganz kurzer Zeit«, erklärte Andreas, »und ich durfte nicht hoffen, seitens der gnädigen Frau einen so wohlwollenden Empfang zu finden, der mich unendlich glücklich macht. Das Interesse an der Literatur ist im Lande so gering, daß wir jungen Anfänger von vornherein eine tiefe Dankbarkeit den wenigen Häusern entgegenbringen, in denen ein modern verfeinerter Geschmack gepflegt wird.«

Ein junger Mann, der schon etwas mehr als Andreas den Ernst der Provinz abgeschüttelt hätte, würde anders gesprochen haben. Jedenfalls hätte Frau Türkheimer etwas anderes erwartet, sie wurde erst jetzt auf den jungen Mann aufmerksam. Seine zu Hause ersonnene Rede schien sie nicht übel zu finden. Sie lehnte sich in die Bergère zurück, einen Augenblick lächelte sie sogar geschmeichelt. Andreas, der die Lorgnons der rechts und links sitzenden Damen fürchtete, sah Frau Türkheimer unverwandt in die Augen, und sein Blick, den dichte, vorn aufwärtsgewobene Wimpern beschatteten, machte den von Doktor Bediener vorausgesehenen Eindruck. Sie fand ihn angenehm, ganz frei von Dreistigkeit und voll jugendlicher Hingebung. Da Andreas sich geprüft fühlte, errötete er, was seinem knabenhaften Blondschopf mit dem leichten Flaum auf der Oberlippe sehr gut stand. Sie fuhr fort ihn zu betrachten. Der geheime Schmerz, der über ihr Gesicht einen Schleier geworfen hatte, geriet in Vergessenheit. Es blieb nur eine sanfte Schwermut übrig, genährt durch den Anblick des jungen Menschen, der auch des Anteils einer mitleidigen Seele zu bedürfen schien. Andreas ahnte etwas Ähnliches. Er fand sich in seiner Ungeschicklichkeit selbst bedauernswert, aber es kränkte ihn, sich von einer schönen Frau bemitleiden lassen zu müssen. Er ward noch röter. Sie erkundigte sich.

»Und wie befinden Sie sich in Berlin? Denn Sie haben doch wohl erst kürzlich Ihre Heimat verlassen?«

»Ich komme vom Rhein, gnädige Frau.« »Ich glaubte es an Ihrer Aussprache zu hören. Ah! Der Rhein!« hauchte Frau Türkheimer. Sie sann einen Augenblick, ließ sich indessen auf eine Beschreibung der Stimmungen, die ihr der Rhein eingeflößt hatte, nicht ein. »Sie müssen sich hier wohl recht wie in der Fremde fühlen?« fragte sie unwillkürlich leiser. Schwermut, Mitleid und Träumerei zogen eine Hecke um sie und diesen jungen Mann, sie wußte selbst nicht wie.

»Kommt Ihnen hier das Leben nicht viel kälter vor als in Ihrer Provinz? Bei Ihnen kennt man Fröhlichkeit, glaube ich, hier nur Spottlust. Und dann das Geld! Merken Sie sich für Ihren hiesigen Aufenthalt: es gibt hier nichts, was man nicht um eines guten Geschäfts willen verraten würde!«

Andreas meinte, bei den ruhig gesprochenen Worten der Dame doch dem Schrei einer wunden Seele zu lauschen. Er fühlte sich geschmeichelt durch die Andeutung, die sie selbst ihm von ihrem Unglück machte. Sie setzte nachlässig hinzu: »Haben sie schon einen Schneider, Herr Zumsee?« Andreas glaubte mißverstanden zu haben. »Sie brauchen Freunde, die Sie anleiten. Warum sollte ich es nicht tun?« Andreas verbeugte sich. »Gehen Sie doch zu Behrendt in der Mohrenstraße. Ich erlaube Ihnen, sich auf mich zu berufen, dann wird man Ihnen eine tadellose Ausstattung besorgen. Ich schicke Ihnen meine Karte.«

Sie reichte ihm ihre wohlgeformte Hand, die sich unter dem Handschuh ein wenig fett, aber nicht zu fett, anfühlte. »Übrigens vergessen Sie uns nicht, ich bin jeden Freitag zu Hause.«

Andreas sprang auf, küßte Ihre Hand und entfernte sich langsam, mit verhaltenem Atem. Infolge des Erlebten waren seine Sinne förmlich erstarrt. Als sie wieder frei wurden, hörte er hinter sich sagen: »Donnerwetter! Dem gibt er's im Schlaf!«

(1900) Roman. Im Schlaraffenland, S. 44ff.

Die Göttinnen

Im Mai war alles bereit. Eines Nachmittags füllten Welt und Halbwelt die hohen Terrassen über dem stillen Garten. Raphael Kalender hatte für marmorne Stufen zum Sitzen gesorgt; er hatte dem Platz im Moose Wert gegeben, dem Ruhekissen unter einer Akazie und dem Lager im Schatten von zwei Zypressen. Man zahlte sehr viel, um ganz in der Höhe aus Myrthenbüschen herabzuspähen; und noch dahinten in der Ebene, wo kaum mehr ein Ausblick frei war, bereicherte man widerstandslos den Unternehmer. Die neapolitanische Gesellschaft harrte klatschlustig, lärmend oder mit Schmachten, unter Blumen, umschwankt vom Dickicht der Farren. Ismael Iben Pascha wiegte den Rumpf inmitten seiner vier Frauen, die die Augen aufrissen. Don Saverio, im Kreise seiner Freunde, reich, frohlockend, streckte sich aus neben der wundervollen Contessa Paradisi. Von den Festen der Herzogin von Assy betört, hatte der König Phili noch einmal die Meerfahrt gewagt. Die Kolonie der eleganten Ausländer breitete befremdet und sehr angeregt ihre Brillanten aus im Duft von Menthe und zwischen den Spießen der Kakteen. (...). Drunten wandelte Jean Guignol ganz allein, einen Lorbeerkranz spitz über der Stirn, und deklamierte Verse, die man auf wenigen Plätzen verstand. Man wunderte sich und lachte. Er trug einen schwarzen Mantel über seinem weißen Gewand, war barhäuptig, mit braunen Lichtern in Bart und Haar, und schien feierlich gestimmt und klagend. Er hob Brocken von Tonerde vom Boden, knetete daran und ließ sie fallen, unruhig und schlaff. Dann warf er seine großen Gesten und Worte, die anschwollen, der Sonne zu. Sie stand schräg über dem Meere. Sie schickte es mit roten Wellen an den Saum des Gartens. Sie überspülte seine Blätter, ränderte die Zypressen, durchwühlte mit düster glühenden Schlacken den grünen Brunnen, an dessen Rande der Dichter die Arme reckte.

Am Strande und das Meer umarmend stand eine Reihe sehr alter Zypressen, und über ihnen war es, auf hohem Vorgebirge, wo der Tempel schimmerte: der weiße Tempel, in den Jean Guignol seine Sehnsucht eintreten ließ, zwischen dessen rosig, gleich Muscheln überhauchten Säulen seine Verse, von begehrlichen Lippen entsandt, umherirrten, suchend nach etwas Wunderbarem, nach der einen, aus der sie geboren waren, für die sie lebten und die sie nicht kannten. Er betete zu ihr und um sie. Er zeigte ihr den feuchten Ton und sagte, diese Erde warte auf jeden Ton ihrer Launen und auf alle ihre Fleischfalten. Er sprach ein paar sehr zynische Verse, schallend, voll Überzeugung. Man fing an, ihm zuzuhören, einige Gespräche verstummten, die wundervolle Contessa Paradisi seufzte … da schwieg Jean Guignol.

Hinter dem Vorhang von Zypressen wehte manchmal etwas Leichtes vorüber, wie blaue Schleier oder weiße Tanzfüße. Auf einmal lugte zwischen zwei Stämmen ein Faun hervor, gelb behaart, helläugig. Er stellte seine eckigen Bocksbeine behutsam ins hohe Gras. Im Vorbeigehen brach er eine Rose und nahm sie zwischen die Lippen. Vor dem Dichter blieb er stehen und feixte; Jean Guignol mochte ihn nur fragen, was er wolle und was er bedeute. Hinter ihm zeigte sich schon ein alter Centaur: er hinkte, es folgten ihm Bienen, die er beraubt hatte. Er bat Jean Guignol ihn zu befreien. Zum Dank zeigte er ihm seine Fußspur. »Bilde das! Du wirst zufrieden werden!« – »Bilde auch mich!« meckerte ein kleiner Satyr auf einer Ziege. Zwei andere tänzelten mit Flöten am Munde zum Brunnen hin; ihre sanften hohen Töne erweckten ihn, er begann zu rinnen. Die blauen Schwertlilien wiegten sich. Aber aus dem Schilf am Bach stand eine Nymphe auf, schlank, mit fallenden Schultern, spitzen Brüsten und sorglos. Sie schlenderte auf den Künstler zu und küßte ihn gerade auf den Mund. Es war Lilian, seine Geliebte von einst. Er sagte ihr in Strophen, die von ihrer weißen Haut schimmerten und in denen ihr feuriges Haar sich entfaltete, sie sei schön, sie sei es, die er ersehnt habe; er wolle ihr Bild gestalten. Er begann. Aber sie lächelte und ermahnte ihn, er solle ihre Schwestern nicht vergessen, und die Faune nicht, die mit ihnen tanzten, und die

Centauren nicht, die ihnen zusähen, und die Satyrn nicht, die ihnen aufspielten. Dann tanzte sie auf der glänzenden Wiese mit ihren Freundinnen in langen Haaren. Sie faßten sich bei den Händen und formten die Arme wie zu Toren weißer Blüten. Die braunen Faune krochen hindurch, gebückt, grinsend, begehrlich. Ziegenböcke rieben sich an ihnen und versuchten von hinten ihre Hörner.

Der Garten begann zu schallen von dem Galopp der Hufe. Die alten Centauren kämpften miteinander. Die jungen Satyre warfen ihre gewundenen Reben fort und ihre bauchigen Schläuche, und stürzten sich auf die Lippen und die Brüste der Nymphen. Ein graubärtiger Faun lehrte schwarzhaarige Kinder mit Mohnkränzen eine obszöne Runde. Am Boden brannten zerplatzte Granatäpfel und verblutete Tauben neben Rosen. Eine leise, einfache, aufreizende Melodie entströmte, man weiß nicht woher, der roten Luft. Dahinten, auf den rot spielenden Wellen, warfen Syrenen sich heftig auf den Rücken. Ihr Schuppenschwanz schnellte klappend aus dem Wasser, ihre roten Haare trieben ausgebreitet um sie her. Seltsam harte und schrille Laute entstiegen ihren breiten Mündern.

»Bleibt!« rief Jean Guignol, und er sprach, mitten in der Arbeit des Knetens, ihre Bilder, eines nach dem andern – er sprach in plastischen Versen die Bilder aller dieser Fabelwesen und die vielen Gesichter, eines nach dem andern, in denen die Natur sich ihm verriet. Er sprach sie stolz erregt, herrisch, siegesgewiß … Aber sie entfernten sich, sie zogen froh und farbig durchs Gras, unter Küssen, kindlichem Schwatzen oder dem Schäumen von Mänaden, in rot besonnter Nacktheit. Ein Kranz von Blättern verkettete alle.

»Warum nicht auch mich mit euch allen?!«

Die Rosen warfen von den Zypressen herab, ihnen Schleier über die Haare. Es waren viele Frauen, jungfräulich schmale, und laszive aus viel Fleisch; ernste in braunen Geweben, und nackte glückliche. Die dort zog einen Bock hinter sich her, jene trug auf den Armen einen Schwan. Eine beugte sich im Gehen zum Bache nieder und strich mit ihrer Hand über ihn hin wie über eine Wange. Eine erhob eine Schale. Eine setzte ihre weichen Sohlen auf den Rasen, drehte sich, sang, und folgte den andern. Jean Guignol wollte vorstürzen. Das dunkle Laub hatte schon fast alle verschlungen. In der Finsternis zwischen den Stämmen erloschen die Farben der Frauen. Die letzte lächelte vom Saum des Waldes her, als werde sie ihn nie mehr verlassen.

Der vereinsamte Künstler warf sich auf sie, besinnungslos. Sie war fort, ein großer Bock blieb ihm in den Händen. Er schleppte ihn mitten auf die Wiese, er packte den dürren Hals des Tieres, das ihn gelb und klar ansah. Er schrie ihm seine Wut ins Gesicht, seine besinnungslose Brust, seine Enttäuschung, sein Leiden um die eine, die ihm entfloh in den Taumel all jener Gestalten. Er hatte sie nicht gefaßt, sie war vielfältig. Sie war weder die Nymphe noch die Mänade, sie war ebensogut auch der Faun und der Brunnen, oder eine Biene – »oder auch du!« … Und er kniete vor dem Bock, in Drang, Verzweiflung, überwältigender Ahnung.
(1902) Roman. Die Göttinnen oder Die drei Romane der Herzogin von Assy, S. 620ff.

Die Jagd nach Liebe

Jugendliche Liebestollheit *

Mit fünfzehn hatte er, ein schwächlicher, verträumter Junge, auf Sofas gelegen und weinend das Schicksal befragt, ob er je die Glieder einer Frau um sich fühlen werde. Plötzlich hatte er sich entschlossen und gleich eine ganze Menge an Gliedern zu fühlen bekommen, gegen bar. Mit sechzehn hatte er Ute begehrt, nur sie, mit einer Angst und einem Geheimnis, die ihn bleich machten und ihm eine Levikokur eintrugen. Mit siebzehn hatte er sich die erste Modistin angeschafft. Mit neunzehn hatte er die Frau Kahn gehabt, eine Amerikanerin, die bei seiner Mutter verkehrte; oder vielmehr sie ihn. Nun war er zwanzig, und nun lebte er mit Ute. Jeder Schritt, den er machte, jeder Gedanke, in den er einlenkte, führte zu ihr. In ihrem Kopf konnte kein Bild entstehen, in das nicht seine, Claudes Gestalt getreten wäre. Mit fünfzehn, als er zweimal wöchentlich eine andere Kokette probierte, schwamm es im Horizont immer von Brüsten und Beinen. Es war die kurze Zeit, als jedes neue Weib, für Claude ein Paradies gewesen war. Für den Herrn Panier war es das noch mit vierundsechzig. Aber woher strömte der märchenhafte Frühling, in den gebadet nun Claude umherging? Aus Einer, nur aus der Einen. Zum ersten Mal im Leben fühlte er sich fast gesund. Er sah sich an jedem Morgen im sicheren Besitz des ganzen Tages, der voll vom Zerspringen war von ihren Worten, ihrem überlegenen Lachen, ihrem gerollten R., ihren an das Haar erhobenen Händen, ihrem Schritt – voll von ihr!

Eine alte Blumenverkäuferin beim Kontrollor in Nymphenburg, die den jungen Mann seiner Begleiterin nicht gewachsen fand, sagte einmal: »'s tut halt nix 'm Menschen so gut wie's Mailüfterl.« Und Claude griff sich an die Schläfen, so überwältigt war er von dieser einfachen Wahrheit.

(1903) Roman. Die Jagd nach Liebe, S. 90f.

Kunst und Liebe *

»Eine Künstlerin, die sich verliebt, wirklich und ganz verliebt – das war nie eine«, behauptete Ute, hoch und stolz.

»Wofür hältst Du mich denn? Ich bin ja verwöhnt durch die Kunst. Das Studium der Leidenschaften für die Bühne hat mich klarsichtig gemacht, ich weiß ja, was jeder bieten könnte. Hast du dir das nie gesagt? Stell dir vor, ich sollte einen von diesen Leuten lieben, einen dieser halben Männer, mit ihren Lächerlichkeiten, Schwächen, Unredlichkeiten, einen Pömmerl, Killich – Nun, und dich?« fragte sie langsam, mit mitleidigender Grausamkeit.

Er senkte den Kopf. Aber dann brach es heraus, wund, überreizt, mit elend hinausgereckten Armen, ein Notschrei.

»Du irrst dich. Ich könnte lieben!«

Ute zuckte die Achseln.

»Aber ich nicht. Ich sehe manchmal mit Staunen den andern Frauen zu. Sie lieben, weil sie den Mann nicht kennen – aus Dummheit. Ich hab mich schon gefragt, ob ich sie beneide, ob ich auch soweit herunterkommen möchte. Nein, nein. Das ist ja ein Wahnsinnskeim, den eine in sich trägt. Bei Gelegenheit eines unwichtigen Mannes geht er auf. Ich hab ihn nicht in mir, was willst du. Ich bin vielleicht ein Monstrum?« »Ja«, sagte Claude hart.

»Bin ich's? Dann ist auch mein Körper eines. Was er für Angst, für Empörung leidet, bei der Annäherung des Mannes – oh, das wirst du nie erfahren. Und was ich meinem Ehrgeiz, meiner Kunst für Opfer bringe … Aber ich tu's, ich bin stark.«

Da erblickte er das Elend ihrer Stärke. Es weinte ihm auf die Hände. Er stammelte, bebend von Mitleid, mit ihr, mit sich.

»Aber mich – warum nicht wenigstens mich lieben, der um dich weiß. Bin ich zu schlecht, wie die andern?«

»Du bist mir am nächsten, du bist mein Bruder. Da, gib mir die Hand.«

Er wich zurück, gequält. »Ich will nicht mehr.« »Ich liebe dich, wie ich kann. Ich brauche dich, fühle mich wohl in deiner Anbetung und komme in kalte Wut, wie in Düren, wenn du mich verrätst. Das genügt dir nicht? Gib mir deine Hand.«

»Ich will nicht mehr.«

Er besann sich. Drohend: »Du weißt, was ich will. Ich geh nicht weg, ohne dich gehabt zu haben.«

Sie rückte den Kopf, ganz rasch: »Du machst mich bös.«

»Das ist mir ganz einerlei, darüber sind wir zwei hinaus …«

Er feuerte sich an, sträubte sich dagegen, die Tat versäumt zu haben.

»Ich hab die Macht!«

»Hör doch auf mit deiner Macht!« Sie geriet in Wut.

»Weil du ein Mann bist? Ich bin keinem unterworfen, weißt du, dir am wenigsten. Weshalb duld ich dich? Weil du keine breiten Schultern hast, und mich nicht durch eine Übermacht von Männlichkeit bedrohst. Was kannst du denn?«

»Ich werde dich umstoßen – wie vorhin.«

Er warf sich wieder zum Sturm vor. Sie floh bis vor das Badekabinett. Auf der Schwelle wendete sie sich ihm zu; die Arme gekreuzt, erwartete sie ihn. Sie rief: »Und nachher? Denkst du an das Nachher? Wenn du dann schlaff bist. Du Elender, und die tödliche Beleidigung liegt zwischen uns – ahnst du die ganze Verachtung des Fußtritts, womit ich dich von mir schieben werde, hinunter vom Bett! Dann sind wir fertig … Wir sind überhaupt fertig!«

»Ja. Fertig sind wir, so oder so. Also –«

Aber sie umfaßte hart sein Handgelenk. »Nein! Geh!«

Und in ihren Augen der kalte Wille zwang auf einmal all seine erkünstelte Kraft zum Hinknien. Sie fühlte sein Handgelenk mürbe werden und ließ es los. Sie wies, über ihr Bett hinweg, auf das Fenster: »Geh!«

Er tappte rückwärts hin, lehnte sich an das Fensterbrett. Er warf einen verzweifelten Blick hinaus auf den leeren, nur von Nacht begrenzten Platz aus Wiese und Lehm. Dieser unbebaute, zertretene Vorstadtboden bedeutete das verwahrlosende Leben des Ungeliebten, in das sie ihn verwies. Wie sie schön war. Er machte einen Schritt, die Hände bittend erhoben. Die Flamme in ihren Augen drohte kälter, ihr Finger befahl. Claude zuckte die Achseln; er ließ sich aus dem Fenster gleiten, besiegt, trostlos. Er trollte sich, gesenkten Kopfes, bis ans andere Ende des Platzes. Dort blickte er um, fand ihr Fenster noch immer erleuchtet und offen.

»Ich kann ja umkehren …«

Aber er legte beide Hände übereinander vor die Stirn …

In den vergangenen Minuten war ihr Fenster – hatte er ihr Zimmer einst erstürmt und erbrochen, er? – unzugänglich geworden, als läge es im fünften Stock.
(1903) Roman. Die Jagd nach Liebe, S. 352ff.

Pippo Spano

»All meine Sehnsucht drängt nach den Starken, die das könnten, nach den Condottieri des Lebens, die in einer einzigen Stunde ihr ganzes Leben verschlingen und glücklich sterben. Anstatt uns nun trübe zu verlaßen, hätten wir heute früh zusammen sterben sollen, o Gemma!«

Mario Malvolto unterbrach sich.

»Und warum nicht heute abend?« rief er in den durchglühten Schatten zwischen zwei Rosenbüschen. »Warum nicht übermorgen, oder jeden anderen Tag, den wir glücklich waren!«

»Bedenke einmal, Freund, daß du da eine schlicht bürgerliche Niedertracht begehst! Du möchtest das Mädchen, das du genossen hast, in Bälde los sein, du enthüllst ihr geheime Ärmlichkeiten, die nur dich angehen. Du hast kein Recht dazu. Da du sie einmal aufgenommen hast wie ein Starker, da du sie wie ein Stück Beute in dein Schlafzimmer geschleppt hast – tu deine Schuldigkeit und bleibe stark! Sie ist zu dir gekommen wie zu einem der Künstler von früher, die zwei Frauen gleichzeitig vollauf befriedigten, eine auf der Leinwand ihrer Staffelei und eine auf der ihres Bettes. Im Grunde hast du Angst, diese oder jene könne deiner Gesundheit schlecht bekommen. So stirb an ihr! Das Wunder ist für dich geschehen. Es ist dieses Wunder namens Frau, aus einer üppigeren und jäheren Welt, der von deiner Sehnsucht entzauberten, hervor und in dein Zimmer getreten. Du hast es begrüßt; nun glaube es! Nun glaube, daß es dich erlöst, und bist du zu schwach zu glauben, dann stirb doch dafür, ohne deinen Zweifelmut zu verraten, wie ein Märtyrer, der sich ohne rechte Überzeugung, aber schweigend ans Kreuz nageln läßt!«

Mario Malvolto entschloß sich. Er zerriß in Gedanken den im Kopf geschriebenen Brief. Dann ging er ins Haus und stellte sich, die Arme verschränkt, vor das Bild des Pippo Spano. Nein, Pippo Spano lächelte nicht. Vielleicht doch? Aber sein Lächeln war nie so unnachweisbar gewesen.

Gemma zeigte sich ihrem Geliebten am Abend, und am folgenden wieder, und an jedem Abend.

Er bedachte, daß der Glaube sich erwerben lasse. Man mußte seine Gebärden nachahmen, in seinen Riten leben, seine diätetischen Vorschriften befolgen; am Ende kam er. Es handelte sich darum, die Kunst, die auf das Gesicht der Liebe eine Maske drückte, zu überwinden, den eigenen Geist herumzureißen wie ein Pferd, seine schöpferische Neugier von der ganzen Welt fort und auf eine Frau zu bannen, mit dem einzigen Ehrgeiz, eine vollkommene Liebe in sich zu erschaffen.

(1905) Novelle. Pippo Spano, Novellenband II, S. 15–58, S. 38f.

Zu neuen Ufern
im neuen Jahrhundert

»Dieser große Essay (Heinrich Manns Zola-Essay, d. Hg.), der den politischen Menschen Heinrich Mann nicht weniger fesselnd offenbart als den meisterlichen Menschenschilderer, den mit kühn gerafften Pinselstrichen malenden Gestalter von Landschaften und Zuständen, ist in jedem Bezug eine überragende Leistung, der die Zeit nichts hat anhaben können. Er war eine Absage an alle, die sich von der chauvinistischen Woge des Kriegsausbruchs hatten hinwegschwemmen lassen, die der Macht den Geist und die Kultur zur Verfügung stellten, und eine mächtige Rückenstärkung für alle, die standgehalten hatten.«

Peter de Mendelssohn (1972)

Vorbemerkung

Nach der Jahrhundertwende lebte Heinrich Mann zum größten Teil in Italien. Diese Zeit bis in die Tage des Großen Krieges hinein löste poetisch und politisch einen tiefen Selbstfindungsprozess aus, der zu dem Bild führte, das wir heute im Großen und Ganzen mit Heinrich Mann verbinden. Das Bild eines Schriftstellers, der mit kritischen, wachen Augen auf seine Zeit schaut. An diesem Wandel hatte seine damalige große Liebe Inés Schmid keinen geringen Anteil. Sie half ihm dabei, seine von Nietzsche stark beeinflusste Existenz als Künstler zu überdenken. Im Geiste Nietzsches hatte er sein Künstlerleben allem anderen vorangestellt. Nun erkannte er, welche Kraft und Ursprünglichkeit vom Volk ausgeht. Den Schriftstellern wies er die Aufgabe zu, dem Volk das Glück zu vermitteln, »sich wahr zu sehen, damit es sich höher achte und wärmer fühle.« Diese existentielle Neubesinnung nahm ein gutes Jahrzehnt in Anspruch. Er fand seinen Boden in dem bedeutenden »Zola-Essay« von 1915, der zum Gründungsmanifest für Heinrich Manns späteres Werk wurde.

Professor Unrat oder Das Ende eines Tyrannen

Er wäre glücklich gewesen, wenn er noch stärker gewesen wäre; wenn er nicht in einer Krise seines Geschicks, das der Menschenhaß war, sich der Künstlerin Fröhlich ausgeliefert hätte. Sie war die Kehrseite seiner Leidenschaft: sie mußte alles bekommen, in dem Maße, wie die andern alles verloren. Sie war umso pflegebedürftiger, je mehr alle anderen es verdienten, zerschmettert zu werden. Auf sie hatte sich der überreizte Zärtlichkeitstrieb des Menschenfeindes geworfen. Das war schlimm für Unrat: er sagte es sich selbst. Er sagte sich, daß die Künstlerin Fröhlich nichts hätte sein dürfen als ein Instrument, die Schüler zu »fassen« und hineinzulegen. Statt dessen stand sie nun gleich neben Unrat selbst, hoch und heilig im Angesicht der Menschheit, und er war genötigt, sie zu lieben und zu leiden unter seiner Liebe, die sich auflehnte gegen den Dienst seines Hasses. Unrats Liebe war dem Schutz der Künstlerin Fröhlich geweiht und ging für sie auf Raub aus: es war eine ganz männliche Liebe. Dennoch führte auch diese Liebe zuletzt zur Schwächung …

Es kam vor, daß er sich bei ihrer Heimkehr versteckte und bis abends nicht mehr zum Vorschein kam. Sie verhandelte durch die Tür, mit ihrem leichten, ein bißchen mitleidigen Stimmchen. Aber er wollte nicht einmal essen. Er habe wissenschaftlich zu arbeiten. Sie warnte ihn freundschaftlich, er werde sich krank machen; und entschloß sich mit einem Seufzer, seinen Anfall vorübergehen zu lassen. Er hatte wahrscheinlich wieder ihre Garderobe untersucht und in ihrer schmutzigen Wäsche herumgestochert. Vielleicht hatte er heute morgen das Billett gelesen. Plötzlich kriegte er dann 'nen Rappel, konnte sie, wenn sie so zerknüllt nach Hause kam, nicht mehr ansehn, drehte sich, ganz schamrot, nach allen Ecken und verduftete. Es war ordentlich aufregend. Das heißt, ganz ernst, na also wirklich im tiefsten Grunde ernst, konnte man es doch nicht nehmen. Dafür spielte man selbst zu viel. Erstens spielte sie verheiratet: es war ihr unmöglich, es anders aufzufassen. Wie sie ihrem alten Unrat damals mitten auf der Straße ihre Mimi zugeschickt hatte – das war fein gewesen, dabei hatte man ordentlich was gefühlt. Und dann das Getue jetzt mit den Männern, die Fatzkereien, bis es zu was Richtigem kam, und die Masse Lügen die ganze Zeit über, daß einem bloß nichts entwischte im Beisein von Unrat – der doch natürlich ganz genau Bescheid wußte. Sie war ihm geradezu dankbar, daß er die Komödie mitspielte und von ihren täglichen kleinen Seitensprüngen noch so viel Wesen machte. Das brachte doch Leben in die Bude! Komisch, daß er sich nie daran gewöhnte.

Und dabei lag an dem Ganzen doch ihm viel mehr als ihr selbst. Manchmal führte er sich auf wie übergeschnappt und wollte von heute auf morgen irgendeinen Gewissen totmachen. Er konnte es gar nicht mehr aushalten. »Ich empfehle dir den Schüler Vermöhlen. Richte dein Augenmerk – immer mal wieder – auf den Schüler Vermöhlen.« Was hieß denn das, bitte? Brauchte man danach noch einen Menschen zu fragen? Und wenn er so darauf brannte, daß sie mit dem Konsul Breetpoot fertig würde?

Die Künstlerin Fröhlich zuckte die Achseln.

Unrat, den sie nicht begriff, war zuckend entrückt in wahre Sternenstürze von Leidenschaft. Seine Liebe, die er täglich verwunden mußte, um seinen Haß zu füttern, reizte diesen Haß zu immer tollerem Fieber. Haß und Liebe machten einander irr, brünstig und schreckenvoll. Unrat hatte die lechzende Vision der ausgepreßten, um Gnade flehenden Menschheit; dieser Stadt, die zerbrach und öde stand, eines Haufens von Gold und Blut, der zerrann ins Aschgrau des Untergangs der Dinge.

Dann wieder erlitt er die Halluzination der von anderen geliebten Künstlerin Fröhlich. Die Bilder der fremden Umarmungen erstickten ihn: aber alle geschahen mit dem Gesicht von Lohmann! Das Schlimmste, Hassenswerteste, was Unrat erleben konnte, war für immer zusammengedrängt in die Züge von Lohmann – dieses Schülers, der auf keine Art zu »fassen«, der nicht einmal mehr in der Stadt war.

Nach solchem Zustand ohnmächtiger Bedrängtheit übermannte ihn Mitleid mit sich und der Künstlerin Fröhlich. Er verhieß ihr tröstend, daß es nun bald genug sei, und daß sie sich zurückziehen wollten, den Ort verlassen und das genießen, »was sie dir schuldigermaßen abtreten müßen«.

»Wieviel meinst du wohl, daß es is?« fragte sie abweisend. »Du merkst dir egal bloß, was wir kriegen. Aber was sie uns wieder wegnehmen, is auch nich übel. Unsere Möbel haben sie uns gepfändet, nich? Glaubst du, daß wir für die, die wir jetzt haben, auch bloß eine Rate bezahlt haben? Du schneidst dich eklig, wenn du das glaubst. Uns gehört das Sofakissen da und dann noch der Rahmen von dem ollen Bild: sonst gehört uns nischt.«

Sie war in grausiger Stimmung, überanstrengt durch die Hetzjagd mit Männern; hatte das Amüsante ihres Daseins grade ganz aus den Augen verloren und rächte sich an dem, der der Nächste dazu war. Unrat nahm dies erschütternd wichtig.

»Es ist meine Pflicht, deinem Wohle vorzustehen. Ich bin nicht gesonnen, mich dieser Pflicht nicht gewachsen zu zeigen ... Sie sollen es mir büßen!« setzte er zischend hinzu. Sie hörte gar nicht, sie ging gereizt umher und preßte sich die Hände.

»Du bildst dir wohl hoffentlich nich ein, ich mach dies blödsinnige Leben dir zu Gefallen mit, und damit du deine Männekens klein kriegst. Nee, wenn nich Mimi wäre – aber für Mimi muß ich verdienen. Daß Mimi mal anders wird als ihre Mama. Ach Gott ...«

Dann ward das Kind hereingeholt in seinem weißen Nachthemdchen; und dann kam eine Tränenkrise. Unrat ließ Arme und Kopf hängen. Er mußte ausgehen, die Künstlerin Fröhlich legte sich zu Bett. Aber bis zur Stunde der Gäste war sie wieder auf der Höhe; und an Unrat machte sie alles wieder gut, sie war zart und freundschaftlich, flüsterte ihm häufig abseits etwas Vertrauliches zu, daß alle sahen, er blieb ihr die Hauptperson; machte sich lustig mit ihm, grade über die Herren, mit denen er sie im Verdacht haben konnte; schmeichelte ihm die Täuschung hinein, als sei nie etwas Ernsthaftes vorgefallen. Ja, er war, solch ein Stündchen lang, nicht weit von dem Wahn, als habe er alle seine Erfolge ohne Gegenleistung eingeheimst. Er glaubte es ja nicht; aber er hielt sich vor, was ihn denn hindere, es zu glauben, und wo die Gegenbeweise seien. So beglückend war der Rückschlag nach seinen vorigen Qualen.

(1905) Roman. Professor Unrat, S. 230ff.

Zwischen den Rassen

Dieser Winter schmückte sich mit einer Kette zeitloser Tage; sie waren da wie eine Spiegelung märchenhafter Küsten. Eine blaue Flut von Jugend wallte einem in Augen und Mund. Mit entzücktem Staunen horchte man auf irgend etwas Köstliches, das unverhofft zurückkehrte, leise wieder anschlug. Nun mitten im Januar der Himmel ganz weich zwischen den glitzernden Eichenkronen floß, die Statuen auf den Palästen zerschmolzen im Blau und dies Blau sich in Säulenhöfe und Hallen wie seidene Fahnen schlang: da hob eine Melodie, die geschlafen hatte, in einem die Lider auf. Lola hatte in der Luft, die sie ein wenig erstickte, vor sich die Augen Pardis. Sie waren der höchste Aufstieg dieser Melodie gewesen. Sie mußte man gefühlt haben, um dies alles zu fühlen.

Wie bei einstigen Gefährten, denen sie unverhofft nochmals begegnete, blieb sie wieder vor den Statuen stehen. Sie waren überall; die Stadt war erfüllt und beherrscht von Statuen, die sich in Hallen und vor Plätzen versammelten, wie ein Haufen schönen, sinnlichen Volkes; die von Brunnen, aus Nischen ihre lauten Gebärden ins Marktgewühl mischten; deren starken, frechen Mündern man die schleierlosen Stimmen der ganzen Menschenmenge entquellen hörte und von derer göttlicher Nacktheit all dies Leben nackt schien.

›Die Kunstwerke! Es ist wahr, sie alle sind Fleisch, sind die Verherrlichung des Fleisches. Aber nur in der Kunst ist es Herr und ist edel. Die Künstler – wir –‹, dachte sie ohne ihren Willen, ›erhöhen es über alle menschlichen Maße, über alle menschliche Kraft, und finden doch Kraft und Maß in uns selbst! Dann –‹

Mit einem Blick auf das dunkle Gewimmel, das zusammenschrumpfte.

› – kriechen wieder Menschen, klein wie eh und je, darunter hin, und wir selbst haben Augenblicke unserer Größe vergessen und begreifen sie nicht mehr.‹

In sich versunken die volle Straße forttreibend:

›Wie liebte ich doch Pardi! Welche schwärmerische Lust! Manchmal erlebte ich's, daß die Sinne mich auf ausgebreiteten Flügeln in den reinsten Äther trugen. Und dann gruben sie mich in den Morast. Ich habe ihre Anbetung und die Kraft zu ihrer Verherrlichung in mir. Aber ich bin auch geboren, sie zu verachten. Ein ganz anderes Blut steigt mir auf einmal ins Hirn. Ich fühle anders, sehe anders, und mir schaudert vor dem, was ich gewesen bin.‹ Aufschreckend und sich zusammenziehend, wie verloren unter Feinden: ›Nicht noch einmal möchte ich solch Schaudern erleben.‹

Am Ende des Winters dann ein rätselhaft trüber Abend, voll des Gefühls von verlorenem Leben. Sie sehnte sich fort, hinauf, hinaus aus einem Schacht. ›Ich kann nicht länger –‹, sie wußte nicht, was. Ward nicht noch immer die »Tosca« gegeben? Niemand ging mehr hin; gleichviel. Und als die kleine Logentür hinter ihr zuklappte und harfend, mit verbleichenden Sternen und erster Morgenröte ein Garten von Tönen, ja plötzlich ein klirrendes Paradies sie aufnahm, da stand sie, bebte, verschluckte Tränen, fühlte die Brust sich spannen und das Flügelrauschen der Erlösung über ihren zugedrückten Lidern. Das Glück! Diese Töne waren das Glück. Zwei Stimmen, zwei liebende Stimmen erhoben sich über Knechtschaft, Folter, Richtstätte, als zwei liebesbleiche, feurig gewappnete Engel. Alle Schranken fielen. Mächtig glänzend öffneten sich Himmel, die ganz Liebe waren. Lola fühlte und hatte kein Bewußtsein davon, Pardi sei eingetreten. Sie lächelte, ohne ihn anzusehen, ein Lächeln, das ihm bestimmt war. Oh! sie fand plötzlich zurück an die Schwelle jener Freuden mit ihm. Nichts machte ihr mehr Schaudern, denn alles war Liebe gewesen. Noch die Verirrungen: kannten nicht auch die beiden liebesbleichen Engel jener Himmel sie? Das Fleisch konnte heilig sein. Diese Musik heiligte es. ›Ich liebe dich! Ich liebe dich!‹

Da, ein Rachen, der ein einziges Mal zuschnappte, schlang Stille alles hinab. Man hatte verloren, wo man war, man hatte den Atem verloren, mußte sich herauskämpfen … ›Was habe ich getan? Mein Gott, er hat mich verstanden!‹ Er sprach, und seine Stimme machte ihr kalt und heiß. ›Allein, mit ihm im leeren Haus. Ganz ihm überantwortet. Wenn er jetzt zugreift, ist es der Tod. Er weiß, daß er's darf: wie soll ich noch leben!‹ Dabei wand sie sich unter den weichen Griffen seiner Stimme, die den Nachhall jener Musik beschwor, ihn aus der Stille zurückbannte.

»Ich bin so glücklich, mich einmal ganz allein mit dir zu finden. Du bist schöner als je, ich liebe dich mehr als je. Hast du gehört, wieviel Liebe in dieser Musik? Für uns, du Engel, für uns! Komm, ich will dir Dinge sagen –«

Sie sprang auf, ihr Stuhl fiel um. »Ich habe Beängstigungen, laß mich fort, ich werde wieder krank, schon wieder. Oh, wohin?«

Er folgte ihr bis in ihr Zimmer; er entwand ihr den Türgriff. »Wozu, wozu. Sei endlich ehrlich! Du liebst mich. Und ich liebe dich.« Sie riß sich los, sie flüchtete hinter das Bett. »Was willst du? Ich kenne dich nicht! Sind wir nicht fertig?« »Es scheint nicht. Und du entsinnst dich wohl noch meiner.«

»Du hast andere Frauen, nicht wahr? Laß mich gehen, ich bitte dich. Ich will fort. Alles war Irrtum, ich könnte dir's erklären. Ich verliere den Kopf. Mein Gott, ich will fort.« Da er auf dem Bettpfosten gestützt blieb, mit einem langsamen Lächeln, das seine Macht auskostete, bevor er zugriff: »Den ganzen Winter habe ich dich von mir ferngehalten, dadurch, daß ich dich habe merken lassen, ich kenne deinen Betrug. Ein Rest Scham machte, daß du mich verschontest. Behalte ihn! Laß dir nichts einfallen gegen mich! Ich bin verzweifelt!«

»Du bist verliebt: ich habe es gesehen. Ich brauche nicht auf mein Recht zu pochen; du liebst mich, das genügt. Was täte es noch, wenn ich andere gehabt hätte? Du würdest verzeihen. Übrigens ist es nicht wahr; ich liebe nur dich!«

Seine Augen flammten auf, sein Lächeln war fort; er stieß sich vom Bettpfosten ab, er setzte schon an, loszubrechen gegen sie. Da stockte er: sie stand auf der Fensterbank. Von unten kam das Klirren und Splittern der zerbrochenen Scheibe. Lola schrie:

»Nicht dich liebe ich! Ich liebe einen andern; – und rührst du mich an, spring ich hinab.« Nochmals gehaucht: »Ich liebe einen andern.«

Er hielt sich knirschend zurück. Er schüttelte die Fäuste. »Das ist nicht wahr! Ich werde dich holen, ich nehme dich!« Aber er kam nicht. Lola hatte den Kopf im Nacken. Langsam: »Ich bin nicht deine Gefangene. Ich kann sterben.« Sie sah auf ihn nieder, der sich ohnmächtig abarbeitete.

»Und ihm, den ich liebe, verdanke ich meine Rettung. Du hast mich gemein und elend gemacht, weißt du das nicht? Ich war deine schmutzige Magd; er aber hat mich gereinigt und zu seiner Gefährtin erhoben. Das darfst du wissen: ich bin rein!« Er keuchte: »Wer ist es? Ich werde ihn töten!«

»Du wirst ihn nie sehen. Auch ich sehe ihn nie.« Er starrte sie an. Plötzlich sich abspannend, verachtungsvoll: »Du bist wahnsinnig, das ist alles. Ich habe die Pflicht dich da herunterzuholen.« Und er machte einen besonnenen Schritt. Aber sie hing am Fensterkreuz, schon halb draußen. Ihr Blick war irr und wild. »Zurück, oder ich lasse mich fallen! An dem Tage, wo du mich anrührst, sterbe ich!« Er hob die Schultern und Arme, deutete sich auf die Stirn – und ging rückwärts, leise auftretend, hinaus.

Die Tür hatte sich geschlossen; Lola fühlte sich auf einmal schwach werden. Entsetzt sah sie unter sich, ins leere Dunkel. Die Knie zitterten; ihr schwindelte. Sie ließ sich, die Augen geschlossen, am Fensterkreuz hinab, tastete nach dem Boden. Zurückblickend: ›Wie bin ich dort hinaufgekommen?‹ Sie schleppte sich zur Tür, verriegelte sie. Und sie fand noch die Kraft, sich aufs Bett zu werfen. ›Noch einmal gerettet, noch einmal! Auf wie lange? Und ich glaubte mich geheilt! Ich kann mich also auf mich verlassen? In allem lauert, unmerklich, die Verführung, in den Landschaften, in den Bildern, den Tönen: Alles ist geschaffen, mich schwach zu machen, mich zu erniedrigen; in allem ist der Mann, der mich erniedrigt. Die Luft selbst, diese Luft verdirbt mich. Ich habe nicht das Recht, sie zu atmen. Hätte ich vorhin mich fallen gelassen! Er, dem ich mich schulde, würde mir dann verzeihen können. Jetzt darf ich nicht zu ihm sprechen, ihm nie wieder das Gesicht zuwenden. Er weiß nun, daß ich lüge! Meine Lust nach dem andern ist Diebstahl an ihm! Ihm bin ich verantwortlich für meine Seele, und bald wird sie nicht Kraft genug mehr haben, ihn zu lieben. Immer neue Zusammenbrüche des Fleisches werden sie abnützen. In meinem Laster wird meine Vernunft erlöschen, und ich werde mich nicht mehr hinaussehnen können, mich nicht einmal mehr sehnen können.‹

Sie fuhr auf. ›Das soll nicht geschehen. Ein Gedanke noch an den andern, und es geht da hinab!‹ Sie lief zum Fenster, sie maß die Höhe der schwarzen Quadern. Ihr schwindelte schon wieder. Das Haus deuchte sie ein düsterer Riese, der sie auf loser Hand trug, bereit, die Hand umzukehren. ›Ich werde es nicht können. Ich bin feige. Zuviel Begehren macht auch feige.‹ Im Umherirren, vor einem alten Schmuckkasten: ›Der? Vielleicht der!‹

Und sie zog den winzigen Revolver hervor: ein galantes Geschenk von einst, ein Scherz, weil damals ein Landstreicher sie frech angeblickt hatte. ›Ich habe Begierden erregt und geteilt, wo ich vorbeikam, überall. Ich mag mich nicht mehr leben fühlen.‹ Sie sank aufs Bett zurück. Lange blieb sie erschlafft. Dann, hastig an der Waffe fingernd, zu ihr flüsternd: ›Also ich schwör dir's! Da liegst du und bewachst mich. Und den ersten niedrigen Gedanken sollst du mir – hörst du's? – aus der Stirn schießen.‹

(1907) Zwischen den Rassen, S. 328ff.

Die Branzilla

»Du siehst recht wohl, daß ich in diesem Kleide nicht auftreten kann. Die Ärmel sind zu lang, und am Rock sitzen die Falten schief. Aber wie sollte es anders sein, da du noch gestern abend dich mit deinem Liebhaber den Leuten zeigtest. Ich sah euch vom Fenster. Ich arbeitete an meiner Rolle, indes du dich vergnügtest.«

»Mein Geliebter hat mich verlassen, Signora. Vor Verzweiflung lag ich krank, die Nacht und den ganzen Tag. Die Signora mögen verzeihen, wenn ich nicht aufmerksam war.«

»Ich verzeihe nichts. Würden sie mir verzeihen, wenn ich schlecht sänge? Niemand würde fragen, ob ich krank war. Ich singe nur die Tullia. Die Lukrezia gehört der Amati, die soviel größer ist als ich, soviel schöner, liebenswerter, kunstreicher. Ich bescheide mich und bin ihre Dienerin. Aber auch die Dienerin will ganz sein. Ich übe meine Cavatine Tag und Nacht, ich küsse hundertmal den Saum meiner Herrin, die mein Geist vor sich sieht. Meinst du, ich fürchte jene, die pfeifen möchten? Arme Unwissende! Mich ängstigt nur der göttliche Wille in mir. Darf ich denn ruhen, solange irgendein Mensch meine Rolle besser machen könnte? Sie müssen sich beugen: nicht vor mir, ich bin nichts; doch vor dem Vollkommenen. Es ist stolz, es demütigt sie. Sie widerstreben, ich weiß es wohl, dem Vollkommenen. Es ist stolz, es demütigt sie. Sie fühlen sich wohler bei den Hübschen, die es sich und ihnen leicht machen … Ah! Sturbanotte. Nur herein! Ihr könnt davon reden. Ihr seid ein Buckliger, und ihr singt herrlich gut. Seid Ihr schon einmal an einem Theater zum erstenmal aufgetreten, ohne daß sie Euch ausgelacht hätten? Immer mußtet Ihr Euch zuerst vor die Rampe stellen und ihnen versichern, Ihr seiet nicht gekommen, Euch sehen, sondern Euch hören zu lassen. Nun also: das Vollkommene erscheint ihnen immer bucklig. Es stößt sie ab und muß sie überwältigen … Ich spreche nur zu Euch, Sturbanotte, – da Ihr mir die Ehre erweist, in meine Garderobe zu kommen, die von Männern leer ist: nur zu Euch. Ihr allein versteht mich. Ihr denkt doch nicht, ich redete zu jedem albernen Mädchen, das aus unglücklicher Liebe krank wird? Sie hätte ein Kleid machen sollen. Ein vollkommen gemachtes Kleid würde ihr dummes kleines Dasein gerechtfertigt haben. Was tut sie? Sie ißt, trinkt, liebelt, sie zerstreut sich, bis sie ganz verschwindet. So machen es alle. Hat Euch schon einmal einer einen Schuh oder einen Bart gefertigt um anderes, als das bißchen Geld? Habt Ihr schon einen singen gehört, dem's nicht bloß um den Beifall war? Wie wohlfeil sich alle nehmen! Wie ich alle verachte!«

»Ich verstehe: auch die Amati.«

»Das könnt Ihr nicht glauben. Eine so große Künstlerin! Sie ist berühmt, und wie viele lieben sie! Ich bin ihre Dienerin.« »Ihr spielt ihre Dienerin, es ist wahr. Auch genießt sie noch große Anbetung. Nicht mehr lange, sagen die Ärzte. Der arme Ritter Rosaspina! Wie er sie liebt! Aus seinem Blut würde er ihr Elixier pressen! Sie schwindet dahin. Ihre Stimme war gestern so schwach, daß im Theater mehrere weinten. Ein Mittel gegen das böse Feuer, das sie verzehrt! Ein Gegengift!«

»Ein Gegengift? Signor Sturbanotte. Euer Grinsen ist entsetzlich. Nie sah ich so sehr, daß Ihr ein Buckliger seid, ein boshafter Buckliger. In Eurer roten Kappe, mit Eurem langen Schwert! Was für einen schrecklichen Schatten Ihr werft. Verlaßt mich! Was ängstigt Ihr mich! Kein guter Mensch wird glauben, eine so liebenswerte Künstlerin könne vergiftet werden.«

»Ihr mißversteht mich, Signora. Ich sprach von einem bösen Feuer in ihr. Seht doch ihre Augen an! Ihr Blut verzehrt sich selbst. Es ist ein äußerst trauriger Anblick, wie sie daliegt und Schwäche und Angst erleidet und sich nicht begreift. Ihre Garderobe ist wie ein Sarg, worin die Liebhaber sich mit ihr verschlossen haben. Unterirdisch still ist's darin. Das Lachen derer, die zu lachen wagen, klingt ohne Widerhall und als drückten fünf Fuß Erde darauf. Das Schluchzen des Ritters Rosaspina bricht sich an den Füßen der Amati. Wollt Ihr das sehen? Bleibet Ihr fern, man würde glauben, daß Ihr der Amati nicht wohlwollt …«

»Ich komme. Kein Wort mehr! Denkt Ihr denn, ich wäre nicht längst schon bei ihr, hätte nicht die ungeschickte Schneiderin mich aufgehalten?«

»Oh, Signora! Laßt zu, daß ich Eure Füße umfasse! Ritter, Ihr müßt mir diese Minute gönnen: ich bin die Dienerin Eurer

Herrin. Wie wohl ihr ausseht, Signora! Wie es hier lustig ist! Die Herren erstickten wohl ihr Gelächter in den Taschentüchern. Ihr seid wiederhergestellt, nicht wahr, Signora? Ihr werdet es keinen Tag hinausschieben, die Lukrezia zu singen. Eure Tuttila bittet Euch.«

»Ihr selbst, Signora Branzilla, werdet vielleicht die Lukrezia singen. Vielleicht werde ich tot sein.«

»Was habt Ihr! Mein Gott! … Sie antwortet nicht. Sie hat sich verfärbt und die Augen geschlossen. Welche Gesichter ringsum! Signora! Kommt zu Euch!«

»Ich weiß nicht, was mir geschieht … Ja, Ihr sollt die Lukrezia singen. Eine Stimme verlangt, daß ich sie Euch auftrage, sie Euch hinterlasse. Ihr seid größer als ich. Wehrt nicht ab! Ich liebe Euch nicht, verzeiht! Aber ihr seid größer; und Festeres, Stolzeres werden sie Euch errichten als eine Rosenpforte. Mich sahen sie gern. Mein Gesicht machte sie ein wenig glücklicher. Sie fühlten Wohllaut in meinen Wendungen. Wenn ich lächelte, verziehen sie mir meine Stimme, die so wenig vermochte. Ich hatte nichts gelernt, ich gestehe es Euch. Man ließ mich nie, und mein Herz ließ mich nie. Ihr seht, daß ich noch erröte. Und soll doch bald ganz erblassen. Ritter, näher zu mir! … Ihr aber, Signora Branzilla, seid eine große Künstlerin. Ihr werdet herrschen, wo ich nur Vergnügen machte. Ich lasse Euch die Lukrezia. Hier habt ihr die Rolle! Morgen sollte ich sie ihnen singen. Singt sie ihnen morgen, damit Eure große Kunst sie rascher mich vergessen macht. Nicht den Ruhm ja liebte ich. Meinen Schatten tröstet das Gedächtnis eines einzigen. Nehmt Ritter!«

»Wollt Ihr Eure Hand nicht auch mir verstatten? Verzeiht, daß ich sie mit Tränen befeuchte! Ihr macht mir Schmerz und Scham. Ich habe Euch zu sehr bewundert: wie darf ich leiden, daß Ihr Euch vor mir demütigt! Laßt mich Euch bedienen! Wollt Ihr trinken? Ich muß Euch zuerst ins Ohr sagen: schickt von Eurem Lager den Buckligen fort! Er ist voll arger Gedanken und wird Euch Unglück bringen. Legt Eure Lippen an das

Glas; das Cordiale ist hineingemischt … Ich durfte nicht zu Euch aufsehen, Ihr wurdet soviel geliebt. Ich selbst fand Euch liebenswert; – und ich habe es so schwer, zu gefallen. Mit ein wenig Gesang? Ein wenig klingender Luft? Sagt selbst, was das bedeutet, wenn man eckige Glieder und eine ungefällige Miene hat. Nein, Signora, ich bleibe Tullia, Eure Dienerin. Laßt mich immerhin für morgen die Lukrezia erlernen; darum weiß ich doch, daß ich sie, beschämt und erleichtert, Euch, der Genesenen, zurückgeben werde. Aber was ist Euch? Kommt Euch denn schon wieder Ohnmacht an? Helft doch, ihr Herren! Wie? Im Herz –? Signora! O Himmel!«

»Wir sind allein, Signora, denn die Tote zählt nicht. Für Euch zählen doch keine Toten? Den Ritter haben seine Freunde hinausgebracht. Jetzt seid Ihr Lukrezia – und was immer Ihr wollt.«

»Ich will ihr Gewand ordnen. Findet Ihr sie nicht noch schöner als im Leben?«

»Ich weiß nicht. Einen Buckligen kümmert das nicht.«

»Sie wird doch einmal aufhören, zu gefallen? Sie muß doch werden wie die andern Leichen?«

»Habt Ihr Furcht, sie möchte Euch noch mit geschlossenen Augen überstrahlen?«

»Ich fürchte niemand, Signor Sturbanotte. Seht, wie ich ihre Augen auf- und zuklappe! Mit diesen Wimpern wird sie keine Liebe herbeiwinken.«

»So furchtlos als geschickt! Wie Ihr zu spielen versteht, noch an einem Sterbebett! Wie trefflich Ihr ein Cordiale mischt! Ihr müßt Übung darin haben.«

»Was tragt Ihr da im Ärmel, Signor Sturbanotte? Ei, seht: ein rundes, flaches Fläschchen mit einer wasserhellen Flüssigkeit darin! Wäre das gar das übel berufene Tofanawasser? Das müßt Ihr häufig angewendet haben, Sturbanotte. Seit Monaten hat sie's bekommen: jetzt begreife ich das seltsame Feuer, an dem sie starb und das nur Ihr erkanntet! Aber welche furchtbare Rachsucht, buckliger Sturbanotte. Weil sie Euer Liebeswerben abwies!

Ihr seid ein schrecklicher Mann, ich werde allen gegen Euch zur Vorsicht raten … Ach nein, ich scherzte: Ihr braucht nicht zu erbleichen. Das Wasser, sag ich Euch ins Ohr, trugt nicht Ihr im Ärmel. Ich habe Euch nur zeigen wollen, daß ich noch geschickter bin, als Ihr meinet – und Euch warnen … Und nun wißt, daß ich niemand zu scheuen habe. Denn ich tat recht. Gott selbst trug es mir auf. Er ließ mich träumen und zeigte mir die Amati in der Hölle und in der Pein. Sie hatte keine Nase mehr, und die Teufel zwickten ihr die Brustwarzen ab. Aber hoch darüber, gleich unter Gottes Thron, auf Wolken stand ich selbst und sang! … Das ist Gerechtigkeit, Sturbanotte. Denn sie schändete die Kunst. Sie gab vor, eine Sängerin zu sein, und war eine Dirne.

Mit ihrem Dirnengesicht, ihren Dirnengliedern betäubte sie das Volk, daß es nicht merkte, wie die Kunst verdarb. Die Kunst war in mir, und niemand hörte sie. Gott war verlassen, er schrie nach Rache. Ich folgte ihm und tötete sie und lernte, indes ich sie tötete, seit Monaten ihre Rolle. Wäre ich nicht Gott gefolgt, noch immer würde das Volk nur das Fleisch lieben. Jetzt habe ich es erlöst. Jetzt kann ich ganz die Flügel ausbreiten, und zwischen Himmel und Erde hindert nichts mehr meinen schönen Flug. Sie werden sehen, daß ich schöner bin als Amati. Sie werden mich nicht lieben, weil ich süß bin, mich zerflattern lasse und Mitleid verdiene. Sie werden mich lieben, weil ich stark bin, mit Leidenschaft bei mir bin und ihnen Reue über ihre verlorenen Leben mache … Was murmelt Ihr, Sturbanotte?«

»Daß ich alt bin und obendrein bucklig. Sonst bliebe ich keine Nacht mehr in Rom.«

»Auch Ihr versteht mich nicht, Sturbanotte.«

(1907) Novelle. Die Branzilla, Novellenband II, S. 293–329, S. 304ff.

»Sie konnten töricht genug sein, Signora, sich einzubilden, ich hätte mich ihnen anvertraut bis auf's letzte, wie ich's tat, wenn ich nicht wußte, daß Sie würden sterben müssen? Ah! Die Vorbedeutung des fallenden Schwertes. Einer von uns wird sterben müssen. Sie erschraken; aber Sie wußten nicht, wie sehr Sie Ursache zu erschrecken hatten!«

Sie hat sich vom Boden erhoben, ist mit den Händen vor der Brust und entsetzten Gesichtes schrittweise zurückgewichen. Ihr Fuß trifft den Dolch. Sie greift danach, sie stürzt vor. Er flieht hinter den Tisch, er schreit sinnlos: »Wache! Wache!« Die Mitteltür geht auf, Leibwächter zeigen sich darin. Der Herzog hat sich gefaßt. »Nichts. Noch nicht.« Und die Tür schließt sich wieder.

Er kommt hervor, tritt auf sie zu, die den Dolch im Rücken hält und verächtlich lacht. Trotzig hervorgestoßen: »Ich bin nicht feige! Es ist nicht wahr! Verdient nicht die größere Achtung einer, der, von Natur nicht tapfer, sich zwingt zu handeln, als sei er's! Ich habe nur eine Feigheit begangen, und für die sollten Sie mich nicht verachten: ich habe Sie, als Sie sich mir gaben, nicht genommen – weil ich wußte, Sie würden durch mich sterben. Sie haben mich mißverstanden, Signora: nicht das Aufhören Ihrer Liebe fürchtete ich, als ich das Erkalten Ihrer Brust fürchtete.«

»Wozu sprechen Sie noch mit mir? Da Sie nur lügen, nur verderben können – und mein Verderben Ihnen schon gelungen ist?« »Ich rede wahr. Ich habe mich gefürchtet, Ihren – Tod zu entweihen.« »Viel für Sie. So wären Sie nicht ganz das Scheusal, das durch den Reiz seiner Jugend noch giftigere Scheusal, nach dem ich soeben stoßen wollte? Oh! wie ist's möglich, daß ich schon wieder im Begriff bin, Ihnen zu glauben? Diese erbärmliche meisterhafte Komödie, worin Sie sich verkannt stellten, Seelenqualen heuchelten und sich beinahe unter die Helden stahlen!«

»Trauen Sie mir nicht allzuviel Meisterschaft zu! Halten Sie mich nicht für kälter, als ich zu sein vermag! Wenn ich als

Wasserverkäufer durchs Volk streiche und irgendeiner mich um fünf Heller betrügt – es kommt vor, daß ich mich zu wahrer Entrüstung versteige. Aber lassen Sie hinter mir zwei Verschwörer tuscheln: ich werde jedes Wort beherzigen. So ging mir's mit Ihnen Signora!« Sie tritt nahe an ihn hin. Sie läßt seine Augen nicht los. »Sie sagen zuwenig. Sie gaben nicht nur eine Rolle, die Sie empfanden: Sie gaben Ihr Leben. Das war Ihr Leiden; das waren Ihre Träume; das war, was Sie hätten sein können … Sie schlagen die Augen nieder. Ich halte nun die Wahrheit: oh, nehmen Sie sie mir nicht wieder! Nicht wahr, ich halte sie?«

»Vielleicht. Ich hatte einen Augenblick der Überreiztheit, der Müdigkeit. Es ist geschehen. Oft habe ich widerstanden. Der Kerker manch eines, den ich hatte verurteilen lassen, hat mich angezogen. Ich schmachtete danach, mich hinzuschleichen und dem, der sterben mußte, zu verraten, wer ich bin. Nun weiß er, daß er nach einem Falschen stieß; ein Mensch kennt mich nun. Aber kaum wird's Morgen, führen sie ihn mit Trommeln hinaus und machen ihn stumm … Immer noch habe ich widerstanden: warum nicht auch heute?«

»Es war bestimmt! Ich sollte Sie gewinnen, Sie retten!« »Sie haben mich verleitet. Ich hätte Sie gern verschont, Sie sind so schön. Jetzt muß ich Sie töten. Warum gingen Sie nicht, als ich Sie, weil das fallende Schwert uns gewarnt hatte, freigab? Ich konnte es noch. Jetzt kennen Sie mich, und keiner der mich kennt, darf leben.« »Warum nicht – wenn Sie selbst sich zu leben entschließen. Wenn Sie aufhören zu töten, sich selbst abzutöten und sich und uns dem Leben schenken.« »Meine Ehre will, daß ich mich nicht hingebe. Es ist mir verboten, schwach zu sein.« »Sie sind nicht schwach: Sie haben ein menschliches Herz! Erkennen Sie es an!« »Es wäre sträflich. Wer bliebe mir, verließe ich selbst mich?« »Wir alle! Das Volk! Die Menschheit!«

»Und man würde dem bekehrten Tyrannen glauben? Hat man ihm, der noch ein Kind und rein von Blut war, die Freundestreue geglaubt? … Sie sehen, Signora, Sie müssen mich verloren geben. Ich bin ein Ausgestoßener, und mein Ruhm will, daß ich nicht um Einlaß bitte … Ach! gehen Sie. Fliehen Sie! Verschonen Sie mich mit diesem großen graden Blick! Setzen Sie mich nicht länger Ihrer Schönheit aus! Und wenn ich Ihnen, was Sie wollen, opfern würde? Meine Selbstachtung? Nicht lieber mein Leben? Sie haben mich so weit gebracht, daß mich's danach gelüstet. Das erst wäre die wahre Abdankung … Und vielleicht wäre es süß gewesen, die Kräfte des Eisens zu spüren, das Ihre Hand in mein Herz senkte? Sie gleichen der Judith, von der ich in meinen kränksten Stunden träume.«

Mit einem gierigen Blick über ihre Schulter: »Halten Sie nicht noch immer den Dolch im Rücken?« Raminga läßt die Waffe hinter sich zu Boden fallen. Sie nimmt seine Hände. »Sie töten! Ich kann's nicht. Ich kann nicht fliehen ohne Sie. Mögen jene sich die Freiheit selbst erobern; ich bin eine Frau, ich kann keinen Unglücklichen von der Hoffnung abschneiden, kann nicht töten, wo soviel, soviel zu trösten wäre.« »Was wollen Sie? Ist's nicht genug?« »Ich will Sie weit fortführen und Sie an ein sanftes, gültiges Leben glauben lehren.«

»Ich weiß, daß es keins gibt. Ich erträume mir Menschengüte auf andern Sternen. Diesen kenne ich zu gut. »Sie sollen von ferne sehen, wie in der Luft der Freiheit die Menschen aufblühen, gesund und gut werden; – und das wird Sie heilen.« »Zusehen?« Er macht sich los.

»Machtlos zusehen? Daß ich ein Narr wäre! Ihr also werdet frei und glücklich sein: und was habe ich davon, der ich von der Macht lebe? Denn kann ich durch die Macht nichts erringen und nichts schaffen, so friste ich in ihr doch mein Dasein. Etwas anderes vermögt ihr alle nicht. Ich glaube an nichts anderes.« Er dreht sich auf den Absätzen und knallt mit zwei Fingern. »Überhaupt: eure Güte wird mich langweilen, herzlich langweilen. Dann soll ich euch nicht mehr hassen dürfen, euch nicht mehr quälen, abfassen, strafen dürfen. Ah! Daraus wird nichts.«

Zurücktretend: »Wer die Einzigkeit des Tyrannen kennt, sein Spiel mit Menschen, seine Angst vor Menschen – glauben sie nur nicht, daß der je freiwillig auf sie verzichten wird!«

Auf der Lehne seines Sessels zusammengekrümmt, mit dick gefalteter Stirn und Blicken von unten: »Das alles ist zu durchsichtig. Ihr wollt mich auf gute Art loswerden. Mein Tod würde euch zuviel Lärm machen. Habe ich aber einmal die Stadt verlassen, bin ich noch sicherer verloren.«

Auflachend, knabenhaft: »Ihr seid recht dumme Betrüger. Nun habe ich euch. Wieder einmal ein Fang. Die Schwester des Valente! Auch er wäre dabei! Es soll meine letzte Torheit gewesen sein, daß ich ihn für meinen Freund hielt. Er war klüger: er zweifelte an mir. Sie werden doch im Gesù die Geduld nicht verloren haben? Seht ihr, daß ich mich durchbringe? Wache!« Stampfend: »Wache! Wache!«

Zu den Eindringenden: »Verhaftet diese Frau!« Raminga reißt sich aus ihrer Erstarrung empor. »Alessandro!« Er schreit abwesend und stampfend: »Bringt sie zum Schweigen!« Einer hält ihr den Mund zu. »Sie wird vor unser geheimes Gericht gestellt. Wir werden das Weitere schriftlich verfügen. Wir wollen die Frau nicht mehr sehen.« Und die Arme verschränkt, dreht er sich ruckweise, so daß er sie, die fortgezerrt wird und den Hals verzweifelt nach ihm reckt, bei jedem ihrer Schritte im Rücken behält.

(1907/8). Der Tyrann, Novellenband II, S. 362–382, S. 378ff.

Die kleine Stadt

Das Theater und der Fortschritt *

»Und warum haben wir uns verändert, meine Herren? Weil wir durch unser Theater endlich ein wenig Bewegung in die Stadt bekommen haben. Daher ihr neuer Mantel, Herr Camuzzi, mit dem Sie selbst für meine Ansicht kämpfen; daher die neue Blüte unseres öffentlichen Lebens!« Er rundete die Arme, als wolle er den weiß beleuchteten, vollen und schwatzenden Platz damit auffangen.

»Nie sah man soviele Frauen mit Hüten!« Rief der Apotheker. »Freilich sagen die beiden Fräulein Pernicci«, begann der Leutnant wieder, »daß einige Hüte nicht von ihnen bezogen und darum nicht schön seien.«

Jeder nannte, ohne den andern zu hören, die Frau, die ihm am besten angezogen schien. Hinter den Bürgern, an der Mauer, fragte Flora Garlinda den Kapellmeister: »Und Sie, Maestro? Denken Sie an Ihren Ruhm, den die ›Glocke des Volkes‹ verbreiten wird? Denn Sie haben es so einzurichten gewußt, daß neben Ihnen wir andern heute abend ganz verschwanden.« Und er mit weichem Lächeln:

»Ich bitte Sie um Verzeihung, wenn ich Ihnen, gegen meinen Willen, weh getan habe. Ich weiß nicht, was andere denken, was andere fühlen: für mich hat es heute nur eine gegeben, nur eine, bei der Schönheit und Größe waren. Flora Garlinda, die falsche Scham sollte uns nicht hindern, die Wahrheit zu sagen ...«

Seine blauen Augen glänzten feucht in seinem rosig bewölkten Gesicht. Sie musterte ihn kalt.

»Es war ein großer Abend«, stammelte er. »Vielleicht waren wir alle nur dazu da, Sie noch größer zu machen. Aber auch ich habe heute abend gelebt, und ich danke allen dafür –« Mit zitternder Geste: »Allen.«

Sie sah, die Mundwinkel gesenkt, düster weg. »Auch noch danken«, murmelte sie. »Ich hasse alle, weil ich sie nicht einfach verachten kann. Ich hasse sie, und ich – liebe sie. Vielleicht möchte ich, daß sie mir zujubeln und daran ersticken. Danken? Bilden Sie sich ein, daß, was geschieht, um Ihren Dank geschieht? Fühlen Sie nicht, wie alles böse und gefährlich ist?«

Sie zuckte die Achseln und drehte ihm den Rücken.

»Den schönsten Hut –«, und der Advokat verbeugte sich mit Wucht nach dem Tisch zur Linken, »Ah! nur Frau Aida Paradisi hat ihn.«

Die beiden Töchter lugten unter der weiten schwarzen Spitzenwolke hervor, die über dem Haupte der Mutter schwebte, und auch der Kaufmann Mancafede zeigte sich darunter. Er erhob ein Glas Punsch und schlug vor, die Tische zusammenzurücken. Es geschah; und sogleich fragten die Damen nach dem Tenor Nello Gennari. Man suchte ihn vergeblich.

»Aber es ist zu glauben«, sagte der Advokat, »daß dort hinten eine Nonne umherstreicht? Nach Mitternacht noch diese heiligen Unterröcke unterwegs! Sollte man nicht der kirchlichen Behörde einen Wink geben?«

»Er singt so zart, der arme junge Mensch« – Mama Paradisi wand sich nach allen Seiten, um ihrer Stimme den delikatesten Fall zu geben. »Sein Unwohlsein von vorhin wird er noch spüren; und vielleicht verträgt er auch die Nachtluft nicht.«

Der junge Savezzo verfolgte, unter gewulsteten Brauen, den Zipfel einer weißen Flügelhaube, der aus dem Schatten des Bogenganges hervorhuschte und wieder darin verschwand. Wie der schöne Alfò mit Kaffeegeschirr vorüberlief, hielt Savezzo ihn an.

»Alfò«, raunte er, »man nimmt dir die Alba weg.« Der Sohn des Caféwirtes lächelte glücklich. »Die schöne Alba, ich werde sie heiraten.«

»Bist du so groß, daß sie dich liebt?«

»Warum kommt sie sonst täglich zur Messe? Nur um hier vorüberzugehen und mich anzusehen.«

»Aber seit einer Woche kommt sie nicht mehr.«

»Sie kommt nicht mehr« – und die Augen des jungen Mannes strahlten vor Eitelkeit –, »weil sie mit mir schmollt; denn das letztemal habe ich versäumt, sie anzusehen, weil ich den Wein aufwischte, den der Schlächter Cimabue verschüttet hatte. Im Mai aber bin ich zwanzig Jahre alt und heirate sie, sie mag ruhig sein.«

»Alfò, man verführt dir die Alba. Es ist der jüngste der Komödianten, jener Tenor, der sie dir verführt.« Alfò schüttelte glucksend den Kopf.

»Du glaubst mir nicht?« sagte der Savezzo. »Ich habe es gesehen. Der Komödiant ist heute in Ohnmacht gefallen, weil er alle Nächte, verstehst du, dort draußen verbringt.« Das Lächeln des schönen Alfò ward nachdenklich. Plötzlich fletschte er die Zähne.

»Wo ist der Komödiant?« – und er griff, unter schnarchenden Lauten, in die Hosentasche. Der Savezzo zog ihm die Hand heraus.

»Wenn er da wäre, hätte ich nicht mit dir gesprochen; denn ich will nicht, daß ein Unglück geschieht. Auch kann ich mich irren. Vielleicht hat er sie noch nicht verführt, deine Alba. Nötigenfalls werde ich dich warnen, ja, ich werde dir die beiden zeigen. Aber du mußt versprechen, vernünftig zu sein.« Der schöne Alfò lächelte wieder glücklich. »Wie sie mich liebt die Alba!«

Ein Jubelschrei erhob sich. Über allen Häuptern erschien, in den Händen des Gevatters Achille, ein Tablett mit drei Flaschen Asti. Unbemerkt hatte der Apotheker sie bestellt. Der Herr Giocondi ließ sich von ihm einschenken und erklärte: »Da deine Frau dich nicht mit Asti empfangen wird, ist es gut, wir trinken ihn jetzt.«

»Welch glänzendes Leben wir führen!« rief der Advokat. »Wer das alles noch vor acht Tagen vorhergesagt hätte! Auf taghell erleuchtetem Platze stoßen wir mit schönen, prachtvoll geschmückten Frauen an, und um uns her bewegt sich eine Gesellschaft, auf die manche bedeutende Stadt stolz wäre. Unsere alten Monumente sehen sich mit Staunen verjüngt durch die Wogen des Verkehrs, die sie umfluten; das Blut pulst heftig in den Adern unserer Stadt; und wehe dem –«

Er stieß den Arm nach dem Dom aus. » – der es wagen wollte, den Fortschritt aufzuhalten.«

(1909) Roman. Die kleine Stadt, S. 214ff.

Der Advokat *

Gerade keifte der Bäcker Crepalini gegen den dicken Corvi, der noch immer aß. So sei es nicht gemeint, und er solle nicht die ganze Stadt bankrott essen, weil er es selbst sei. Der dicke Alte blinzelte gelassen; er erklärte.

»Ich esse, weil der Advokat ein großer Mann ist. Lange genug hat man nicht gewußt, was man glauben, zu wem man halten sollte. Jetzt, Gott sei Dank, habe ich wieder Appetit. Es lebe der Advokat, und es lebe die Freiheit!«

»Denn der Advokat«, sagte der Apotheker Acquistapace, »ist, und das findet ihr nicht wieder, ein großer Mann, der die Freiheit liebt.«

Der Bäcker bellte: »Er liebt die Freiheit, er liebt die Freiheit. Aber wir haben es ihn erst lehren müssen, sie zu lieben, indem wir ihm die Zähne zeigten. Die Freiheit ist eine gute Sache; darum soll man genau achtgeben, daß niemand zuviel davon nimmt.«

»Bravo, Advokat!« riefen alle, denn der Advokat erkletterte den Tisch in der Sonne. Er stellte die Hand vor sich hin und hielt die Brauen ganz hoch, bis es still wurde.

»Mitbürger! Unsere Künstler ziehen ab!« keuchte er, und schon ward geklatscht. Er wiederholte und bewegte den steilen Finger hin und her: »Sie ziehen ab; aber sie verlassen uns anders, als sie uns gefunden haben. Durch große Dinge –«, und er hob sich auf die Zehen, »durch große Dinge sind wir hindurchgegangen … Aber so warte doch, Masetti!«

Denn der Kutscher war nicht länger zu halten. Er klapperte mit seinem Gefährt aus dem Tor und drohte alles umzuwerfen, wenn man ihn nicht durchlasse.

»Auch du, Masetti«, rief der Advokat, den Arm hingestoßen, »hast noch zu lernen, daß der Wille aller ehrwürdiger ist als ein einzelner, mag er sich selbst auf Regeln und Gesetze berufen!« Er kehrte zum Volk zurück.

»Und mehr Schlimmes, mehr Gutes hat in wenigen Wochen unsere Herzen und Gassen erregt als sonst durch Jahre.« »Es ist wahr!«

»Was wir sind? Eine kleine Stadt. Was haben jene uns gebracht? Ein wenig Musik. Und dennoch –«

Der Advokat machte die Arme weit. »– wir haben uns begeistert, wir haben gekämpft, und wir sind ein Stück vorwärtsgekommen in der Schule der Menschlichkeit!« Er zog die Hände vor die Brust und sah beglänzt in den Beifall. Dann, mit einem großen Schwung und die Hände schwenkend droben in der Luft: »Darum leben die Komödianten und lebe die Stadt!« (…).

In der leeren, verstummten Stadt, (…), geschah eine unmerkliche Regung: jener Fensterladen hinter dem Glockenturm zitterte, ganz sacht zitterte er und hob sich ein wenig. Und am Ende der Stadt, hinter dem Corso, in seinem luftigen Zimmer oben auf der Schmiede setzte der Kapellmeister Dorlenghi über die Stühle weg, hielt sich keuchend das Herz, jagte weiter. Nur einmal stockte er jäh, wie vor etwas Unüberschreitbarem, ließ die Lippe hängen und die Hände sinken … Ein trotziger Satz: er hieb im Triumph auf das Klavier ein, und bei jedem Takt schnellte er, mit kühnem Kopfrücken, vom Sessel auf, als ritte er und hätte unter den Hufen die Welt.

Vom Glockenturm aber blickte Don Taddeo. Er stand in der engen Krone des Turmes, er sah unter sich nur den Ring der Zinnen. Von unsichtbaren Dächern stießen braune Falken zu ihm empor; um ihn wehte die Bläue; – und sein inständiger Blick folgte, jenseits der Stadt, im weiten Land einem kleinen Gedränge, einem Häuflein Staub, das dahinschlich. Ein Korn dieses Staubes war die Welt gewesen! Es war Sehnsucht und Haß, Brunst und Erkenntnis, Sünde und Abdankung gewesen. Wo war es nun? Wer fand es heraus? Sie ging dahin, dahin. Welche Angst! »Noch einmal! O Gott, zeige sie mir noch einmal! Tu ein Wunder, zeige sie mir!« … Da ward feierlich sein Herz berührt. Don Taddeo kniete hin; Gott war vorbeigegangen, seine Worte klangen nach.

»Da sie ein Korn des Staubes ist, nimm allen Staub an dein Herz! Da du einen Menschen nicht lieben darfst, liebe alle Menschen!«
(1909) Roman. Die kleine Stadt, S. 392ff.

Geist und Tat

Der Letzte aber, dem all diese Verirrung und Feigheit erlaubt wäre, der Mensch des Geistes, der Literat: gerade er hat sie geweiht und vorbereitet. Seine Natur: die Definition der Welt, die helle Vollkommenheit des Wortes verpflichtet ihn zur Verachtung der dumpfen, unsauberen Macht. Vom Geist ist ihm die Würde des Menschen auferlegt. Sein ganzes Leben opfert der Wahrheit den Nutzen. Die Erscheinungen löst er auf, vermag das Große klein zu sehen und im Kleinen das durch Menschlichkeit Große: dergestalt, daß ihm Gleichheit zur letzten Forderung der Vernunft wird … Gerade er aber wirkt in Deutschland seit Jahrzehnten für die Beschönigung des Ungeistigen, für seinen Todfeind, die Macht. Welche seltsame Verderbnis brachte ihn dahin? Was erklärt diesen Nietzsche, der dem Typus sein Genie geliehen hat, und alle die, die ihm nachgetreten sind? Ist es der überwältigende Erfolg der Macht, den diese Zeit und dies Land sahen? Die Hoffnungslosigkeit, die eigene Natur durchzusetzen, heute und hier? Der Drang zu wirken, sei es gegen sich selbst: durch Steigerung und Verklärung des Feindes, als bewunderter Anwalt des Bösen? Ist es die perverse Abdankung des allzu Wissenden, der sich im schlechten, unbewußten Leben wälzt wie ein entflohener Sträfling? Vom tragischen Ehrgeiz bis zu elender Eitelkeit, von der albernen Sucht, besonders zu sein, bis zum panischen Schrecken der Vereinsamung und dem Ekel vor dem Nihilismus: die abtrünnigen Literaten haben viele Entschuldigungen. Sie haben vor allem eine in der ungeheuerlich angewachsenen Entfernung, die, nach so langer Unwirksamkeit, die deutschen Geister vom Volk trennt. Aber was taten sie, um sie zu verringern? Sie haben das Leben des Volkes nur als Symbol genommen für die eigenen hohen Erlebnisse. Sie haben der Welt eine Statistenrolle zugeteilt, ihre schöne Leidenschaft nie in die Kämpfe dort unten eingemischt, haben die Demokratie nicht gekannt und haben sie verachtet. Sie verachten das parlamentarische Regime, bevor es erreicht ist, die öffentliche Meinung, bevor sie anerkannt ist. Sie tun, als hätten sie hinter sich, wofür nur die anderen geblutet haben, und maßen sich die Miene der Übersättigung an, obwohl sie niemals weder kämpften noch genossen. Sie sollten herrschen, der Geist sollte herrschen, dadurch, daß das Volk herrscht. Sie sollten diesem Volk das Glück vermitteln, sich wahr zu sehen, damit es sich höher achte und wärmer fühle. Die Zeit verlangt und ihre Ehre will, daß sie endlich, endlich auch in diesem Lande dem Geist die Erfüllung seiner Forderungen sichern, daß sie Agitatoren werden, sich dem Volk verbünden gegen die Macht, daß sie die ganze Kraft des Wortes seinem Kampf schenken, der auch der Kampf des Geistes ist. Ihre Vornehmheit sollte nicht Selbstkultus sein; die deutsche Überschätzung des Einzelfalls, der Auszeichnung geht täglich mehr gegen Vernunft und Wahrheit; sie sollte in der Kraft sein, Maß und Vorbild zu geben. Denn der Typus des geistigen Menschen muß der herrschende werden in einem Volk, das jetzt noch empor will. Das Genie muß sich für den Bruder des letzten Reporters halten, damit Presse und öffentliche Meinung, als populäre Erscheinungen des Geistes, über Nutzen und Stoff zu stehen kommen, Idee und Höhe erlangen. Der Faust- und Autoritätsmensch muß der Feind sein. Ein Intellektueller, der sich an die Herrenkaste heranmacht, begeht Verrat am Geist. Denn der Geist ist nichts Erhaltendes und gibt kein Vorrecht. Er ersetzt, er ist gleichmacherisch; und über die Trümmer von hundert Zwingburgen drängt er den letzten Erfüllungen der Wahrheit und der Gerechtigkeit entgegen, ihrer Vollendung, und sei es die des Todes.

(1910) Essay. Macht und Mensch, Studienausgabe, hier: Geist und Tat, S. 11–18, S. 16ff.

Voltaire und Goethe

Ist es zu denken, daß irgendwo in der Welt der Geist herrschen sollte? Solange es menschliche Gesellschaften gibt, haben sie ihren gefährlichsten Feind im Geist gesehen. Sie haben ihn eingeschränkt, gebunden zu Religionen. Sie sind, sobald er sich freimachte, in Scharen, in Legionen, in Katarakten von Körpern über ihn hergefallen, wie die Heere Xerxes über Griechenland. Wenn je einmal der Geist siegte, war es eine kurze Katastrophe, ein entsetztes Drunter und Drüber, dessen Angst sich endlich in schwarze Rauchwolken auflöste, in den Rauch vom Scheiterhaufen eines Savonarola. Der massige Materialismus der modernen Monarchien hat jeder Ausschweifung des Geistes vorgebeugt durch das Vorstrecken von Millionen Bajonetten … Ist es zu denken, daß er hindurchdringt? Daß er selbst an der Spitze der Bajonette schwebt? Daß die Macht eins ist mit dem Geist? (…).

Das ist die Wirkung dieser Romane, dieser Gedichte: sie haben die Demokratie erzogen. Das ist die Wirkung Zolas und das ist, seinen Tendenzen zum Trotz, die von Balzac. (Denn der Roman, diese Enthüllung der weiten Welt, dies große Spiel aller menschlichen Zusammenhänge ist gleichmacherisch von Natur; er wird groß mit der Demokratie, unter der das Drama in seiner aristokratischen Enge abstirbt. Balzac ist der Dichter der kämpfenden Demokratie, Zola der triumphierenden.) Victor Hugo, der aus der Verbannung seine republikanischen Fanfaren schickt, Sainte-Beuve, der im Senat die Freiheit der Presse verteidigt, Flaubert mit seinem Ideal einer Regierung der Wissenschaft, des Geistes selbst; und Lamartine, in der Stunde, als sein Wort den übergetretenen Strom einer Menge bändigt, und Rochefort, während seines langen Duells mit dem Kaiser, und Zola, der die Kanonen der Gewalt zum Schweigen bringt vor der Wahrheit: sie alle haben das Glück gekannt, sich nicht stumm und ohne Arme zu fühlen, von einem Volk, dem der Geist nicht nur überirdisches und belangloses Spiel ist, auf eine Tribüne gehoben zu werden, ihr Wort die Dinge bewegen, den Geist in Welt und Tat verwandelt zu sehen …

In jedem von ihnen aber ist Voltaire, der zurückkehrt. In Deutschland wiederholt, wer es weit bringt, das tatlose, dem Volk unbekannte Leben Goethes.

Beide sind böse, wie die Großen böse sind. Voltaire, der Priester des Geistes, haßt seine andersdenkenden Priester, findet sich weit eher mit der weltlichen Macht ab als mit der geistlichen. Er ist der Bürger, dessen Wehrbarkeit der Geist ist, der den Geist zu Geld und Macht münzt, der den Adel und das Volk, beide haßt und fürchtet. Sein Haß auf Rousseau gilt dem Mann des Volkes. Aber der Geist in ihm ward, wie im Laufe von Generationen, immer stärker, immer abgelöster, überwand die Bürgerlichkeit, die Furcht sogar, vollbrachte Heldentaten, erzeugte – o Wunder – selbst Güte! Die Leidenschaft des Geistes hat Voltaire gerettet.

Goethe haßt, was unharmonisch ist, was durch Einseitigkeit des Geistes, der Leidenschaft, durch unversöhnlichen Sturm und Düsterkeit das Gleichgewicht der Natur stört. Er haßt das Nur-Menschliche, haßt die Revolte des Menschen gegen die Natur, das Dämonische und das Radikale. Er, die Natur selbst, ihre Allseitigkeit und Gelassenheit selbst, läßt jene Kranken von sich abprallen; sie sind gerichtet von ihm, von der Natur; sie gehen unter. Befriedigt in seiner Liebe zu den Gesetzen der Natur sieht er die französische Revolution und Heinrich von Kleist untergehen.

Voltaire bleibt so weit hinter Goethe zurück, wie der menschliche Geist hinter der Natur selbst. In Goethes Werk ist die reiche Seele des Alls, in den Phantasiewerken Voltaires ein akademischer Schatten. Goethe hat zur Menschheit die hohe, ferne Liebe eines Gottes zu seiner Schöpfung; Voltaire kämpft für sie im Staub. Er ist einseitig und will nicht anders sein. Er ist Revolte des Menschen gegen die Natur, gegen ihre Stumpfheit und Langsamkeit, Ungerechtigkeit und Härte. Ihrem dummen Ernst sticht er Wunden mit seinem Witz, der menschlichsten Empfindung. Er haßt alles

Herkömmliche, unbewußt Gewordene, das sich dem Gedanken, der Kritik entziehen möchte. Er fragt nicht nach dem Willen der Natur und ihrer Tochter, der Überlieferung; er nimmt nicht ihre Befehle hin, er fordert selbst, kraft der Gesetze, die in ihm sind: kraft der Gerechtigkeit und der Wahrheit. Seine Stimme bricht in Hohn und Haß, sein Gesicht grimassiert. Wie hoch und Weise Goethe vom feierlichen Turm seiner Erkenntnisse über ihn hinsieht! Ihm sind die Ungerechtigkeiten erklärt, die jenem den Blick trüben; die Lügen, gegen die der andere sich bäumt, gehen ihm in die große Wahrheit der Natur ein. Gegen ihr langes und heiliges Walten wäre Kampf lächerlich. Mögen Fanatiker die Arme heben und schreien wie bei Valmy. Aber sie siegen! Auf ihrem Hügel dort hinten singen sie die Marseillaise, und das alte Heer Friedrichs zerbricht an ihnen. Ihr Sieg ist der Sieg des entfesselten Geistes über Natur und Überlieferung, der Sieg Voltaires über Goethe. Goethe wendet sich ab und verachtet.

Seine Verachtung der Revolution, war sie ganz unangreifbar? Hätte nicht auch er wirken, aus Energie in den Tag übergreifen wollen? Er hat es versucht (die Befreiung des Weimarer Volkes vom Jagdrecht der Herren), und es ist ihm mißlungen. Was verrät also diese erbitterte Verachtung der Revolution, an der seine Dichtung zerbricht und klein wird wie das Heer der stummen Ordnung an jenem singenden Hügel von Valmy? Wird nicht hier der Schmerz verheimlicht, in ein Volk ohne Tat gestellt zu sein und sich selbst an die ererbte Wirklichkeit gebunden zu fühlen? Seine »innere Freiheit« ist in Wahrheit die Beschönigung eines Lebens, das vielem hat entsagen und vieles hat verbergen müssen, dessen geheime Schande sich entblößt in Goethes Geständnis, er habe sich sein Leben lang, sein hohes, umfassendes, berühmtes Leben lang, vor dem adeligen Leutnant befangen gefühlt.

Voltaire ist von Adligen geprügelt worden: errötet ist er nicht, – und er hat ihnen die Guillotine errichtet. Er war es. Er kehrte zurück, als die Priester und Könige fielen. Bei jedem neuen Sturz der Macht war er an der Spitze der Stürmenden.

Wo die Wahrheit gegen den Nutzen aufstand, der Geist gegen die Macht, da schmetterte sein Name. Wäre der Sarg dessen, der um eines ungerecht verfolgten Menschen willen die Wehrkraft seines Landes in Gefahr gebracht hatte: wäre Zolas Sarg auf dem Weg zum Pantheon geöffnet worden, man hätte die verklärte Fratze Voltaires darin gefunden! Er, der in den Mänteln der Generäle der ersten Republik als Sieger über die Erde zog, er wird die dritte Republik sprengen. Auf ihren Trümmern wird sein Lachen schallen, seine Stimme wird gellen: »Freier! Wahrer! Den Abgründen der Freiheit und der Wahrheit zu!« Goethe inzwischen sieht aus der gespenstischen Höhe, wo die deutschen Genien einander vielleicht verstehen, unbewegt auf sein unbewegtes Land hinab. Sein Werk, der Gedanke an ihn, sein Name haben in Deutschland nichts verändert, keine Unmenschlichkeit ausgemerzt, keinen Zoll Weges Bahn gebrochen in eine bessere Zeit. Hinter seinem Sarge ging die Familie keines Calas. Er hat den Menschen, die schuldig werden müssen, Gerechtigkeit, Gleichheit, Freiheit nur in jenen Gefilden verheißen, mit denen Dichtung uns tröstet. So hat er sich zu Gretchen, Ottilie, der Bajadere geneigt. Der irdische Tag, der staubige Kampf staunen blinzelnd zu ihm auf – und keuchen weiter. Ihre Rechtfertigung haben in ihm nur die Müßigen, die Teilnahmslosen gesehen. Populär ist er erst in dem Augenblick geworden, als es in Deutschland ein schwaches, reiches und ruheliebendes Geschlecht gab. Er muß sich gefallen lassen, daß reaktionäre Minister dem Volk statt seiner Rechte einen Satz von ihm bieten, der diese Rechte entwertet; und daß faule Vergnüglinge ihr leeres Dasein mit seinem Namen decken als dem Zeichen ihrer »Kultur«, als ob es Kultur gäbe ohne Menschlichkeit, daheim in tiefen Schichten seines Volkes, die von seiner Kultur nichts wissen, die auch von seinen Mängeln und Grenzen nichts wissen, und denen er für alle Zeiten die Freiheit selbst ist.

Denn Freiheit: das ist die Gemeinsamkeit aller Ziele des Geistes, aller menschlichen Ideale. Freiheit ist Bewegung, Loslösung von der Scholle und Erhebung über das Tier: Fortschritt und

Menschlichkeit. Frei sein heißt, gerecht und wahr sein; heißt, es bis zu dem Grade sein, daß man Ungleichheit nicht mehr erträgt. Ja, Freiheit ist Gleichheit. Ungleichheit macht unfrei auch den, zu dessen Nutzen sie besteht. Wer die Macht übt, ist ihr Knecht nicht weniger als wer sie duldet. Der Tyrann (wer wäre nicht Tyrann!) leidet unter der Menschheit, wie sie unter ihm; er erniedrigt sich in denen, die er erniedrigt. Nur Flucht ins Menschentum kann ihn retten. Rette er sich, auf die Gefahr hin, unterzugehen! Denn Freiheit ist der Wille zu dem als gut erkannten, auch wenn das Schlechte das Erhaltende wäre. Freiheit ist die Liebe zum Leben, den Tod mit inbegriffen. Freiheit ist der Mänadentanz der Vernunft. Freiheit ist der absolute Mensch.
(1910) Essay. Macht und Mensch, Studienausgabe, hier: Voltaire-Goethe, S. 19–25, S. 19ff.

Zola

Was Zola verlangt *

Zola verlangt: »Die Lüge soll abgetan sein, zusammen mit dem falschen Glanz des abgetanen Reiches. Seit unseren Niederlagen sind wir gewachsen und wachsen täglich durch die Pflege der Wahrheit. Besiegt wurden wir damals von dem wissenschaftlichen Geist. Jetzt, zwanzig Jahre später, besitzen wir ihn, wir, es ist ein großer Sieg über uns selbst, niemand taste ihn an! Wir haben die Republik, – und sie ist nicht nur eine Form, sie ist das Wesen der politischen Weisheit selbst, die voraussetzungslose Anerkennung alles dessen, was werden will, des wirklichen Lebens. Sie ist ein offener Kampfplatz für das Bedürfnis nach Gleichheit, das herandrängt mit der siegreichen Demokratie. Sie erlaubt endlich, den Prozess einzuleiten, der über die Zukunft jener Schicksalsmenschen und Genies entscheiden soll, der großen Männer.

Sind sie denn notwendig zum Glück Aller? Sogar in der Kunst war der Schöpfer zuweilen das Volk. Jähe Auftriebe von oben her bewirken um so tiefere Rückfälle; die Aufwärtsbewegung sollte von unten kommen, der geistige Fortschritt sollte in breiter Front geschehen, die mittlere Fläche höher liegen. Das Glück sei ein Ergebnis des Gleichgewichts! Keine zu geistige Auslese, kein zu unwissendes Volk! Keine großen Männer! Sie sind eine soziale Gefahr, sind ein Ungeheuer, das Entsetzen der Kleinen, deren Anteil es frißt. Die Natur muß alles tun, es auszurotten, es auf das gemeine Maß zurückzubringen, Bruder unter Brüdern. Und an eben dieser Einheit arbeiten vielleicht, ohne es zu wissen, die Demokratien. Sie arbeiten, anstatt für große Männer, an menschlicher Größe. Sie sind ergreifend, durchwühlt wie sie von Problemen der Arbeit und ihrer Gesetze, und so überströmend von menschlichem Leiden und Mut, von Mitgefühl und Liebe, daß ein großer Künstler, der sie schildern würde, nie leer werden könnte in Hirn und Herz ... Und sie arbeiten an der Versittlichung. Die Republik beweist es noch durch ihre Skandale. Die schroffe Öffentlichkeit eines Panamaskandals straft das schöne Ideal der Massen vom Staat weit weniger Lügen, als die Monarchie es tut mit ihrer Fassade der Anständigkeit, Ordnung und würdigem Gedeihen. Eine Monarchie wird freilich kein Panama haben, sie unterdrückt den Skandal, schafft die Leichen beiseite, und die Fassade strahlt weiter in der Sonne. Laßt sie aber einstürzen, und dahinter klafft Fäulnis. Die Lügen der Monarchien werden beendet durch Revolutionen, wie keine Republik sie gekannt hat ... Der Volksstaat ist das Leben und die Gesundheit. Wollet doch nicht hören auf die leidigen Propheten des Niedergangs, die meinen, daß ohne Lüge und Unterdrückung nichts Menschliches Bestand habe. Es sind Menschen, die an das Leben nicht glauben. Sie wissen nicht, daß es weiterblüht und Recht behält gegen alle Gewalt. Die Anschläge der Gewalt gegen das Recht des Lebens sollen immer unzulänglicher werden, das verdient die Menschheit, die so viel gelitten hat. Manches ist erreicht, zum

Sieg der Wahrheit. Es darf nicht wieder verloren gehen!«

Manches ist erreicht, denn wir haben gearbeitet, haben zwanzig Bände geschrieben und wenigstens Teilsiege erkämpft für die Wahrheit. Der Anhänger Zola sagte einst zweifelnd: »Ich leugne nicht die Größe der Anstrengung, die heute gemacht wird, ich leugne nicht, daß wir der Freiheit, der Gerechtigkeit mehr oder weniger nahekommen können. Nur ist mein Glaube, daß die Menschen immer Menschen bleiben werden, Erdengeschöpfe, bald gut, bald böse, je nach den Umständen. Wenn meine Personen zum Guten nicht durchdringen, liegt es daran, daß wir erst am Anfang unserer Vervollkommnungsfähigkeit stehen.« Denn er selbst stand damals am Anfang, und die Anstrengung, die er vorhatte, konnte lange währen. Freiheit und Gerechtigkeit? »Ich glaube eher an einen stetigen Marsch, der Wahrheit entgegen. Aus Kenntnis der Wahrheit allein können bessere soziale Zustände entstehen.« Denn dies war sein eigener Weg. Im Beginn schien er düster; die Eindringlichkeit des ersten Naturalismus war eben erzeugt durch das Fieber seiner Verzweiflung, er wirkte mit seiner Sucht, leiden zu machen beim Anblick des Lebens. Und er machte leiden in agitatorischer Absicht – geheim zuerst, dann offen: in dem Maße, wie er geistiger ward. Vergeistigt aber wurden Zola und sein Werk durch Arbeit, Arbeit am Wirklichen, den Willen zum wirklich Wahren. Sein Werk wiederholt, indem es wird, das Werden der Welt selbst: zuerst die Materie, und aus ihr, durch Arbeit, durch Bewegung, erwächst der Geist und die Herrlichkeit des Menschen. Wir kämpfen, nichts ist also unmöglich. Rührend und groß: im Augenblick, da er selbst beginnt, beginnt die Vervollkommnungsfähigkeit. Und die Menschheit kann nicht zurückgeblieben sein, als er selbst auf dem Gipfel steht. L'Assommoir ist noch nichts als eine Predigt der Tatsachen. In Germinal klingt überall das Evangelium der künftigen Menschheit an, es wird hörbar im Erdboden selbst, aus dieser doch so langsamen und gleichgültigen Erde ertönt es von den Hammerschlägen der Bergarbeiter, und am Ende will es ausbrechen und Wirklichkeit

werden. »Menschenkeime trieben dort unten, ein schwarzes Heer von Rächern keimte langsam in den Furchen, wuchs herauf für die Ernte des kommenden Jahrhunderts; sein Keimtrieb war daran, die Erde zu sprengen.« – Auch in L'Argent will es sie sprengen. Hier arbeitet nicht mehr nur der dumpfe Drang der Proletarier und nicht mehr nur die Rache eines Nihilisten; jemand ist da, der das bevorstehende Menschenglück in ein System bringt. Es könnte bevorstehen; das System scheint lückenlos, ein Traumbild steigt daraus auf, die glückselige Stadt, der entgegen die Menschen wandern seit so vielen Jahrhunderten. Dabei ist dies der Roman des Geldes, die kurze Herrlichkeit eines Börsenpiraten, heftig aufflammend in der schrankenlosen Apotheose des Kaiserreichs als seine treffendste Erfüllung. Aber »jedesmal, wenn ich mich jetzt in einen Stoff vertiefe, stoße ich auf den Sozialismus«. Auf die Möglichkeit des Glücks trotz allem, des Glückes jenseits der Katastrophen. Die Menschheit ist für Katastrophen gemacht, so sehr liebt sie das Leben. Mut! Das Geld bewirkt Zusammenbrüche wie diesen, Schande und Elend wie diese hier, – und schafft doch Leben. Seht die Liebe: viel unnützer Schmutz, aber ohne sie wäre es mit der Welt aus. Das Leben will geliebt werden, obwohl es böse und gewalttätig ist. Der Weg der Menschheit führt zu etwas sehr Schönem, durchaus Heiterem – aber durch Katastrophen. Hier angelangt, ruft Zola aus: »Optimist, oh! Mit all meinem Wesen, gegen den dumpfen Pessimismus, die schimpfliche Ohnmacht zu wollen und zu lieben.«
(1915) Essay. Macht und Mensch, Studienausgabe, hier: Zola, S. 43–128, S. 87ff.

Die geistigen Mitläufer *

Sie, die geistigen Mitläufer, sind schuldiger als selbst die Machthaber, die fälschen und das Recht brechen. Für die Machthaber bleibt das Unrecht, das sie tun, ein Unrecht, sie wenden nichts ein als ihr Interesse, das sie für das des Landes setzen.

Ihr falschen Geistigen dreht Unrecht in Recht um, und gar in Sendung, wenn es durch eben das Volk geschieht, dessen Gewissen ihr sein solltet. Euer Volk hat den Auftrag von der Geschichte, aber an welche trostlose Geschichte glaubt ihr denn, da ihr nicht an den menschlichen Fortschritt glaubt? Euer Volk ist Abriß und Bestimmung der Menschheit, – die ihr leugnet. Euer Volk ist heilig, ist die Idee selbst, die erste freilich, die ihr nicht bezweifelt. Es hat die tiefsten Erkenntnisse, und jenseits von ihnen darf es handeln wie ein reiner Tor, dies ist sein Vorrecht und sein Ruhm. Es bedarf keiner Erziehung, noch des Beispiels der anderen Völker, die sämtich verfallen und verurteilt sind, was nicht hindert, daß ihre Besiegung ein Beweis wäre für seine schicksalhafte Größe. Der ganze nationalistische Katechismus, angefüllt mit Irrsinn und Verbrechen, – und der ihn predigt, ist euer eigener Ehrgeiz, dürftiger noch, eure Eitelkeit. Entschiede sich das Schicksal eures Volkes etwa nicht durch laute patriotische Abenteuer, sondern in innerer Arbeit, in innerem Fortschritt, was würde euch übrigbleiben, als dienend mitzuarbeiten, mit fortzuschreiten dienend. Aber ihr seid nicht zu dienen dar, sondern zu glänzen und aufzufallen. Nur kein mißliebiges Wort dem mitlebenden Geschlecht, von dem eure Geltung abhängt; es vielmehr verwechseln mit dem Volk, dem ewigen Volk; und aus den Lastern und Irrtümern dieses zufälligen Geschlechtes womöglich ein Heldengedicht des ewigen Volkes machen. Durch Streberei Nationaldichter werden für ein halbes Menschenalter, wenn der Atem solange aushält; unbedingt aber mitrennen, immer anfeuernd, vor Hochgefühl von Sinnen, verantwortungslos für die heranwachsende Katastrophe, und übrigens unwissend über sie wie der Letzte!
(1915) Essay. Macht und Mensch, Studienausgabe, hier: Zola, S. 43–128. S. 113f.

Das Schicksal der Vernunft und die Zuversicht *

Die Weisheit sagt: »Dein Werk ist getan, aber es ist umstritten und gefährdet.« Die Zuversicht sagt: »Es ist da.« Die Weisheit sagt: »Du glaubst doch nicht, es werde unbehelligt immer fortwirken und der Mensch sich nach deinem Beispiel auf geradem Weg hindurcharbeiten zum Geist. Das ist nicht seine Art. Seine Art ist es, den Geist zu hassen, wenn schon mit schlechtem Gewissen. Gesetzt auch, du zeitigest wenigstens nahe um dich her eine Annäherung des handelnden Menschen an die redliche Vernunft des denkenden Menschen: Schicksal der Vernunft ist es, zeitweilig zu ermüden, sich aufzugeben und das Feld zu räumen den Orgien einer komplizierten Naivität, den Ausbrüchen tiefer alter Widervernunft. Denke dir einen Taumel der Widervernunft, gegen den die Verurteilung eines Unschuldigen, und was dann folgte, belächelnswert wäre. Zeitwenden stehen vielleicht bevor, da eine Welt, die von dir nichts weiß, sich dahin bringen läßt, zu toben im Rausch von hundert Giften, wüstem Haß, stinkender Lüge, tauber Ungerechtigkeit, im Kampf, den sie Begeisterung nennt; in Geschäftsgier, die sie auch Begeisterung nennt, im tollwütigen Drang, zu vernichten, Drang rückwärts, Drang hinab, zum wiedergekehrten Chaos, so dunkel, daß auch dein Wort es nicht mehr aussprechen und erhellen könnte. Wo bleibt dann jene Demokratie, die du naturalistisch genannt hast, weil sie die angewandte Wissenschaft vom Menschen sei? Der verantwortungsloseste Lyrismus ist wieder da, Lyrismus des Abgrundes, die ewige Scham jedes Menschengläubigen. Damit rechne.« Die Zuversicht sagt: »Ich rechne damit, – und über den Abgrund hinweg grüße ich jene, die dann kommen, die um so fester in ihren Herzen die Liebe einer zu vervollkommnenden Erde tragen werden und eines Menschengeschlechtes, dessen Aufstieg kein Ziel kennt. Nach jedem Rückfall in den Abgrund werden die Herzen fester sein. Die besten Werber für den Geist sind seine Widersacher, Grausamkeit und Elend. Wo sind die Eroberungen des Schwer-

tes? Welches Reich ist durch Blut fruchtbar geworden? Sie sind verdorrt, sie verdorren. Bestand hat einzig, was der Geist erobert. Über allem ist die Literatur, ihr Werk ist der Mensch« … Die Weisheit sagt wieder: »Wenn es so wäre, wer wird durch so ungeheure Zeiträume dein Werk noch erkennen? Es ist wohl nicht ungeschehen, das kleinste Saatkorn kann fortzeugen.«
(1915) Essay. Macht und Mensch, Studienausgabe, hier: Zola, S. 43–128, hier S. 124ff.

Zu Ehren Frank Wedekinds

Was tun, Frank Wedekind? Ein junger Mann von Stolz, eigenem Willen, besonderem Schönheitsbegriff, und denkt mit Worten, einzig mit dem Wort, die Welt zu erobern! Was tun? Er vollbringt es. Dort ist die Welt, die instinktsichere, mitleidlose Welt – hier die sehnsüchtige Rachbegier dessen, der sie nicht hat. Zugepackt! Hergerissen, nieder zu deinen Füßen, und dann neu aufgebaut! Aber aufgebaut ohne Zugeständnisse an gemeine Weltlichkeit: mit ganz eigenem Baustoff, Tonfällen, die nicht der Welt gehören, einem Pathos, ihr unbekannt. Er fügt sich dennoch, es wird nur größer. Er übertreibt die Welt noch, gibt ihr höhere Farben, ein mehr als menschliches Tempo; sie wird schwül sein wie nur je, hart wie noch nie, wird überirdisch glänzen und verruchte Abgründe bergen – es ist die ersehnte Welt, und ist nun doch seine, nur seine. Er hat sie erobert und bezwungen, entscheidender als ihre eigenen Söhne, bleibender als ihre gewandtesten Nutznießer. Es ward getan mit Leidenschaft, großem Wurf und, wäre es Herakles, mit Pfeilen, die metallen schwirren und immer treffen. Der junge Meister müßte sich im Siege sonnen. Warum bleibt er dunkel, zerwühlt, und zählt sich, mehr denn vor seiner Leistung und so sicher er ihrer ist, zu den Ausgestoßenen, statt zu den Siegern?

Wäre es nur, weil die Welt ihn noch nicht sieht? Man kann doch warten, sich gedulden; das Werk bleibt, nur Zeit vergeht. Inzwischen freilich heißt es leben. Gesungen denn, um zu leben! Den Narren gespielt, um zu leben! Das bringt kleine Erfolge, sogar den großen Werken; gutmütige, unernste Erfolge den erdenstürmendsten Werken. »Das mir?« knirscht der Herr einer Welt, die ihn nicht sieht, die einen Narren sieht. »Mir, der ich euch gerichtet habe, indem ich euch schuf!« Und erkennt: »Ich gelte seit Jahren als der unmoralischste Mensch, der unter Gottes Sonne umherläuft. In Wirklichkeit laufe ich aber tagein tagaus mit einem ungestillten, unersättlichen moralischen Heißhunger umher!« Er bäumt sich auf: »Und das mir!«

Alles in ihm spannt sich, der Kampf beginnt erst. Er sollte einst nur um das Werk gehen, – ach, er geht um mehr, er geht um tödliche Entscheidungen, er geht um Menschenwürde. Die Stunde einer solchen Erkenntnis ist in einem Leben unauslöschlich. Die Erfolge, die wirklichen, die tiefen werden kommen. Du stehst als verehrter Held da, dein Postament wächst immer höher: – jene Stunde vergißt du nicht. Kein neues Werk mehr, in dem sie nicht auflebte, in dem es nicht um die Menschenwürde ginge. (…). Dies sei Lauf und Wirken der Dramen des heldenhaften Frank Wedekind! Es stehe in ihnen auf den Brettern sein großer Wille!

(1918) Essay. Klein, W. Hg. u. a., Essays und Publizistik, Bd. 2, S. 228–230

Der Untertan

»Zwischen Weihnachten und Neujahr habe ich Ihren ›Untertan‹ gelesen, der mir, selbst an Ihren Werken gemessen, eine ganz außerordentliche Leistung vorzustellen scheint; kühn im Entwurf, unerbittlich in der Durchführung, von wildestem Humor, und mit unvergleichlicher Kunst erzählt. Aber so wahr, so köstlich und so furchtbar Sie das Bild das Deutschland Wilhelms II. – nein, das Deutschland, das Alldeutschland um Wilhelm II. – gestaltet haben – wenn der liebe Gott nur halb so gerecht ist als der Präsident Wilson zu sein sich einbildet, so muß er dafür sorgen, daß auch in den übrigen Ländern, vor allem in Frankreich, Dichter von Ihrem Genie auferstehen, die allein fähig wären die große Angelegenheit der Menschheit künstlerisch wieder ins Gleichgewicht zu bringen.«

Arthur Schnitzler (1919)

Vorbemerkung

Heinrich Mann gab seinem bedeutendsten Roman zum Wilhelminischen Reich ursprünglich den Untertitel »Geschichte der öffentlichen Seele unter Wilhelm II.«. Diese öffentliche Seele verdichtete er in der Figur des Diederich Heßling, dessen Lebensgeschichte erzählt wird. Der Roman spielt im letzten Jahrzehnt des 19. Jahrhunderts. Heßling entwickelt sich auf seinem Bildungsweg vom Schüler zum Studenten und Burschenschaftler einer schlagenden Verbindung, gefolgt von einem kurzen Intermezzo als Soldat, hin zu einem erfolgreichen Unternehmer. Als ängstliches Kind erfährt er früh, dass der Weg zum Erfolg vor allem von zwei Prinzipien bestimmt wird: nach oben buckeln und nach unten stoßen. In Heßling zeichnete Heinrich Mann einen Vertreter des kaiserlichen Untertans, der ohne feste Überzeugung keine Gelegenheit ausließ, um der Macht zu dienen und damit auch sich selbst. Unterwürfigkeit und Machtrausch prägen seinen labilen Charakter. Der Roman sollte bereits 1914 veröffentlicht werden. Doch der Krieg verhinderte dies. Seine beißende Kritik am Kaiserreich passte nicht in die Jubelstimmung der ersten Kriegstage. So erschien er erst verspätet 1919. Krieg und Niederlage, das Ende der Monarchie und die Hoffnung auf eine demokratische Staatsform hatten die gesellschaftlichen Rahmenbedingungen grundlegend verändert. Diesen geistig-politischen Umsturz hatte der Roman nahegelegt, ohne ihn jedoch konkret zu fordern. Durch sein verspätetes Erscheinen war er mit einem bei seiner Niederschrift nicht für denkbar gehaltenen gesellschaftlichen demokratischen Neubeginn verknüpft. So wurde er zu einem Manifest gegen ein fehlgeleitetes Untertanenbewusstsein und für die Notwendigkeit eines geistig-kulturellen Wandels, wie er alsbald in der Verfassung der Weimarer Republik seinen Ausdruck fand. Als der Roman erschien, schrieb Heinrich Mann voller Hoffnung: »Der Geist der Demokratie könnte uns selbst erretten, und wer weiß, auch die Welt.«

Der Untertan und Seine Majestät der Kaiser *

Sein Dienst führte ihn rastlos umher bis in die Nacht und endlich vor das Gebäude der deutschen Botschaft, wo Seine Majestät Empfang hielt. Ein längerer Aufenthalt des Allerhöchsten Herrn gab Diederich Gelegenheit, beim nächsten Wirt seine Stimmung zu erhöhen. Er erklomm vor der Tür einen Stuhl und richtete an das Volk eine Ansprache, die von nationalem Geiste strotzte und der schlappen Bande die Vorzüge eines strammen Regiments klarmachte und eines Kaisers, der kein Schattenkaiser war … Sie sahen ihn, rot überstrahlt vom Licht der offenen Becken, die vor dem Palaste des Deutschen Reiches loderten, auf seinem Stuhl den eckig behaarten Mund aufreißen, sahen ihn blitzen und wie von Eisen starren – was ihnen offenbar genügte, um ihn zu verstehen, denn sie jubelten, klatschten und ließen den Kaiser leben, sooft Diederich ihn leben ließ. Mit einem Ernst, der nicht ohne Drohung war, nahm Diederich für seinen Herrn und die furchtbare Macht seines Herrn die Huldigungen des Auslandes entgegen, worauf er von dem Stuhl herabkletterte und wieder zum Wein ging. Mehrere Landsleute, kaum weniger angeregt als er, tranken ihm zu und kamen nach in heimischer Weise. Einer entfaltete eine Abendzeitung mit einem riesigen Bild des Kaisers und las den Bericht eines Zwischenfalles vor, den im Portal des Quirinals ein Deutscher hervorgerufen hatte. Nur durch die Geistesgegenwart eines Beamten im persönlichen Dienst des Kaisers war Schlimmeres verhindert worden; und auch das Bildnis des Beamten war dabei. Diederich erkannte ihn wohl. Wenn die Ähnlichkeit auch nur allgemeiner Natur und der Name arg entstellt war, der Umfang des Gesichtes und der Schnurrbart stimmten. So sah denn Diederich den Kaiser und sich selbst auf dem gleichen Zeitungsblatt vereinigt, den Kaiser samt seinem Untertan der Welt zur Bewunderung dargeboten. Es war zuviel. Feuchten Auges richtete Diederich sich auf und stimmte die Wacht am Rhein an. Der Wein, der so billig war, und die Begeisterung, die immer

neu genährt ward, bewirkten, daß die Kunde, der Kaiser verlasse die Botschaft, Diederich nicht mehr in korrekter Haltung fand. Er tat gleichwohl alles, was er noch vermochte, um seiner Pflicht zu genügen. Er schoss im Zickzack das Kapitol hinab, stolperte und rollte die Stufen weiter. Drunten in der Gasse holten seine Zechgenossen ihn ein, er stand mit dem Gesicht der Mauer zugekehrt … Fackelschein und Hufschlag: der Kaiser! Die anderen schwankten hinterdrein, Diederich aber, kein Komment half ihm mehr, glitt hin, wo er stand. Zwei städtische Wächter fanden ihn, an die Mauer gelehnt, in einer Lache sitzen. Sie erkannten den Beamten im persönlichen Dienst des Deutschen Kaisers, und voll tiefer Besorgnisse beugten sie sich über ihn. Gleich darauf aber sahen sie einander an und brachen in ungeheure Fröhlichkeit aus. Der persönliche Beamte war gottlob nicht tot, denn er schnarchte; und die Lache, in der er saß, war kein Blut.
(1919) Roman. Der Untertan, Studienausgabe, S. 369ff.

Die Enthüllung des Kaiserdenkmals *

An dieser Stelle blitzte es; zwischen dem Militärkordon und der Brandmauer, in der Gegend, wo das Volk zu vermuten war, durchzuckte es grell die schwarze Wolke, und ein Donnerschlag folgte, der entschieden zu weit ging. Die Herren im offiziellen Zelt bekamen mißbilligende Mienen, und der Oberpräsident hatte gezuckt. Auf der Offizierstribüne litt selbstverständlich die Haltung nicht im geringsten, beim Zivil machte sich immerhin eine gewisse Unruhe bemerkbar. Diederich brachte das Geschrei zum Verstummen, denn er rief, gleichfalls donnernd: »Unser alter Alliierter bezeugt es! Wir sind nicht so! Wir sind ernst, treu und wahr! Deutsch sein heißt eine Sache um ihrer selbst willen tun! Wer von uns hätte je aus seiner Gesinnung ein Geschäft gemacht? Wo gar wären die bestechlichen Beamten?

Biederkeit des Mannes eint hier sich weiblicher Reine, denn das Weibliche zieht uns hinan, nicht ist es uns Werkzeug unedlen Vergnügens. Das strahlende Bild echt deutschen Wesens aber erhebt sich auf dem Boden des Christentums, und das ist der einzige richtige Boden, denn jede heidnische Kultur, mag sie noch so schön und herrlich sein, wird bei der ersten Katastrophe erliegen; und die Seele deutschen Wesens ist die Verehrung der Macht, der überlieferten und von Gott geweihten Macht, gegen die man nichts machen kann. Darum sollen wir nach wie vor die höchste Pflicht in der Verteidigung des Vaterlandes sehen, die höchste Ehre im Rock des Königs und die höchste Arbeit im Waffenhandwerk!«

Der Donner grollte, wenn auch eingeschüchtert, wie es schien, durch Diederichs immer gewaltigere Stimme; dagegen fielen Tropfen, die man einzeln hörte, so schwer waren sie.

»Aus dem Lande des Erbfeindes«, schrie Diederich, »wälzt sich immer wieder die Schlammflut der Demokratie her, und nur deutsche Mannhaftigkeit und deutscher Idealismus sind der Damm, der sich ihr entgegenstellt. Die vaterlandslosen Feinde der göttlichen Weltordnung aber, die unsere Staatsordnung untergraben wollen, die sind auszurotten bis auf den letzten Stumpf, damit, wenn wir dereinst zum himmlischen Appell berufen werden, daß dann ein jeder mit gutem Gewissen vor seinen Gott und Kaiser treten kann, und wenn er gefragt wird, ob er aus ganzem Herzen für des Reiches Wohl mitgearbeitet habe, er an seine Brust schlagen und offen sagen darf: Ja!«

Wobei Diederich sich einen solchen Schlag auf die Brust versetzte, daß ihm die Luft ausblieb. Die notgedrungene Pause, die er eintreten ließ, benutzte die Ziviltribüne, um durch Unruhe zu bekunden, daß sie seine Rede für beendet halte; denn das Gewitter stand jetzt genau über den Köpfen der Festversammlung, und im schwefelgelben Licht, einzeln, langsam und als warnten sie, klopften immerfort diese großen Regentropfen … Diederich hatte wieder Luft.

»Wenn jetzt die Hülle fällt«, begann es mit neuem Schwung, »wenn zum Gruß die Fahnen und Standarten sich neigen, die Degen sich senken und Bajonette im Präsentiergriff blitzen –« Da krachte es im Himmel so ungeheuerlich, daß Diederich sich duckte und, bevor er es sich versah, unter seinem Pult hockte. Zum Glück war er wieder hervor, ohne daß sein Verschwinden bemerkt worden wäre, denn allen war es ähnlich ergangen. Kaum daß noch jemand hörte, wie Diederich Seine Exzellenz den Herrn Oberpräsidenten bat, er möge geruhen zu befehlen, daß die Hülle falle. Immerhin trat der Oberpräsident vor das offizielle Zelt hinaus, er war gelber, als es seine Natur war, das Funkeln seines Sterns war erloschen, und er sagte schwach: »Im Namen Seiner Majestät befehle ich: Die Hülle falle« – worauf sie fiel. Auch ertönte die Wacht am Rhein. Und der Anblick Wilhelms des Großen, wie er durch die Luft ritt, in der Haltung eines Familienvaters, aber umringt von allen Furchtbarkeiten der Macht, stählte die Untertanen noch einmal gegen die Drohungen von oben, das Kaiserhoch des Oberpräsidenten fand lebhaften Widerhall. Freilich, die Klänge von »Heil dir im Siegerkranz« gaben seiner Exzellenz das Zeichen, daß sie sich nun bis an den Fuß des Denkmals zu begeben, es zu besichtigen und den Schöpfer, der schon wartete, durch eine Anrede auszuzeichnen hatten. Jeder begriff es, daß der hohe Herr, zweifelnd den Blick zum Himmel richtete; aber wie nicht anders zu erwarten stand, siegte sein Pflichtgefühl und siegte umso glänzender, als er der einzige Herr im Frack war unter so vielen tapferen Militärs. Er wagte sich kühn hinaus, hin ging er unter den großen, langsamen Tropfen, und mit ihm Ulanen, Kürassiere, Husaren und Train … Schon war die Inschrift »Wilhelm der Große« zur Kenntnis genommen worden, der Schöpfer, durch eine Anrede ausgezeichnet, bekam seinen Orden, und gerade sollte auch der geistige Schöpfer Heßling vorgestellt und geschmückt werden, da platzte der Himmel. Er platzte ganz und auf einmal, mit einer Heftigkeit, die einem lange verhaltenen Ausbruch glich. Bevor noch die Herren sich umgedreht hatten, standen sie im Wasser bis an die Knöchel, Seiner Exzellenz lief es aus Ärmeln und Hosen. Die Tribünen verschwanden hinter Stürzen Wassers, wie auf fern wogendem Meer erkannte man, daß die Zeltdächer sich gesenkt hatten unter der Wucht des Wolkenbruches, in ihren nassen Umschlingungen wälzten links und rechts sich schreiende Massen. Die Herren Offiziere machten gegen die Elemente von der blanken Waffe Gebrauch, durch Schnitte in das Segeltuch bahnten sie sich den Ausweg. Das Zivil gelangte nur als graue Wickelschlange hinab, die mit wilden Zuckungen im überschwemmten Gelände badete. Unter solchen Umständen sah der Oberpräsident es ein, daß der weitere Verlauf des Festprogramms aus Zweckmäßigkeitsgründen zu unterbleiben habe. Blitzumlodert und wasserspritzend wie ein Springbrunnen, trat er einen beschleunigten Rückzug an, und ihm nach der Flügeladjutant, die beiden Divisionsgenerale, Dragoner, Husaren, Ulanen und Train. Unterwegs erinnerten Seine Exzellenz sich des noch immer an ihrem Finger hängenden Ordens für den geistigen Schöpfer, und pflichttreu bis zum Äußersten, aber bestrebt, jeden Aufenthalt zu vermeiden, händigten sie ihn, laufend und wasserspritzend, dem Präsidenten von Wulckow aus. Wulckow seinerseits begegnete einem Schutzmann, der den Ereignissen noch standhielt, und betraute ihn mit der Übergabe der Allerhöchsten Auszeichnung, worauf der Schutzmann durch Sturm und Grausen irrte, auf der Suche nach Diederich. Schließlich fand er ihn unter dem Rednerpult im Wasser hockend. »Da hamse 'n Willemorden«, sagte der Schutzmann und machte, daß er weiterkam, denn gerade schlug ein Blitz ein, so nahe, als sollte er die Verleihung des Ordens verhindern. Diederich hatte nur geseufzt.

Als er es endlich unternahm, mit einer Gesichtshälfte auf die Erde zu spähen, war der Umsturz auf ihr immer noch im Wachsen. Drüben die große schwarze Brandmauer klaffte und ging daran, umzufallen, samt dem Haus dahinter. Über einem Knäul von Geschöpfen in jagendem Geisterlicht, schwefelgelb und blau, bäumten sich die Pferde der Paradekutschen und nahmen Reißaus. Glücklich das nicht privilegierte Volk, das draußen über alle

Berge war; die Besitzenden und Gebildeten dagegen waren in der Lage, daß sie auf ihren Köpfen schon die fliegenden Trümmer des Umsturzes fühlten, samt dem Feuer von oben. Kein Wunder, wenn die Umstände ihr Verhalten bestimmten und manche Damen, in nicht kommentmäßiger Weise vom Ausgang zurückgestoßen, schlankweg übereinanderrollten. Nur ihrer Tapferkeit vertrauend, machten die Herren Offiziere gegen jeden, der sich ihnen entgegenstellte, von ihren Machtmitteln Gebrauch – indes Fahnentücher, losgerissen im Sturm von den Überresten der Tribünen und des offiziellen Zeltes, schwarz-weiß-rot durch die Luft sausten, den Kämpfern um die Ohren. Dazu, hoffnungslos, wie die Dinge standen, spielte die Regimentsmusik immer weiter »Heil dir im Siegerkranz«, spielte selbst nach der Durchbrechung des Militärkordons und der Weltordnung, spielte wie auf einem untergehenden Schiff dem Entsetzen auf und der Auflösung. Ein neuer Anlauf des Orkans warf auch sie auseinander – und Diederich, die Augen zugedrückt und schwindelnd des Endes von allem gewärtig, tauchte zurück in die kühle Tiefe seines Rednerpultes, das er umklammerte wie das Letzte auf Erden. Sein Abschiedsblick aber hatte umfaßt, was über alle Begriffe war: das Gehege, das schwarz-weiß-rot behangene rund um den Volkspark, zusammengebrochen, niedergelegt durch das Gewicht der auf ihm Lastenden, und dann dies Drunter und Drüber, dies Umeinanderkugeln, Sichaufbäumen und Abrutschen, dies Kopfstehen und Dem-andern-sich-ins-Gesicht-Setzen – und dies Gefegtwerden von den Peitschen der Höhe, unter Strömen Feuers, diesen Kehraus, wie der einer betrunkenen Maskerade, Kehraus von Edel und Unfrei, vornehmsten Rock und aus dem Schlummer erwachtem Bürger, einzigen Säulen, gottgesandten Männern, idealen Gütern, Husaren, Ulanen, Dragonern und Train!

Aber die apokalyptischen Reiter flogen weiter; Diederich merkte es, sie hatten nur ein Manöver abgehalten für den Jüngsten Tag, der Ernstfall war es nicht.

(1919) Roman. Der Untertan, Studienausgabe, S. 469ff.

Die Weimarer Republik

»Von allen deutschen Dichtern ist Heinrich Mann der sozialste, der Mann eines gesellschaftlich-politischen Impulses, wie er in westeuropäischer und zumal lateinischer Sphäre nichts Ungewöhnliches, bei uns aber etwas Unerhörtes ist, – wenn auch dank schwerer Schicksalszüchtigungen, die über uns gekommen, etwas sehr Zeitgemäßes. Es sind metaphysische, moralische, pädagogische, kurz innermenschliche Motive und Interessen, die uns anderen am Herzen liegen: der Erziehungs-, der Entwicklungs- und der Bekenntnisroman war immer die spezifisch deutsche Spielart dieser literarischen Kunstgattung. Bei diesem Autor fast allein, und verbunden mit soviel künstlerischem Glanz nur bei ihm, trug das moralische Element von Anbeginn nicht das Gepräge ›innerweltlicher Askese‹, um sich eines religionsphilosophischen Terminus zu bedienen, sondern dasjenige der politisch-sozialkritischen Ausdehnung. Er ist es, der, als wir noch im Glanze lebten, an der ideellen Stagnation unseres Staatslebens am tiefsten gelitten und unsere Führer in literarischen Manifesten, deren fulminante Ungerechtigkeit dennoch einem höheren Rechte entsprang, vor das Forum des Geistes gezogen hat.«

Thomas Mann (1925)

Vorbemerkung

In der Weimarer Republik erreichte Heinrich Mann seinen höchsten Bekanntheitsgrad. Er wurde zu einer moralischen Instanz, wenn es um Fragen der Gerechtigkeit und Wahrheit ging. Gerhart Hauptmann nannte er anerkennend den »Präsidenten des Herzens« neben dem Staatsoberhaupt und übte sich selbst in der Rolle des geistigen, kritischen Wegbegleiters der Republik. Zum Teil urteilte Heinrich Mann hart über ihren inneren Zustand, aber ihre Grundprinzipien und ihre Verfassung verteidigte er stets. Als »Idealist unter den falschen Propheten der Macht« schrieb er seine vier Republik-Romane *Mutter Marie*, *Eugénie oder Die Bürgerzeit*, *Die große Sache* und *Ein ernstes Leben*. In ihnen appellierte er an die Moral der Gesellschaft. Seine zahlreichen Essays fanden in den Zeitungen und Zeitschriften ein breites Echo. Die politischen Beiträge lassen sich in ihrer Vielfältigkeit kaum auf einen Nenner bringen. Am ehesten wird man ihnen gerecht, wenn man sie als Mahnung versteht, allen Widrigkeiten des Alltags zum Trotz an der Republik festzuhalten.

Kaiserreich und Republik

Eine wahre und reine Demokratie wird heranwachsen trotz unserer tiefen Not, obwohl so wenige erst wahr sein möchten und der Wille noch überall befleckt ist. Das einmal erwachte Gewissen fällt nicht wieder in Schlaf. Was war anderes zu erwarten, als daß eine so plötzlich ausgerufene Demokratie zunächst fast nur Demokraten wider Willen erhalten werde und solche, die mit dem Wort ihren Vorteil meinen. Gerade die Not wird sie bald an die Geistesmächte glauben lehren, deren sie bis jetzt sich nur zu bedienen denken. Der Zwang der Dinge, Niederlage, Armut, feindliche Bedrängnis und innerer Zerfall befehlen den Unvorbereiteten: rafft eure besten Kräfte zur Umkehr auf, tiefer geht es nicht mehr in den Abgrund! Sie werden dem Zwang folgen nach Art des menschlichen Durchschnitts, mit viel Wehgeschrei, Wut, Klagen um Verlorenes, Drohungen an das Schicksal, mit manchem Selbstbetrug und heftigen Versuchen sich zu drücken: aber sie werden folgen, man darf ihnen glauben. Sie wollen leben, darum – ihnen bleibt nichts anderes übrig – sind sie Demokraten. (...)

Trage deine Taten, verantworte dein Schicksal! Tu' es einzig für dich! Ob die Wahrheit dir bei deinen Besiegern nützen könnte: ihnen, die heute, in ihrer Siegergier, wenig wahrhaftig sind, schuldest du sie nicht zuerst, du schuldest sie dir selbst! Du hast zum Leben nichts weiter mehr als die Wahrheit. Dein Entschluß zur Demokratie kann keinen anderen Sinn haben als den, die Lüge abzuschwören, die dich so arm gemacht hat. Wozu noch das Feilschen und die Ausflüchte, – da doch einstmals die Rede so selbstverständlich von dem Welteroberungskrieg Deutschlands gehen wird, wie von dem ersten Napoleon. Auch er klagte England an, und wirklich wollte es ihn vernichten; aber warum war er noch da, der schon nicht mehr da sein durfte. Ihr könnt nur einmal im Recht sein: als ihr das Kaisertum stürztet, oder nun ihr sein Verbrechen leugnet. War es denn nur unglücklich? So wäre es liebenswerter als vorher, und es stürzen war gemein. Die deutsche Republik bekenne sich zu der Tat, mit der sie geboren ward! Unsere Enkel würden es uns nicht verzeihen, zwängen wir die Republik auch wieder, zu lügen. (...). Der Streit um die Männer, die jetzt an unserer Spitze stehen, ist noch immer monarchisch. Ihr wollt sie rein und unbefleckt von der Vergangenheit? Dann also aus anderem Geschlecht als ihr, einer heiligen Ferne entsprossen, wie Lohengrin. Deutsche von 1919 sind »kompromittiert«, sie haben manches hinter sich und sollten es einander nicht vorrechnen. Die Männer an der Spitze gehen mit allen anderen Überlebenden aus den Trümmern des Kaiserreiches hervor, sie sind bedeckt von dem Staub seines Zusammenbruchs – kann sein, daß sie sogar bereit waren, es zu retten. (…). Es ist gerecht, Achtung zu fühlen für die meistbelasteten Träger des verwickeltsten, gefährdetsten Unternehmens, in das ein Volk gestellt werden konnte; es ist Pflicht gegen dies Volk. Wir sollen unserer Republik es nie vergessen, daß in ihr, wie immer sie uns heute erscheine, der gute Keim des erneuernden Geistes der Deutschen schläft. Warum nicht ihr, der im ernsten Anblick der Notwendigkeit geboren, einen Teil wenigstens des Gefühls entgegenbringen, das dem triumphal zur Welt gelangten Kaisertum so leichtfertig hingeworfen ward. Das Kaiserreich war alles, was es sein konnte, gleich anfangs, nichts kam hinzu, als leicht Vergängliches. Die Republik wird unser Gefühl länger und edler belohnen können, denn sie lohnt am Herzen und Sinn. Die Zweiten nach diesen werden bessere Republikaner sein, durch Erleben. Die Dritten werden es von Geburt sein. Geduld, jeder Volksstaat neigt zur Selbstreinigung, Selbsterhöhung. Jener Mirabeau verfocht noch das Vetorecht des Königs, und handelte wider Willen doch derart, daß der König fiel. Die Abschaffung der Hohenzollern heißt für Deutschland vor allem, daß die Zeit der hochfahrenden Abenteuer vorbei und die der geduldigen Arbeiter da ist. Demokratie wird durch Arbeit.

Das Volk mit seinen durchschnittlichen Fähigkeiten erwählt aus seiner Mitte eine große Anzahl Personen, die im ganzen nicht mehr und nicht weniger begabt sind als es selbst. Diese sollen es führen: was werden sie tun? Natürlich nicht, mit Überspringen einer langen Entwicklung, glanzvolle Scheinerfolge davontragen, denn dies kann kein Durchschnittsmensch. Natürlich auch nicht plötzlich zusammenbrechen; denn Durchschnittsmenschen leben friedlich und lange. Ein Volk irreführen und überanstrengen, ist Sache der großen Machtpolitiker, die wir immer nur zu unserem Schaden kennen gelernt haben. Auch Friedrich der Große, auch Bismarck waren nur die Volkskraft; aber da sie in ihnen sich sammelte und ganz an sie abdankte, mußten sie, grenzenlos überladen, das Gleichgewicht verlieren, das Maß und Urteil für Bleibendes und nur Befristetes, für Künstelei und für Natur. Zwanzig Jahre nach dem Tode des einen wie des andern brach ihr Werk nieder. Eine Demokratie bricht nicht nieder. Ihr ist kein einzelner das Verhängnis, die Nation wird nicht aufgepeitscht, nicht blindlings mitgerissen ins Ungewisse. Sie wählt, erkennt und geht geschlossen vor, soweit nur, wie wirklich ihre Kraft reicht. Sie muß nicht prahlen, muß nicht glänzen, die Demokratie braucht die Lüge nicht. Ihre Menschen leben vor aller Augen, jeder das Gewissen und der Mitverantwortliche des andern, und die Selbsterkenntnis der Gesamtheit erhält sie wahr. Die Macht, die so lange das Böse an sich war, geht, aufgelöst, in das allgemeine Leben ein, das weder gut noch böse ist, und das nur wahr sein muß, um gut zu werden. Demokratie ist die Bestätigung aller Begriffe, die wahrhaft menschlich machen. Sie ist der Wille der Mehrheit, der Völkerfriede, Freiheit im Innern, Ausgleich des Besitzes – und ist es in dieser Folge.

(1919) Essay. Macht und Mensch, Studienausgabe, hier: Kaiserreich und Republik, S. 173–230, S. 214ff.

Der hundertjährige Flaubert

Flaubert war lebenslänglich überzeugt, daß die Form auch das Wesen, und daß der Stil, bis zum äußersten erarbeitet, die ganze Wahrheit sei. Schönheit lüge nicht. Dauer habe das Vollkommene allein … Für junge Schriftsteller, die an Sendungen glauben, ist kein Autor so sehr des Studiums würdig wie Flaubert. Von ihm erlernen können sie Rhythmen, Pausen und das unaufhaltsame Loslegen; das diktatorische Erz der Stimme und ihr Hafen, ihr Geschluchz. Aber tiefer greifend werden sie zu verstehen beginnen, wie sehr die Schauspielerei der Sprache sich deckt mit dem Sinn des Lebens, und daß es die Seele ist, die ihr Instrument sich erschafft.

Schüler Flauberts sollten nicht nur die Schriftsteller sein, sondern alle: ohne Unterschied der Sprache. Unsere europäischen Sprachen sind nicht sehr verschieden, da unsere Art zu fühlen und zu wollen, es so gut wie gar nicht ist. So viel wäre in jedem wohlverstandenen Unterricht empfindbar zu machen, daß der Humanismus wenige Beispiele hat gleich dem klingenden Organismus der Sätze, die Flaubert schrieb. Sie sind laut zu lesen, so las er selbst sie.

Er saß in seinem einsamen Zimmer, am Fluß, nicht weit vom Meer; schrieb vom Nachmittag bis in den Morgen an einer Seite – und las sie immer wieder laut: prüfend, ob nichts in ihr hemme oder falsch klinge, ob alles übereinstimme mit den Bedingungen der Natur. So las er auch seine Meister; Worte und ganze Abschnitte aus ihnen sagte er, donnernd und zu Tränen entzückt, seinen Freunden her. Er war groß und breit, mit dem hängenden Schnurrbart des gallischen Kriegers und das Gesicht von Nachtwachen gerötet. Er liebte gutes Essen und derbe Späße, er blieb im Leben lange jung, wie alle die, deren wahres Leben in ihrer Kunst vergeht. Er genoß Paris, die Gastmähler mit den Freunden, die Premieren, Frauen, sogar den kaiserlichen Hof. Seines Bleibens war selten lange in der geliebten Hauptstadt, der seine Werke huldigten, und unter deren riesenhafte Arbeitsleistung auch die des Entfernten sich mischte. Er kehrte zurück nach dem ehemaligen Kloster, das sein Haus war, und zog die Kutte an, in der er schrieb.

Zuletzt war diese Rückkehr Qual, und die Einsamkeit lastete. Den Gealterten kam Furcht an, als habe er, indes er um Worte kämpfte, versäumt, was der Durchschnitt wortlos erlebt. Versucht von Selbstverrat, überreizt bis zur Unfähigkeit, mit Menschen auszukommen, unglücklich durch die schlimmen Wendungen seines eigenen äußeren Geschickes und der Geschicke des Landes, starb er. Aber er fiel neben seinen Schreibtisch hin, noch heiß vom Kampf und vollendet wie sein Werk. Seine Klage war gewesen: »Ach! Literaten, die wir sind. Die Menschheit ist weit

von unserem Ideal!« Aber sein Halt: »Um dauerhafte Werke zu schaffen, darf man über den Ruhm nicht lachen.« Denn er lachte nicht über den Ruhm. Um seinetwillen achtete er die Nachwelt, die ihn zu vergeben hat, die Menschen, die doch weit waren von seinem Ideal.
(1921) Essay. Sieben Jahre, Studienausgabe, hier: Der hundertjährige Flaubert, S. 33–40, S. 38ff.

Gerhart Hauptmann

Er waltet neben dem politischen Reichshaupt als Präsident des Herzens, das dies Recht hat. Man hat desgleichen in Deutschland nicht gesehen, und in Europa nicht seit Hugo. Die Republik weiß sich bestätigt und erhoben von ihrem erwählten Dichter. Sie wird sich, zunächst um seinetwillen, hoffentlich mit dem literarischen Geist erfüllen, dessen die voraufgegangene Epoche entriet. Erst literarischer Geist wird die Republik von innen beleben, ins Leben gestellt, wie sie ist, durch äußere Gewalten. Wenn die Schüler der Staatsschulen mit Werken von Hauptmann ausgezeichnet werden, tut die Republik nach ihrer Sendung. Denn gesündere, sittlichere, schönere Vorstellungsreihen erstehen in den Geistern durch Hauptmann, als durch Bismarck oder durch Wilhelm den Zweiten. Jeder schuldet ihm heute die Lobrede, die das Herz spricht: vor allen andern die, deren Geist mit Worten gestaltet, wie der seine. Sie können nur stolz auf ihn sein. Sie können ihn nur lieben.
(1922) Essay. Sieben Jahre, Studienausgabe, hier: Gerhart Hauptmann, S. 43–45, S. 45

Wir feiern die Verfassung

Der Nationalismus ist das Geschöpf unserer Schwäche, die zuerst auf den Ausgleich des Besitzes verzichtet hat. Darauf hin kam auch er. Alles und jedes auf das blinde Schicksal und den bösen Feind abwälzen, ist billig, es ist zu billig für diese teueren Zeiten. Aber gewissen Klassen ermüdeter, auch geistig ermüdeter Menschen ist gerade noch beizubringen, der Franzose wolle Deutschland zerstückeln. Wie man seiner bösen Absicht – angenommen, sie bestehe wirklich – jeden Vorwand, jede Handhabe hätte nehmen können, wie man es hätte verhindern müssen, daß die böse Absicht überhaupt aufkam, das wird nicht nachgefragt.

Der Ruhreinfall ist aber auch französische Schwäche. Sehen wir die Dinge nur richtig! Dies Frankreich, das sich stark stellt und Gewalttaten unternimmt, ist von Schwäche befallen wie wir. Wenn uns das ein Trost ist, haben wir ihn. Frankreich leidet an Erschlaffung des Freiheitsinnes, wie gegenwärtig die meisten Völker und wie wir. Frankreich läßt sich von einer Minderheit von Nationalisten zu Taten zwingen, denen weder die Denkenden noch die arbeitende Masse zustimmen. Und auch wir sind von einer Minderheit bezwungen. Alles ist daran gelegen, daß der bessere Geist beider Völker wieder zu Wort kommt, dann verständigen sie selbst sich und nicht nur ihre Großkapitalisten. Der bessere Geist jedes Volkes will Freiheit, und das bedeutet sowohl inneren Ausgleich wie internationale Gerechtigkeit. (…).

Liebe Freunde, wenn man die letzten drei Tage im Reichstag mit erlebt hat, war man in einem Haus der Gespenster. Man hat so etwas noch nicht gesehen. Eine Gespenstersonate, eine tragische Groteske dieser Art hat noch kein Theater gespielt. Da tritt ein Kanzler auf, dem entgegengebrüllt wird: »Lebender Leichnam!« »Bankrotteur!« Er hört das, keine Miene zuckt, und er redet, er erzählt Märchen, er macht leere Versprechungen. Wenn er anfängt zu reden, hat der Dollar hoch gestanden, wenn er aufhört, steht er höher. Dann kommt ein anderes Gespenst, ein kaiserlicher Minister, der im Kriege gesagt hat: »Sie können nicht fliegen, sie können nicht schwimmen, sie werden nicht kommen«, und damit die Amerikaner gemeint hat. Auch dieses Gespenst quatscht und scheint noch zu leben. Damit kein Kommunist sprechen kann, läßt man den Minister des Auswärtigen über den Völkerbund plaudern, und draußen, draußen ist das Geschrei der alleräußersten Not, draußen droht der letzte Zusammenbruch. Das sind lauter Lebenswellen, die an dieses verschlossene Haus überhaupt nicht herankommen. Wenn selbst ein Revolutionär spricht, hier erstickt es. Die Arbeiter schicken Delegationen, wünschen empfangen zu werden, was doch eine Unterordnung unter diesen Reichstag bedeutet. Nein! Wissen Sie, was entsteht in diesem Reichstag? Ein wahnsinniges Gelächter. Diese Gespenster lachen in einer Scheinsicherheit wie im Grabe, als ob rings um sie her ein kaiserliches Heer von zwölf Millionen stände. Wenn man das erlebt hat, dann weiß man: von dort ist ein Wort, gar eine Tat des Lebens überhaupt nicht zu erwarten.

Hier aber wollen wir doch von dem Brennendsten sprechen und wollen das Wort wagen, daß schlimmsten Endes der Zerfall des Reiches droht, daß die Klassen, deren Gier und Selbstsucht es dahin gebracht haben, diesen Zerfall, wenn er wirklich käme, nichtmehr aufhalten können. Wer kann das noch? Nur die schaffenden Stände, das Volk, das sein Reich mehr liebt, als Unternehmungen im Auslande. Dieses Volk muß eisern zusammenhalten, aus dieser Prüfung könnte dann freilich sein größter menschlicher Gewinn kommen.

Wir sollen feiern. Der Geist der Weimarer Verfassung erlaubt jedes Vorwärts, jeden menschlichen Gewinn, aber er verbietet Zurückweichen und Verluste an Humanität.

Der Mensch – worauf sonst käme es an. Ist etwa der Staat Selbstzweck, oder die Wirtschaft oder Interessenkämpfe, womit das Leben hingeht? Anfang und Ziel ist der Mensch. Der Staat, die Wirtschaft sind tauglich oder verfehlt, je nachdem sie den Menschen fördern oder hemmen. Humanität im Sinne Weimars, Menschenpflege, sie sollte der Kern der Politik sein. Alles wäre gewonnen, wenn Führer durchdrängen, die soviel Entschlossenheit, Unbeirrbarkeit und Strenge für das Richtige aufbrächten, wie das Falsche jahraus, jahrein in seinem Dienste steht.

Folgt Führern, ihr Freunde, die in menschlichen Werten denken und in euch das sittliche Wesen sehen, dem sie verpflichtet sind, nicht nur den zu ernährenden Leib. Euer bester Freund, arbeitende Menschen, ist der denkende Mensch. Meine Meinung ist, daß auch dieses Land und dieser Erdteil einst, wie es auf Erden schon vorkam, von den Wissendsten still und gewaltlos werden gelenkt werden.

Bis dahin müßten freilich wir alle weiser geworden sein. Der Entscheidungskampf der Klassen, der noch vor uns liegt, müßte dann schon hinter uns liegen. Die Wiedervergeltung, der Kampf, müßten überstanden sein, die gewaltsame Aufhebung der Gewalt wäre geschehen. Dann ist es erlaubt, sich eine geklärte Luft zu denken und Menschen, die nicht durchaus einer des anderen Wolf sind, die vielleicht schon etwas mehr Mensch sind.

Und sogar schon heute sollen und können wir alle in unseren Tageskämpfen festzuhalten trachten, worauf es dem Menschen und seiner Zukunft ankommt. Das Ziel ist gerechter Sinn, Vernunft, Reinheit. Das Ziel ist Friede. Auf dem dunklen Weg, der dorthin führt, werden von Zeit zu Zeit Fackeln angezündet. Die Geschlechter reichen sie einander. Eine Fackel ist die Weimarer Verfassung. Wir wollen sie hochhalten.

(1923) Essay. Sieben Jahre, Studienausgabe, hier: Wir feiern die Verfassung, S. 128–139, S. 135ff.

Sie gehen bis zum Verrat

Jede Tat, der ihre Notwendigkeit an der Stirn steht, klärt viele über sich selbst auf und entzieht sie dem Zugriff verbrecherischer Interessenten. Was sind denn Nationalsozialisten? Leute, die ihre Geldgeber schonen müssen, sonst wären sie nicht nur gegen jüdische Ausbeutung. Wer sind Kommunisten? Leute, die das Ganze über Bord werfen, im Haß auf eine Gierigstenherrschaft, so gierig, daß sie auch noch den Namen der Demokratie stiehlt. Ein Volk soll als Demokratie hinnehmen einen Unfug von Schacher und Rechtsbrüchen, Auswucherung, Entsittlichung, nacktem Verrat, offenen Zerfall. Welch eine furchtbare Verwirrung entsteht!

Aber jede Epoche ist im Grunde eines Willens. Kämpfe geschehen an der Oberfläche. Fruchtbar handelt nicht, wer hinhält und endlich zerstörende Ausbrüche doch zulassen muß. Fruchtbar handelt, wer die zersprengten Kräfte sammelt, um sie konzentrisch auf das Ziel hinzuführen, das sie meinen und nicht sehen. Das Ziel ist erfüllte Demokratie, lebendes Gebilde aus allen unseren wohlverwendeten Kräften, wie sie sind, wie sie wachsen. Das Ziel ist: tauglich werden als Nation für Aufgaben, die mehr als national sind. Ein einziger Weg steht noch frei, aber Sie führen ihn nur mit Ihrer ganzen Strenge.

Sie sind ein bürgerlicher Kanzler (Stresemann d. V.). Ich glaube, daß bürgerlicher Art, deren Sache die Liebe nicht ist, vor der Vernunft der Dinge doch oft das Gewissen schlägt. Ich habe gesehen, wie entwickelte Bürger ihren Kreis durchbrachen und hinwegdachten über ihre Klasse. Ihre eigene Vergangenheit, Herr Reichskanzler, hat Sie nicht darauf vorbereitet, Geschäftemachern in den Weg zu treten, den Besitz unter Staatsnotwendigkeiten zu beugen. Sie waren nicht darauf gefaßt, eine Revolution der Vergiftung durch reiche Verräter entziehen zu müssen, damit der Staat ihr Inbegriff sei. So ist es aber gekommen. Auch ich hätte nie gedacht, ich würde Diktatur fordern.

Ich fordere Diktatur der Vernunft. Stützen Sie sich fest auf die Anhänger des Reiches, des Deutschen Reiches und seiner Rechte, die vor jedem Einzel- und Sonderspruch gehen! Brechen Sie Bestechungen und Lügen, die Geldzufuhr des Verrates an seine Banden, die Presse, die er aushält! Ergreifen Sie Personen und

Besitz, rächen Sie die bis in den Tod beleidigte Nation! Die soziale Demokratie soll endlich gewappnet und als Rächer dastehen. Sie ist unsere einzige Rüstung, wer sie angreift, muß zerbrechen.

Herr Reichskanzler, wer glaubt, es gebe noch Übergänge und Halbheiten, irrt. Die deutsche Tragik vollzieht sich immer auf Grund versäumter Gelegenheiten. Aber ich fürchte, daß selbst das säumigste Volksganze sich und Ihnen diesmal nicht verzeihen könnte.

(1923) Essay. Sieben Jahre, Studienausgabe, hier: Sie gehen bis zum Verrat, S. 139–150, S. 148ff.

V. S. E.

Völker sterben so einfach nicht. Bevor Europa Wirtschaftskolonie Amerikas oder Militärkolonie Asiens wird, einigt es sich. Dies ist die feste Tatsache nächster Zukunft, es muß geglaubt werden: woraufhin sonst noch Hoffnungen, Berechnungen gar? Wir könnten nur, in lauter vorläufiges Treiben verstrickt, den kommenden europäischen Krieg erwarten, an dessen Ende unausweichlich unser aller Versklavung stände.

Europa einigt sich, es strebt auf seine Vereinigten Staaten zu. Wichtige Vorbedingungen sind längst gegeben, andere in Bildung. Wir sind eine geistige Einheit, unsere nationalen Literaturen, Wissenschaften und Künste haben die gleiche Herkunft; noch in ihrer Getrenntheit bleiben sie verwandt. (…).

Das neunzehnte Jahrhundert war groß, es hat die von der Renaissance begonnene Individualisierung der Nation vollendet, ja, hat es fertig gebracht, sein Werk mit religiöser Kraft auszustatten. (…). Das Nationalgefühl war notwendig, daher zu schönen Äußerungen befähigt. Geisteswerke nicht ohne Geschlossenheit und Kraft, und eine zeitweilig sicher befriedete Staaten- und Bürgerwelt waren sein Werk. Das Nationalgefühl hat Begeisterung gezeugt und mehreren Generationen einen Hauptteil ihres seelischen Inhalts geliefert. (…).

Der unausbleibliche Wandel der Dinge kehrt jetzt die andere Seite unseres Empfindens, unseres Wissens ins Licht. Wir Europäer sehen, durch Not, die gemeinsam ist, belehrt, fast schon mehr das Gemeinsame der Völker Europas, als was sie trennt. Das Gefühl mischt sich ein. Die Annäherungs- und Versöhnungsversuche unserer heutigen Völker sind schwer vom geheimen Schuldbewußtsein und von Reue. Sie sind erfüllt vom Drang aus sich heraus, aus trennendem Vorurteil, vom unterdrückten, sehnenden Menschentum. Dies könnte ins Ungeahnte gehen. Das zwanzigste Jahrhundert ist wahrscheinlich berufen, eine neue Christenheit zu erleben – ohne Kirchlichkeit und ohne Dogma, aber doch die Wiederversammlung der einst getrennten Glieder einer geistigen Einheit. (…).

Die Vereinigten Staaten mögen kommen in der Art der umfassenden Veränderungen, von denen immer gesprochen wird als von fernen Utopien, indes man unbemerkt schon halb darin steht. (…). Was aber bei der Notwendigkeit, den Frieden dauernd und nutzbringend zu machen, zu immer engeren Bindungen führen muß. Das Paneuropäische Parlament wird wohl schon tagen über den Einzelparlamenten, und ihre Souveränität wird von den Staaten noch behauptet werden. Sie wird aber längst nicht mehr unbegrenzt sein. (…). Der große Widerstand der Staatsromantiker wird beginnen, wenn es ihnen erst klar wird, daß die innere Selbstherrlichkeit der Staaten, auch des ihren, wankt. Im Namen der geliebten Selbstbestimmung werden sie noch einmal alles versammeln können, was in vergangenen Formen denkt, anstatt in Wesenheiten, die da sind. Sie werden die Selbstbestimmung Polens oder Dänemarks verteidigen wollen und nicht sehen, daß es der Weg ist, sie beide und mit ihnen Europa unter russisch-amerikanisches Gesetz zu bringen. Sie werden, wie gewöhnlich, lieber untergehen wollen, als nachgeben, aber sie werden leben müssen. Souveränitäten sind zu oft in eine größere Souveränität

aufgegangen, als daß die Vereinigten Staaten ein Wunder wären. Farben haben zu oft gewechselt, und es war immer der gleiche Menschentyp, der lieber die von gestern trug. (...). Die drohende Haltung des falschen Nationalismus darf nicht darüber täuschen, daß er in vollem Niedergang ist, eine Weltanschauung, die keine mehr zu bieten hat, Fäuste, die kein Hirn bedienen, wildes und letztes Reflexzucken. Aufsteigende Bewegungen haben ruhigere Muskeln.
(1924) Essay. Sieben Jahre, Studienausgabe, hier: V. S. E., S. 174–185, S. 176ff.

Anatole France

Sinnenleben und Weltgetrieb, France hat für beide Rührung. Er spottet mit Nachsicht. Er ergötzt sich an den süßen Schwächen der anderen. Selbst ihre Niedertracht wendet er immer ins Humoristische. Denn alles, bei diesen nicht Denkenden, ist doch Illusion. Sie sind doch Spiegelbilder, sie sind doch arme kleine Schatten. Wenn ihr wüßtet! Wenn ihr hinter die Welt blicktet! Wenn euch erst um eure Seele bangte! Eure Gemeinschaft mit allen ihren anspruchslosen Kämpfen ist törichtes Spiel, das leider aus Torheit oft grausam wird. Wirklicher Ernst hienieden geht nur in Geistern vor. Da erstirbt das Lächeln; oder es ist wissend, ist verzichtend, soll trösten, soll die Ruhe der Seele behaupten vor den Untaten des Ungeists. So das gute Gesicht des alten Lukrez-Lesers, der durch das revolutionäre Paris wandelt, in *Die Götter dürsten*. Täglich kann die Reihe an ihn kommen, aber bevor er sterben muß, liest er Lukrez und haßt darum weniger.

Nicht hassen! Muß das große Bestreben einer Natur sein, die, obwohl erkennend, an der Welt doch nicht verzweifeln will. Nicht in Verzweiflung untergehn: weiterleben, immer mehr noch erfassen, noch einsammeln und wissen. Haß würde früh töten, France

aber muß alt werden. Wer im Geist viel Strenge führt, sollte an Menschen um so versöhnlicher rühren, er schadet sonst sich und hilft ihnen nicht. Sie wollen sanft angefaßt, wollen verführt werden zum Besseren. Nichts ist so schonenswert wie ihre Selbstachtung. Immer den »respect human« gewahrt! Immer dran denken, daß sie Seelen sind, – die nur zufällige Betrüger, Unterdrücker, Fälscher wurden. Gefallene Engel.
(1924) Essay. Sieben Jahre, Studienausgabe, hier: Anatole France, S. 162–170, S. 163f.

Kobes

Klubsessel im Halbkreis, andächtiges Selbstgenügen. Nur der Rayonchef für Völkisches hatte es eilig. Er war es, der mit seinem Kassierer den Anprall des Attentäters erlitten hatte. Ein ohnedies nervöser Mensch wie er, und das Signal, das er in Bewegung gesetzt hatte, kreischte noch immer. Abstellen! Sein Kassierer übrigens war ihm im Gedränge abhanden gekommen. »Immer und ewig sehe ich Sie mit dem Kassierer, Herr Kollege für Völkisches«, sagte der Rayonchef für Ersparnisse. Persönlich atmete er Kraft wie ein Fleischhacker, anders als der abgehetzte Völkische, der gleich hochging. »Herr Kollege, Sie führen in aller Seelenruhe ein gottgefälliges Leben«, rief der Völkische bebend. »Ich aber? Ich habe seit drei Tagen meine Disposition ändern müssen. Einmal bezahlte ich den Putsch, damit er kommt, ein anderes Mal, damit er nicht zu weit geht. Es ist aufreibend.«

»Es ist unkaufmännisch«, sagte der Rayonchef für Ersparnisse. »Man glaubt nicht, mit wie wenig Weisheit selbst hier noch regiert wird.« Was aber der Rayonchef für Parlamentarisches rund abstritt. »Man lege endlich einmal unsere Steuerfreiheit gesetzlich fest, sofort werden die völkischen Belange abgebaut. Sie meinen doch nicht, daß etwas anderes als ihre Ergiebigkeit darüber entscheidet, ob wir finanzieren? Den Arbeitern vom Lohn die Steuern sofort abziehen, sie aber erst zwei Monate später, ausgenützt und entwertet, dem Staat erstatten: so konnten wir diesen Staat nur abtun, weil wir ihn unter völkischem Hochdruck hielten! Stecken wir Deutschland nur erst in die Tasche, reiten wird es schon können.« Der Rayonchef für Parlamentarisches hatte die Augen an der vorderen Front seiner turmartigen Glatze, und sie gaben Leuchtsignale.

Nicht weniger phosphorgeladen war das Hirn des Rayonchefs für Propaganda, General des ehemaligen Hauptquartiers. »Bluff!« kommandierte er. »Bluff und Gewure, sonst nichts, und ich garantiere jeden Erfolg. Wer hat den Mittelstand für den Aufbau begeistert? Wir. Für seinen eigenen Hintritt auf dem Felde der Inflation? Kunststück, wir. Aus reiner Begeisterung hat er sich totgelaufen« – mit Wink nach der Treppe. Flüchtige Blicke der Sympathie streifen die Leiche. Der Rayonchef für Propaganda fuhr fort: »Der Mittelstand hat hergegeben, was er wert war. Ehre seinem Andenken. Jetzt aber muß mehr gearbeitet werden. Die Arbeiter sind dran. Sie haben mehr als nur Geld an uns zu verlieren. Täglich zwanzig Stunden Arbeitszeit! Das ist ein Besitz. Das ist das größte Vermögen der Welt. Ihnen beibringen, daß sie es hergeben müssen, verschenken müssen! Sonst untragbar und Zusammenbruch! Mein strategischer Gedanke. Ich führe ihn durch oder schieße mir glatt eine Kugel vor den Kopf. Deutsch sein heißt: aufs Ganze gehen.«

Das ehemalige Hauptquartier zündete sich noch eine Zigarette an. Statt seiner sprach der Rayonchef für Soziales. »Wir haben erst 60.000 Selbstmorde jährlich erreicht«, sagte er bitter. »Aus öffentlichen Mitteln oder durch Wohltätigkeit des In- und Auslandes leben zwanzig Millionen. Leben immer noch, während ihr Recht ans Leben schon längst auf uns – auf uns, meine Herren, übergegangen ist. Kann irgendeine Propaganda bewirken, daß sie sämtlich Selbstmord verüben? Und doch sind es genau die zwanzig Millionen, denen schon unser bekannter Kriegsgegner sagte, sie könnten gehen. Wir werden es ihnen durch die Tat beweisen, daß sie gehen können. Sozialabbau!« »Gehälterabbau«, rief der Rayonchef für Ersparnisse ein. »Beamtenabbau«.

»Kulturabbau!« verlangte der Rayonchef für Kulturelles. »Abbau des Lebens«, schloß der Rayonchef für Soziales. Er hatte das Schönste, noch immer glatte Jünglingsgesicht bei so wichtigen Verdiensten. Seine Bewegungen waren nicht ohne Anspruch auf edle Form. Nur das Haifischmaul störte. »Abbau des Lebens«, wiederholte er, entschlossen zuschnappend. »Wir sind die Wirtschaft. Leben müssen nicht Menschen, sondern die Wirtschaft. Zu erhalten ist nicht das Leben, sondern die Substanz. Unser Problem: durchkommen mit unverminderter Geltung und konzentriertem Nationalvermögen, bis genügend Menschen verhungert sind, daß der Rest in unser System paßt. Wir sind das System! Wir sind Idee!« »Der deutsche Idealismus sieht wesentlich anders aus, als Literaten ihn sich gedacht haben«, sinnierend der Rayonchef für Propaganda.

Auch aus jener blauen Wolke kam endlich eine Stimme. Sie näselte. »Das Nationalvermögen konzentrieren, bei uns natürlich, können wir nur gegen das Reich. Wir oder das Reich! Einer hat die Macht, der andere zahlt. Das Reich verdient nichts Besseres als zu zahlen. Wissen die Herren auch, wer das meiste aus ihm herausgeholt hat?« wobei die Wolke sich öffnete und das scharfe Kavaliersgesicht des alten Staatsmannes erschien, das zwinkerte. Den langen Finger hielt er auf die eigene Brust gerichtet. ›Der Kollege für Auswärtiges öffnet die Archive‹, fühlten gespannt die Kollegen.

»Irgendwo war mal Besetzung«, verriet der Rayonchef für Auswärtiges. »Gott, heute wird soviel besetzt. Wir hatten lange vorher gesagt, es wäre nicht das Schlimmste. Also der Feind besetzt. Nach drei Monaten spürten wir's denn doch im Betrieb. Es hatte was zu geschehen. Ich, nicht faul, mobilisierte unseren östlichen Teilhaber. Sollte drücken auf seinen südlichen Geschäftsfreund, damit der Kerl vermittelte beim westlichen

Vertragsgegner. Streng vertraulich, Innendienst. Was glauben Sie aber, daß uns zurückberichtet wurde? Ich sag es nicht. Nicht mal hier. Genug, da hatten wir kein Interesse mehr. Sie denken sich schon, warum. Inzwischen zahlte das Reich unsere Löhne. Das war die Patentlösung. Man soll niemand am Zahlen hindern, vor allem das Reich nicht.« Hiermit schloß sich die Wolke.

Sämtliche Rayonchefs unterdrückten ihr Schmunzeln, sie wandten nicht ohne Besorgnis die Hälse. Aber die Treppe stand gerade leer, nur die Leiche des Mittelstandes konnte zuhören. Der Rayonchef für Kulturelles beherrschte sich nicht länger. »Damit auch ich einen Schwank beitrage!« sagte er in irgendeinem unwahrscheinlichen Dialekt. »Nicht weit von hier ist ein Kohlenforschungs-Institut. Strenge Wissenschaftler. Die Leute haben nichts zu beißen und zu brechen.« »Ihr Schwank, Kollege, ist reichlich abgespielt.« »Moment. Die Leute haben nachgewiesen, was alles in der Braunkohle steckt. Man glaubt nicht, was alles drin steckt. Daraufhin, meine Herren, haben wir gekauft. Wir haben daraufhin sämtliche Braunkohlenlager der Welt gekauft. Jährlich bringen sie uns todsichere Goldmillionen, dank jenen Leuten. Die Leute brauchen zur Fortführung ihres wissenschaftlichen Instituts jährlich ganze siebzigtausend Mark, die sie nicht haben. Was für einen Witz, glauben Sie, daß ich mir geleistet habe? Unser Berliner Zentralorgan habe ich, weiß Gott, schreiben lassen, das um die Wissenschaft hochverdiente Kohleinstitut müsse eingehen, wenn das Reich nicht siebzigtausend Mark zahle. Titel: Kulturschande.«

Man lachte – herzhaft und unbeschwert. Es war der gegebene Augenblick, die Sitzung abzubrechen. Aber der Rayonchef für Propaganda öffnete in der Wand einen Deckel, er war wohl eifersüchtig auf den Lacherfolg; sofort begann eine Radiostimme: »Ich habe einfache Gedanken, einfache Ziele. Ich bin nichts Vornehmes, Politik verstehe ich nicht. Rühriger Kaufmann bin ich, Sinnbild der deutschen Demokratie. Mich kann keiner. Ich bin Kobes.«

Die Stimme erhob sich, sie ward rhythmisch wie Kirchengesang. Die Herren in den Klubsesseln sangen mit. »Kobes schlemmt nicht, Kobes säuft nicht, Kobes tanzt nicht, Kobes hurt nicht, Kobes arbeitet zwanzig Stunden am Tag.«

»Kobes gibt es nicht«, sang der Rayonchef für Völkisches noch hinzu. Auf Proteste erwiderte er gereizt: »Kobes ist nichtexistent. Er ist eine mythische Erfindung, die Personifizierung von Naturkräften, sagen wir Sonnengott. Das Volk liebt so was auch heute noch. Faule Wirtschaft heißt Kobes.« Auf weitere Proteste: »Haben Sie ihn gesehen? Na also« – und fort war er.

»Das Völkische macht nervös«, brummte man, unzufrieden, aber nicht ohne daß Zweifel durchdrangen. Die Radiostimme brüllte: »Arbeiten! Viel mehr arbeiten sollt ihr! Nicht für Geld, nein, für die Sache! Auch Kobes arbeitet nicht bloß um Geld. Malt ein Maler, komponiert ein Musiker um des Geldes willen? Schaffensdrang des schöpferischen Menschen, das ist Kobes. So seh ich aus.« Im selben Atem aber verlangte er, hart wie das Schicksal, die Nation solle gewärtig sein, daß noch mindestens drei Jahre lang eine Menge Menschen verhungere. »Wo das Ganze Not leidet, muß der einzelne Opfer bringen« – indes die Rayonchefs einander von Begegnungen mit dem leibhaftigen Kobes erzählten. Aber keiner glaubte dem andern so recht. Zum Schluß trennten sie sich ohne besondere Freundschaft. Jeder knallte eine Tür hinter sich zu.

(1925) Novelle. Kobes, Novellenband. III, S. 260–298, S. 261ff.

Arm oder reich?

Die Deutschen reisen wieder. Über den Gardasee, bei ihnen der beliebteste Eingang nach dem Süden, fahren sie täglich zu Hunderten. Es sind ihrer mehr auf dem Schiff als in früheren Zeiten, und sie genießen inbrünstiger. Sie schmachten nach Sonne, auch wenn der deutsche Sommer warm war. Am frühen Morgen bei der Abfahrt, während noch kalte Winde über die Wasserfläche streichen, entblößen die deutschen Frauen schon Hals und Arme. Denn Italien ist ein warmes Land – selbst bei acht Grad. Dies sehen die wenigen Nichtdeutschen auf dem Schiff mit Staunen. (…).

Der Unterschied zwischen proletarischer Lebensweise und der der scheinbar Besitzenden ist krasser geworden als er je war. Es geht für jeden darum, sich auf der Seite derer zu halten, die noch mitkommen. Wer sich fallen läßt, ist für das Bürgertum und auf seine Dauer verloren. Er verschwindet im Dunkel der Millionen, die nur noch auf eine ganz neue Zukunft hoffen können und inzwischen träumen dürfen von der Gewalt, die sie heraufführen soll. Der praktische Lebenskämpfer träumt nicht, sondern erhält um jeden Preis seinen persönlichen Kredit. Er fürchtet und haßt die Besitzlosen, je mehr sein eigener Besitz nur noch Schein ist. Er will nicht werden wie sie. Er ist zu ihrer Abwehr und Unterdrückung entschlossen. Die Erhaltung eines gar nicht vorhandenen Besitzes macht ihn grausamer, als wenn er wirklich etwas hätte … Man muß die Herkunft des Fascismus nur verstehen. Dann wird es klar, daß er sich nur immer noch mehr ausbreiten kann über Europa.

Was geschieht ist ergreifende Tragödie. Denn schließlich handelt es sich um die eigentliche europäische Lebensform. Das Recht des Einzelnen war hier die Losung seit mehr als vierhundert Jahren. Um das Recht des Einzelnen ging jeder wesentliche Kampf dieser langen Geschichtsperiode. Jetzt ist sein Recht erschüttert. Der Einzelne gilt schon heute gar nichts mehr. Alle Tatsachen der Gesellschaft gehen über ihn fort, die ganze Wirtschaft, die Justiz, die Sitte. Er hat kein Recht, denn es gibt allein noch Macht. Nur Masse steht noch gegen Masse. (…).

Welch angespanntes Dasein! Wie begreiflich die Flucht nach Italien! Es bangt dem Herzen, das dies miterlebt. Der öffentliche

Luxus – bei öffentlicher Armut! Du siehst im endlosen Einerlei grauer, abgeschabter, bestaubter Menschen auf allen Straßen der größten Stadt kaum eine sieghafte Gestalt. Tritt aber in ein Revue-Theater, und entgegen strahlt dir der alleräußerste Triumph des erfolgreichsten Zeitalters. Dies sah kein reicheres Geschlecht, nicht diese Fülle der Ausstattung, echter Stoffe, wechselnder Bilder, für die nichts zu reich ist, auch nicht die Menge lockenden Fleisches. Dies alles leisten sich namenlose Massen, die nichts haben, und in denen noch der Übermütigste von der Hand in den Mund lebt. Wo sind wir? In einer bürgerlichen Gesellschaft. Hat der Begriff des Bürgerlichen sich so gewandelt?

(1925) Essay. Sieben Jahre, Studienausgabe, hier: Arm oder reich? S. 217–222, S. 217ff.

Der Kopf

»Deutschland wäre anders, wenn ich ihm gewachsen wäre!« sagte Mangolf mit Größe. Handbewegung abwärts: »Nun aber lassen mich alle allein.«

»Das war vor zwanzig Jahren zu bedenken«, sagte Terra. »Weißt du etwa warum wir gescheitert sind?«

»Ich bin länger als du aus den Geschäften heraus«, sagte Terra. »Ich hatte genügend Zeit es mir klarzumachen. Wir sind vor allem gescheitert, weil nicht einzusehen ist, warum irgend jemand, der Talent hat und es der menschlichen Gesellschaft vorsetzt, nicht scheitern sollte. Sie will Talente nicht – und ausschließlich Zufälle, die ihr selbst am peinlichsten sind, bewegen sie manchmal, eins durchzulassen. Wir im besonderen sind noch daran gescheitert, daß wir von unseresgleichen zuviel verlangt haben.«

»Du wohl. Du hast sie bessern gewollt.«

»Du, mein lieber Wolf, hast von ihnen in der Richtung des Schlechtseins eine geradezu übermenschliche Opferfreudigkeit verlangt. Du warst ein noch größerer Idealist als ich.«

»Behauptest du wie alle Welt, wir Idealisten verständen von Geschäften nichts?«

»Noch schlimmer, wenn wir sie verstehen. Ich faßte den Entschluß, meine Geschäfte mit der bestehenden Gesellschaftsordnung zu machen. Das Schlimmste, was geschehen konnte, ist eingetreten: ich habe sie gemacht.«

»Ich fühlte schon immer«, sagte Mangolf, »wenn ich nicht von Adel war, hätte ich wenigstens mittelmäßig sein müssen.«

»Alle wirklichen Lenker der Menschheitsgeschicke waren im Geistigen mittelmäßig«, sagte Terra, »handeln menschlicher als wir.«

»Was haben sie schon verhindert?« fragte Mangolf wegwerfend. »Nichts«, sagte Terra. »Die Erlebnisse der Menschen sind immer dasselbe gedankenlose Elend, nur erträglich, weil gedankenlos. Mittelmäßige aber werden nicht die abstoßenden und erbärmlichen Geschicke der Menschen auf die Spitze treiben; denn sie werden weder versuchen, sie in freundliche und edle zu verwandeln, noch werden sie Katastrophen, die einfach im Wesen des Menschen liegen, zur Höhe des Gedankens erheben wollen. Daher können sie selbst auch nicht zu Verbrechern herabsinken, wenn beides natürlich fehlschlägt, wie unter Menschen jede geistige Absicht immer fehlschlägt. Mit Mittelmäßigen als Führern haben die Menschen einige Aussicht, dem Schlimmsten zuletzt noch zu entgehen. Vor allem bleiben die Mittelmäßigen als Führer unentwegt am Leben; ihre geistige Unehrenhaftigkeit erlaubt es ihnen. Nun ist aber Sterben das einzige Unverzeihliche – wie die lebenstüchtige Person, die wir kannten, mir einstmals einprägte.«

»Und wir sterben, weil wir geistig ehrenhaft sind!«

»Nein«, sagte Terra. »Sondern weil wir nicht auch Gegengifte in uns tragen für unsren anspruchsvollen Geist.«

»Welche Gegengifte?«

»Verachtung und Güte. Du hattest nur Verachtung.«

»Du nur Güte.«

»Ich danke dir, mein lieber Wolf. In diesem Augenblick hast du mehr davon als ich. Wahrscheinlich war ich niemals gut. Meinem Wunsch, den Menschen zu helfen, entsprach geradesoviel geistiger Stolz wie deinem Bestreben, sie für deine Zwecke zu gewinnen. Wir haben beide durch Stolz gesündigt.«

»Das ist theologisch gedacht.« Mangolf zeigte Strenge. »Ich hoffe, daß du dich so weit denn doch nicht vergessen hast.« Terra, wegblickend: »Man überlegt, wie es wäre, wenn es wieder anfangen könnte.« – »Genauso«, sagte Mangolf. »Lieber, als einfach nur lügen und erwerben, will ich nochmals fallen und zugrunde gehen.«

Terra dagegen: »Es fragt sich, ob wir das nächstemal nicht besser täten, alles unbesehen mitzumachen, sämtliche Infamien, die nötig sind, damit ein Mensch in aller Unschuld sein täglich Brot ißt. Nach meiner Kenntnis der Dinge wäre dies sogar Gott wohlgefälliger.«

Mangolf aber: »Bleibe ernst! Seine Stunde ist da.«

Sie hingen aneinander, ihre gealterten Gesichter erwarteten inständig jedes vom anderen den Aufschluß über sich selbst. Sie hofften wie je, sich wiederzufinden im tiefsten Bekenntnis des andern. Und einander ohne Rest zu ergründen, drängen sie aus dem Licht. Unbewußt suchten sie den Schatten, suchten Atemnähe im Winkel eines unbeleuchteten Zimmers – murmelten eifrig und geheim.

»Ich habe unerklärliche Vorgänge erlebt«, murmelte Mangolf. »Die Kraft eines Bildes, mich zu rufen und in sich aufzunehmen. Ich weiß, daß ich jenen Hügel besteigen und erst droben sterben werde. Dann fällt auch der kahle Bettler um, der mich beschimpft und als einziger geliebt hat.«

»Ich verstehe dich«, murmelte Terra. »Auch ich habe deutlich, wie durch Offenbarung, erfahren, daß es völlig vergeblich wäre, mich erschießen zu wollen, wenn nicht auch du dich erschießt. Gott nimmt uns grundsätzlich nur gemeinsam auf.«

»Glaubst du an ihn?« – »Ja«, murmelte Terra. »Es war schwer, denn ich will mich niemanden aufdrängen.«

»Kennst du ein Mittel ihn zu fragen, ob wir wirklich sterben müssen?«

»Was mich betrifft, verlasse ich mich einzig auf unseren gesunden Instinkt. Wären wir beide nicht fertig bis auf den letzten Faden, wie käme uns auch nur die entfernteste Lust, zu sterben, an? Wir saßen doch, weiß Gott, mit Nägeln und Zähnen im Leben fest.«

»Es ist furchtbar«. – Der dumpfe Laut griff dem Freunde ans Herz, Terra sagte eifrig: »Gott will ganz gewiß von jedem nur das, was er leisten kann, von uns den Stolz.« Da richtete Mangolf sich auf. »Die Waffe! Der Revolver ist fort. Hier lag er.«

Terra war ihm gefolgt. »Er liegt noch dort« – er zeigte hin. Der Revolver lag unter der Bettlampe. Mangolf nahm ihn auf: derselbe kleine Browning. »Das ist unverständlich«, sagte er. Terra fragte: »Was ist damit?« Und Mangolf: »Sie hatten ihn neben das Bett gelegt, damit ich mich selbst erledige. Ich hatte ihn zu Boden geschleudert, das Zimmer war voll von Menschen, er war verschwunden. Jetzt liegt er wieder da.« Terra behauptete: »Dann ist der Betreffende noch immer hier.« Mangolf widersprach, sie stritten, sahen hinter die Möbel – und erst als hinter einem Möbel ihre Köpfe zusammenstießen, erinnerten sie sich. »Nichts ist gleichgültiger für uns als die Erklärung, warum der Revolver wieder daliegt.« – »Andererseits gibt es nichts mehr, was interessanter wäre.« Sie lachten stumm.

Da es aber Morgen zu werden versprach auch nach dieser Nacht, sahen sie keinen Grund, die Ausführung ihres Entschlusses zu überstürzen. Er stand fest genug, sie konnten, meinte Terra, in aller Ruhe eine Flasche Wein darauf trinken. Er vollzog feierlich mit dem Freunde den Trinkakt. »Auf deine Gesundheit, mein lieber Wolf«, sagte er; dann bemerkte auch er die ungelegene Formel. »Das war nun das Leben«, sprach er zu seinem Glas, »das war es nun.«

»Merkwürdig«, sagte Mangolf zu dem seinen, »wie viel man sich doch versprach – trotz äußerstem Mißtrauen. Es ist weit weniger geworden – und dabei sind wir an die Spitze gelangt; wer noch zeitlich dächte, würde sagen: wir sind nicht fortzudenken.«

»Kein Sandkorn ist fortzudenken«, sagte Terra. »Aber warum es gerade zu dieser Sekunde und an dieser Stelle im fließenden Sand seine kleine, so große und wichtige Richtung ausübt, weiß allein Gott.«

Sie schwiegen; denn sie bemerkten: was sie sagen konnten, war immer gleich am selben Ziel.

Es dämmerte, Marschmusik kam schwach fern aus der Stille. »Da haben einige den gleichen Weg wie wir. Prost, mein lieber Wolf.« Diesmal tranken sie schon im Stehen. »Aber sie begreifen nichts«, sagte Mangolf. »Das ist ihr großes Glück.«

»Es gibt in keiner Minute unseres Lebens etwas Wichtigeres, als unsere Schuld zu adeln, indem wir sie begreifen«, sagte Terra und förderte aus der Tasche seinen Revolver. Mangolf ergriff den seinen. Die Marschmusik näherte sich. »Die Armen!« rief Mangolf. »Sie – wofür sterben sie? Noch hundert Jahre werden sie jedem glauben, der von ihrer Pflicht und Größe spricht und nur ihr Geld will.«

»Viel länger noch. Denn sie haben die unvergängliche Leidenschaft, sich zu opfern«, sagte Terra. »Man muß wohl dabei auf seine Kosten kommen. Ich bin im ganzen Leben niemanden begegnet, der seinen Vorteil nicht gekannt hätte.« Hierbei hielten sie schon die Arme verschlungen, wie um Brüderschaft zu trinken – in der Hand die Revolver. »Wohin?« rief Mangolf, beschwingt vom Fieber der Erwartung. »In den Kopf!«

»In den Kopf«, sagte Terra.

Sie zielten, sie drückten ab. Mangolf hatte als Letztes das unbezweifelbare Gefühl, er ersteige, in Gestalt jenes Christus, leicht und glücklich jenen Hügel. Er hätte sich gesehen – nur daß seine Augen schon brachen. Das ganze Innere Terras war inständig darauf aus, seinen Namen rufen zu hören von jener Stimme, die ihn als Letztes vormals gerufen hatte. Aber bevor seine Schwester ihn rufen konnte, fiel er schon. Sie fielen kreuzweise übereinander.

Die Militärmusik schmetterte draußen, Marschschritt und schwere Räder erschütterten das Zimmer. Mangolf und Terra erkannten von allem, was vorbeizog, weder den Stolz noch das Elend, kein wildes Gesicht mehr, kein angstvolles, keins, das noch kämpfte. Terra und Mangolf ruhten und formten ihr Kreuz.

Eine Tür ging auf, eine Gestalt, die keine Brille mehr trug, kam hervor. Sie bewegte sich geschmeidig und hielt sich kühn. Ihre bloßen Füße vermieden voll Widerwillen die Berührung mit den beiden Toten. Ohne Aufenthalt schritt sie zum Fenster, öffnete es stark und rief gellend hinaus in den blitzenden Kriegstag: »Hurra!«

(1925) Roman. Der Kopf, S. 647ff.

Liliane und Paul

Immer neu mußte sie ihn ansehen, sein neues Gesicht, dies Gesicht der Leidenschaft, das endlich sich preisgab. »Gehören wirklich diese Augen mir?« fragte sie. »Nur mir allein – und auch der Mund?« Dazwischen seufzte sie. »Böser! So jung, und konnte so böse sein.« Nun trat sie von ihm fort, als sei es genug der süßen Worte. »Was tue ich jetzt mit ihm?« sagte sie grausam. »Seine Verwandten hat er hinausgeworfen. Ich werde ihn ernähren müssen.«

Da machte der Junge eine gekränkte Miene. Er versuchte sogar, von seinen eigenen Plänen und Aussichten zu sprechen. Sie unterbrach ihn aber gleich. »Das kenne ich, unverstandenes Talent«, sagte sie mit einer Milde, die ihm ins Herz schnitt. Sie sah die Wirklichkeit und ward berauscht von ihrer eigenen Grausamkeit. »Gut«, sagte sie. »Ich ernähre ihn. Aber dann wird er sich manches gefallen lassen müssen. Mit dem vorigen habe ich keine Umstände gemacht.«

Er schrie auf, aber es gab für sie schon kein Halten mehr. In seinen Entsetzensschrei hinein vollendete sie: »Der war ein Schwarzer.«

Einen Augenblick standen beide starr. Plötzlich wollte er aus der Tür. Sie schrie, wie vorhin er. Sie hängte sich an seine Schultern, mit ihrer ganzen Kraft holte sie ihn zurück, immerfort klagend. »Was habe ich gesagt?« klagte sie. »Um Gottes willen, es waren Lügen.« Sie mußte dies sehr oft wiederholen. Als er es endlich glaubte, glaubte auch sie selbst es. Sie tat ihm auf einmal sehr leid. »Ich habe dich mehr gekränkt als du mich«, sagte er reuig. »Ich habe um dich soviel gelitten«, antwortete sie mit schönen, sanften Augen.

Unversehens lachten sie wie zwei gerettete Kinder. »Jetzt machst du mir keine Furcht mehr«, jubelte sie. Furcht wovor? Ihm Spitzenhöschen anzuziehen. Sie tat es. Sie verkleidete ihren Jungen als Mädchen – da sah er ihre Laune leibhaftig vor sich stehn, und ihr klopfte das Herz wie einem Schöpfer. Ihre neue Freundin war blond und hell, viel heller als sie selbst. Trotzdem schminkte sie ihr das Gesicht, sie schminkte die übriggebliebenen Züge des Hochmutes weg. Endlich konnte sie umarmen wie eine Schwester.

»Schwesterchen! Horch!« Sie horchten jeder am Hals des andern. Drunten auf der Straße nahte ein Getöse, Tripptrapp von vielen Füßen und taktfester Singsang. Sie sprangen zum Fenster. Er kam. Er war da. Der Karneval. Musik zog draußen vorbei. Maskierte Musiker begleiteten einen Wagen, der wie ein Thron den Prinzen Karneval selbst trug. Der Prinz hatte übermenschliche Maße und Farben. Er lächelte wie ein Menschenfresser – indes um ihn her, die Straßen auf und ab, alles hüpfte. Die Menschen hüpften puppenhaft zu Ehren der großen Puppe. Sie suchten ihr zu gleichen. Kleine Menschenfüße hüpften unter den wackelnden Riesenleibern von Puppen. Die riesigen Köpfe glotzten verzerrt und grell droben in die Fenster.

Die Schwestern droben sahen sie an und konnten nicht anders, auch sie wiegten sich wie Puppen. Zuerst wiegten sie Köpfe und Zeigefinger. Allmählich aber hüpften und wackelten sie ganz, und das Fenster stand offen bis zum Boden. Konfetti, die die Luft erfüllten, rannen ihnen in die Brust, sie verloren sich in ihren Höschen. Eine große Puppe erhob gespenstisch den Arm und überschüttete sie mit Konfetti. Sie standen in Häufchen bunter Papierschnitzel, wackelten und hüpften auf der Stelle. Vorbei der Zug. War er nicht schon vor einiger Zeit vorbei, sie hatten nur nichts gemerkt vor Eifer? Schnell rafften sie ihre Kleider zusammen. Paul zog schon von selbst das kurze Damenkleidchen an. »Wie hübsch bist du!« Sie mußte ihn erst noch umarmen, er war zu hübsch. Der Zug des Prinzen Karneval aber ließ schon kein Getöse mehr hören. Auf! Sie liefen hinterdrein.

Staub kündete den Festzug an und trieb ihm nach, Staub wie von Arbeit und langen Märschen. Ihnen beiden erschien alles bei weitem zu langsam und zu schwer. Wie alle Menschen sich anstrengten! In ihren beiden Köpfen aber kreiste die blaue Luft. Sie hüpften nicht mehr. Leicht und leichter trug der durchsonnte Wind sie, und der Himmel neigte sich, sie zu umschlingen und aufzuheben.

Sie hielten sich um die Schultern, sie jauchzten und sie wußten es selbst nicht. So gelangten sie auf die breit beglänzte Promenade am Meer. Das Meer war ungeheuer. Noch nie hatten sie es auch nur annähernd so groß gefunden, und sich selbst in dem kleinen Gewühl der Menschen hier am Strande so klein. Was sie fühlten, war weißer Steindamm in einsamer Helle, darunter einsam das große Schwarzblaue, Schaumgekrönte, und zwischen den Unendlichkeiten der Sonne und des Meeres unser kleines Menschengewühl. Nein, verschwunden war das kleine Gewühl. Aufgelöst war es mit uns selbst in die große Freude. Wir sind in Freude aufgelöst.

Die Schwestern entsprangen, bunten Papierschlangen nach, die durch die Lüfte raschelten. Aus allen Häusern wehten Schlangen, herüber, hinüber, von dannen. Streckt man die Hand aus, das Wehende reißt euch mit, durch die Stadt, zu allen Fenstern, in alle Schlafzimmer und Schenken, taumelnde Jagd und kein Ende. Offene Cafés, draußen Musik, und ihr watet durch Konfetti. Frauen in blauen Haaren rufen: »Süße Liliane!« – »Und deine Schwester?« rufen die Herren mit den falschen Nasen. »Los, alle Mann auf den Ball! Auch wir! Auch wir!«

Hier klingelt Gold gleich im Vorraum auf den Spieltischen. Gold, die zweite Sonne, gleißt aus allen den Augen des Lebens, aus den Stimmen, die bieten, Leibern, die sich versprechen. »Wie sind wir reich, kleine Schwester! Wir sehen uns an: so blicken andere nicht auf unsere Goldstücke. Du aber nimm die Million, den Kuß!«

Die Loge ist voll von Damen und Herren. »Wir können nicht bleiben, obwohl wir euch alle lieben. Dies ist unser eigener Tag. Wir haben heute noch hundert Verabredungen – mit uns selbst. Wir wissen nicht, wo. Es ist zu schön, als das man daran denken dürfte. Man müßte erschrecken.«

Im Speisehaus endete die Nacht. An den Vorhängen graut der Morgen, die süße Liliane weint. Den Drängenden schluchzt sie entgegen: »Meine Schwester! So endet es, sie ist fort.« Aber jemand zeigt hinüber. Ihre Schwester ruht dort drüben. Rot ist der Diwan, im Spiegel erlischt das Fest, und sie ruht nicht allein. Eine Frau hat sich zu ihr gebettet. »Paul!« gellt die Stimme Lilianes. Die gelichtete Schar der letzten Wachenden schrickt auf, sie läuft zusammen. Liliane reißt die Frau fort. »Paul!« … Da erkennt sie: er schläft.

Beschämung, denn sie lachen. Sie lachen über Liliane und ihren verkleideten Paul. Ach was, sie trumpft auf. »Hab ich mir schon mal was versagt? Wir fürchten nichts und lieben uns, wie wir sind.« Aufgeweckt den Kleinen und fort, mitten durch das Händeklatschen.

Draußen hielten sie jäh an. »Liliane, wohin?« fragte Paul ängstlich. Aber auch sie war im Begriff, den Mut zu verlieren. Man konnte auf einmal nüchtern und alt werden, so groß, fahl, leer stand der Morgen da. Platz und Damm grau abgeschminkt, und diese frierenden Fassaden! Wenige Masken, bestaubt, übernächtig, schlichen um die Ecken, Verstecke suchend vor den kalten Augen des Aschermittwochs.

(1926) Novelle. Liliane und Paul, Novellenband III, S. 324–380, S. 333ff.

Der tiefere Sinn der Republik

Um den tieferen Sinn der Republik uns zu vergegenwärtigen, müssen wir nicht draußen suchen, wir haben ihn in uns. Von jeder ihrer noch nicht ganz sicheren Republik wird gesagt, sie sei eine Republik ohne Republikaner. Das ist nur so zu erklären, daß diese Republikaner es doch erst geworden sein können in anderen Staatsformen. Davon haftet natürlich noch etwas. Aber sie wurden es, wenn auch oftmals ohne Wissen und Willen, schon damals. Sie wurden unter der Monarchie für die Republik schon reif, dadurch daß ihre Gesellschaft sich veränderte, ihre Vorstellung von Pflichten und Rechten des Bürgers sich erweiterte und gewisse moralische Werte stiegen, während andere fielen.

Wenn Arbeit anfängt, die notwendige Voraussetzung jedes Daseins zu sein, wird sie bald auch die allgemeine Ehre und die sittliche Grundlage der Gesellschaft bilden. Zugleich sinken im Wert alle Vorzüge, die nicht erarbeitet, persönlicher Leistung nicht verdankt sind. Die Republik ist hiermit vorbereitet; sie beherrscht eigentlich schon die Seelen, noch bevor sie im Lande herrscht.

Auch beginnt ihr Reich im Grunde schon, wenn die Gesellschaft Pflichten übernimmt gegen jedermann und uns alle für ihre Gläubiger hält. So lange der alte Staat ganz unverfälscht war, gehörte er zu keinem Hauch seinen Untertanen, nur sie ihm. Soziale Gesinnung ist der Beginn der Republik.

Die Republik beginnt inmitten der Monarchie mit langsamer, unwiderstehlicher Umschichtung der Klassen, mit dem Vordringen der Arbeitenden. Sie beginnt bei dem geistigen Durchbruch, in dem Augenblick, da Erkenntnis und Meinung unmittelbare Mächte werden. Gegen Ende des Kaiserreiches hatten die Denkenden und öffentlich sich Äußernden bei weitem mehr Geltung, als ein Zustand starrer Autorität noch verträgt. Die Geltung nicht der herrschenden Gewalten, aber ihrer Gesinnung war bezweifelt und verringert, bevor der Krieg kam. Die immer selbstbewußtere Masse sowohl wie die Intellektuellen, die sich achteten, alles stieß schon längst von innen gegen den geistigen und sozialen Festungsgürtel des alten Staates. Man tat es ohne viel Absicht, nur die Macht der Dinge wollte es. Die bestehende Ordnung ward dann erst von draußen, vom Kriegsgegner zerbrochen. Niemand in Deutschland hätte den alten Staat für so schwach gehalten, daß er von einer Niederlage abhing. Aber es ist sogar die Frage, wie lange er, selbst ohne äußeren Druck von innen noch standgehalten hätte.

Die Republik ist nicht die Gabe des Zufalls. Sie überkommt uns nicht bei Nacht. Wir selbst haben sie vorbereitet, und in uns ging sie vor. Ihre Verwirklichung bestätigt nur Geschehenes. Wenn sie endlich da ist, drückt sie nur die Menschen aus, die schon da sind. Die vorhandene Gesellschaft findet sich durch sie am besten gesammelt und vertreten. Die Fähigkeiten, die in dieser Gesellschaft, ihren gegliederten Massen tätig sind, haben in einer Republik den größten Spielraum.

Zunächst und vorläufig äußern sich noch die Fähigkeiten, die der drängenden Not angehören, rasche Umstellung, bedenkenlose Anpassung, ein Kampf der Interessen, unverschleierter als in gesicherten Tagen. Wie könnte es anders ein! Soziale Veränderungen kommen jetzt in weit schnellerem Tempo. Wir haben uns an solche Erschütterungen von Wirtschaft und Moral angleichen müssen, daß auch gerühmte und siegreiche Geschlechter früher ihre Not gehabt hätten, sich nur zu halten. Anders wir, die das gesicherte Leben der frühen Tage schon fast vergessen haben und uns frisch und aufgeweckt in diesen mühevollen bewegen. Welche Monarchie wollte mit uns wohl auskommen? Mit einer Gesellschaft von solcher Beweglichkeit des Ausdrucks und so plötzlichen Schwankungen? Nur die freieste aller denkbaren staatlichen Formen kommt da noch mit. Dieses Volk hat Schweres in dieser langen Reihe schwerer Jahre allein, ohne Hilfe von vorgesetzten Autoritäten überstanden und bewältigt. Dafür darf es natürlich fordern, daß seine Mündigkeit nie mehr angezweifelt wird. Sie ist endgültig, es wird sie zu verteidigen wissen.

Freilich muß diesem Volk und überhaupt dem reichlich geprüften Geschlecht, das jetzt Europa bewohnt, für manches Nachsicht gewährt werden. Es scheint, daß überall, hier und anderswo, die Freiheitsliebe zeitweilig zurückgeht, der Sinn für Autorität dagegen zunimmt. Das war auch sonst so nach großen Kriegen. Es ist das vorübergehende Ruhebedürfnis der Völker, aus dem die Diktatoren ihren Vorteil ziehen, sonst nichts. Die Richtung wird in der Welt vorbei sein, bevor sie noch recht durchgedrungen ist. Gegen die bleibende, unzerstörbare Freiheitsliebe des Menschen unsrer Zone verstößt auch bei uns noch manches. Aber wir können davon sprechen, als wäre es schon vergangen; denn eines Tages entledigen wir uns des allen sicher.

Die Versuche, im öffentlichen Leben anstelle der Vernunft die Gewalt und die bewaffnete Bande zu setzen, sind gerichtet, sie versagen bei uns immer, sie werden verschwinden. Auch die großen Geldinteressen, die sich der Gewalt zuweilen bedient haben, werden darauf verzichten müssen, den Staat auf ungesetzliche Art zu beherrschen. Darüber hinaus wird aber sicherlich einst nach weittragenden Gedanken gehandelt werden, anstatt, wie jetzt noch oft, aus Furcht vor Ideen und in kleinlicher Abwehr gegen das Neue, das sie ankündigen.

Die Republik ist, kurz gesagt, der Staat, der Gedanken offen ist. Er hat kein Dogma, darf keins haben; denn dieser Staat ist gerade der Ausdruck relativer Menschen und einer veränderlichen Ordnung. Ihm fehlt die Erblichkeit der Macht. Er hat dafür das Recht der Idee.

Es anzuerkennen, wird nicht immer leicht, besonders dem nicht, der schon Macht hat, schon Besitz hat, der Macht ist. Machthaber, die einmal da sind, wollen niemals abtreten, neue Gedanken bringen neue Männer, die Bedingungen der Macht wechseln. Es ist verlockend, aus dem neuen Staat das Machtinstrument einiger wirtschaftlich Einflußreicher zu machen und einfach abzuwehren, was stört. Aber wozu wäre der eine Feudalismus gestürzt, wenn sogleich der nächste sich einnisten sollte? Nein, die Republik muß offenen Sinn behalten. Sie soll frei bleiben, in jede neue geistige oder wirtschaftliche Ordnung hineinzuwachsen.

Ist eben dies die eigentliche demokratische Auffassung der Republik? Unter denen, die z. B. die Idee des Kollektivismus verfolgen und austreiben wollen mit dem Gesetz und sogar gegen das Gesetz, – ist sicher kein seiner selbst bewußter Demokrat; denn der hätte niemals diese abergläubische Furcht vor der Idee, würde auch nicht glauben, daß die Wahrheit, falls sie irgendwo sich ankündigte, mit Gewalt zum Schweigen gebracht werden kann. Ein Demokrat wird vor allem das Volk, die große besitzlose Mehrheit, nicht seiner Aussichten auf Verbesserung des Daseins, falls denn Aussicht wäre, berauben wollen, – und er wird Achtung vor unglücklichen Kämpfern haben. Von jeher haben so manche Persönlichkeiten von großer sozialer Machtstellung sich Demokraten genannt. Sie taten es wohl, weil gerade ihnen auch die Mächte des Geistes vertraut sind und die große Gefahr, sie zu leugnen, ihnen bewußt ist. Solche auch geistig hochstehenden Demokraten glauben nicht, daß mit dem Bestand und der Ordnung von heute alles gesagt ist. Wo starkleibige Ideen darüber hinausführen, folgt eines Tages auch die Wirklichkeit. Sie sind darauf gefaßt, daß ein gewisser Ausgleich sowohl des Wissens und der menschlichen Pflege als auch des Besitzes allmählich doch wohl eintreten könnte. Sie sehen den Ereignissen, je nach Natur und Neigung, mit verschiedenen Gefühlen entgegen, aber sie haben vor anderen, die gleiche soziale Stellung einnehmen, Klugheit voraus. Denn man muß mit allem rechnen und darf auf keinen Fall die Fühlung mit dem Volksganzen verlieren. Sie haben im Grunde wohl auch Herz voraus. Man schlägt nicht, wie diese besten Demokraten es möchten, Brücken zwischen den Klassen und bis in die Zukunft der Nation, ohne daß gelegentlich Güte sich regte und ohne die Mitwirkung eines wohlgeratenen Herzens.

Demokratie und Republik brauchen Güte so sehr wie Erkenntnis. Ihr Beruf wäre, beide in der Welt zu vermehren. Das Gegenteil von Demokratie ist Ideenhaß, die Verfolgung von Gesinnungen. Dem republikanischen Geiste am fremdesten ist die Verweigerung des Rechtes zum Schaden Schwacher, ist der Zusammenschluß aller derer, die schon in Besitz und Macht sind, gegen alle jene, die erst noch hinstreben.

So darf das Leben nicht aussehen. Das ist sein häßlichster Zustand, wenn auch dem ursprünglichen Menschen nur zu sehr gewohnt. Menschen sind von Natur nicht gut, und nichts bedarf so langer Lehre und Übung, wie Gerechtigkeit. Aber welchen Sinn hätte denn Demokratie, wenn sie uns nicht gerechter machte. Demokratie ist im Grunde genommen die Anerkennung, daß wir, sozial genommen, alle für einander verantwortlich sind.
(1927) Essay. Sieben Jahre, Studienausgabe, hier: Der tiefere Sinn der Republik. Rede, gehalten auf der Hamburger Tagung der Deutschen Demokratischen Partei, Studienausgabe, S. 326–333, S. 326ff.

Mutter Marie

Die Beichtszene *

Die Sankt-Hedwigs-Kapelle ist ein Rundbau. Sie steht einige Schritte von dem Denkmal des Königs, der sie zu bauen erlaubte; aber sie steht abseits und trotz ihrer Größe unauffällig, wie eine Fremde. Über die Dächer des Platzes, der sie von Unter den Linden trennt, blickt das Schloß. Sie hat links von sich die Behrenstraße, die Französische Straße läuft hinter ihr. (…).

Der Rosenkranz war zu Ende. Indes die Orgel gespielt ward und alle sangen, erhob sich aus ihrer Bank die Dame, die statt des Dienstmädchens, dasaß. Sie berührte das knieende Dienstmädchen, damit es einen Platz einnähme. Sie selbst trat ihren Weg an durch den dicht besetzten Gang zwischen den Bänken. Sie bat jeden, ihr zu verzeihn. Sie wartete, bis man sich bemühte. Sie sah niemand an, sie hielt unverwandt auf den Beichtstuhl hinten links zwischen den Säulen. Endlich hingelangt, trat sie ein, hinkniend schloß sie über sich den Vorhang. Hinter der dunklen Öffnung der Zwischenwand ahnte sie zwei Augen. In Richtung der Augen des Beichtvaters sagte sie: »Ich heiße Marie.« Sie wußte nicht weiter. Nun, er hatte schon gesehn, wer hier nahte. Solche kamen um diese Zeit, nach dem Gebet, wenn es Abend ward. Sie kamen aus mehr oder weniger verwirrtem Leben, im Augenblick wußten sie, wie diese, nicht weiter. Er half ihnen, in sich klarer zu sehn, er lehrte Gottes wahre Meinung in ihren Sachen erkennen, womöglich auch jene geistige Freundschaft zu Gott. Mit etwas kräftiger Vernunft schickte er sie zurück in das Leben, mit dem sie sich leider bald wieder berauschten. Gerade aus dem Leben und seinen Taten eintreffend, schwankten sie manchmal von Rausch und Verwirrung nach Art dieser feingekleideten Dame. Er begrüßte sie. »Gelobt sei Jesus Christus!« – »In Ewigkeit, amen«, erwiderte sie ohne Stimme. »Beginnen Sie doch!« sagte er, gab ihr auch gleich den Anfang. »Im Namen des Vaters und des Sohnes –« »Und des Heiligen Geistes, amen.« Sie hatte Mühe, nicht mit den Zähnen zu klappern, aber die nächsten Worte schossen noch von selbst weiter. »Ich bekenne vor Gott dem Allmächtigen –« Sie stockte. Er sagte höflich. »Das Orgelspiel lenkt Sie ab, gleich wird es aufhören. Inzwischen sammeln Sie sich!« Hatte sie nicht verstanden? Sie begann ihr Bekenntnis von vorn, die Worte schossen diesmal auch über das Hindernis fort. »Daß ich gesündigt habe in Gedanken, Worten und Werken.«

Er überlegte, was dies sei: Ungeübtheit zusammen mit dem feststehenden Geleier eines Kindes. Schon beim Eintritt in den Beichtstuhl hatte die Dame eine verfehlte Bewegung gemacht. Er ward mißtrauisch. Manche Frauen suchten hier anderes als den Empfang des Sakraments der Buße. Im Gegenteil sie suchten Abenteuer … Hart und sachlich sagte er: »Haben Sie ihr Gewissen erforscht? Bereuen Sie? Kommen Sie mit gutem Vorsatz? Dann höre ich.« Die Augen in der Öffnung der Zwischenwand blickten kalt. Sie fand nichts mehr, nicht einmal den Grund zu sprechen. Ihre Sache schien ihr hoffnungslos. Womit anfangen? »Alles ist nur Geldfrage«, sagte sie plötzlich, sich selbst unverhofft. Warum von tausend Sätzen, die kommen mußten, gerade dieser? »Was soll das heißen?« sagte er schroff. Seine Augen verschwanden aus der Öffnung.

Sie war tief erschrocken. »Verstehn Sie mich! Hochwürden, ich sage alles. Ich habe verschwendet, das ist es. Ich habe mein Kind mit Geld kaufen müssen. Aber konnte ich ohne Geld seine Mutter sein? Vorher war ich geizig, ja habgierig. Das mußte ich sein, wie ich jetzt weiß, für das Kind. Wie könnte es mich sonst lieben. Ach! ich liebe ihn, als ob ich mich zerfleischte.« »Sie waren geizig. Geiz zum Schaden anderer ist eine Todsünde. Weiter!« »Bin ich unwert meines Kindes?« fragte sie äußerst dringlich. »Ich hatte es ausgesetzt.«

»Sie, eine Reiche? Dann hatten Sie schwer gesündigt, als Sie es empfingen. Unkeuschheit ist eine Todsünde. Aber Sie müssen sie längst gebeichtet haben.« »Ich war unkeusch mein Leben lang«, sagte sie hastig, denn zu viel anderes drängte, alles fiel ihr auf einmal ein, verwirrte sich, sie fürchtete, nicht durchzukommen. Sünden wider den Heiligen Geist: »Ich habe in der Unbußfertigkeit vorsätzlich verharrt.« »Und nicht gebeichtet?« Himmelschreiende Sünden: »Ich habe den Tod von Menschen verschuldet. Ich habe Arme unterdrückt.« Fremde Sünden: »Ich habe andere sündigen geheißen.« Sie staunte selbst, wie alle einst gelernten Formeln vom Leben angefüllt und volle Wahrheit geworden waren.

Er fragte stark: »Wann haben Sie zuletzt gebeichtet?« Sie sah seine Augen wieder, fand sich durchschaut, jäh aufgehalten, sie stürzte wie von einem Turm. »Ich weiß nicht«, stammelte sie. »Zwanzig Jahre nicht. Noch länger.« »So ist es«, sagte er. »Ich sah es.« »Sie sahen es«, wiederholte sie gehorsam. Mit Selbstüberwindung, kaum hörbar. »Hochwürden, verlassen Sie mich nicht!«

Sie wartete angstvoll. Endlich entschied er. »Ihr Inneres verlangt nach dem Sakrament der Buße. Sie sind auf dem Wege zur wahren Reue, halten aber weit vom Ziel. Sie müssen sich ernsthaft prüfen, ich gebe Ihnen dafür Zeit.« »Sie schicken mich fort?« »Ihre Gewissenserforschung braucht um so mehr Zeit und Fleiß, je falscher Sie gelebt und je länger Sie nicht gebeichtet haben. Sie hielten das sechste Gebot Gottes nicht, welches hielten Sie? Es handelt sich für Sie um eine Generalbeichte. Jetzt ist es zu spät.« »Nicht fortschicken!« Sie unterdrückte noch den Schrei. »Kommen Sie wieder, wenn Sie gesammelt sprechen können! Gott will nicht angegangen werden vom verwirrten Gefühl! Nur klare geistige Vorstellung soll ihm nahen. Sie müssen gewiß sein, daß Sie ein neues Leben beginnen werden. Dann kommen Sie! Ich will nach drei Tagen für Sie allein hier warten.« Ihr blieb nur übrig zu gehn. Er sagte noch: »Ich will an Sie denken.«

Sie aß fast nichts, sie wünschte klare geistige Vorstellung zu erlangen – von Gott, seinen Absichten mit ihr, ihren Absichten mit ihm, und ob der Augenblick der Gnade, von dessen Eintreffen in jedem Menschenleben sie einst gehört hatte, wirklich dieser sei. Es war schwer zu erfahren. Unzweifelhaft bestand allein, daß sie ihr Kind liebte, es in Verzweiflung liebte. Wenn Gott wollte, war dies die Gnade. Wenn nicht? … Ihr schauderte. Sie sagte wohl: »Kein Gefühl! Ich habe Rechnungen abzuschließen.« Aber das waren nur Erinnerungen an die Zeit ihrer goldbedeckten Himmelskönigin, die für immer in einem Koffer lag. Gedanken kamen, die Rufe waren, Rufe an das Entfernteste, das Kind, das sie selbst einst gewesen war, ja, an die Zeit, da sie nicht gewesen war, die Zeit, die bald wiederkehren sollte.

Das Meer des Ungewissen bot zuletzt einen einzigen Halt, den Gedanken ihres Beichtvaters. (…).

Plötzlich sein klarer Ton. »Sie sollen Ihre Sünden vor sich haben wie ein häßliches Geschöpf. Nicht soll die Beichte Ihnen den Reiz der Sünde vermehren. Bedenken Sie es, indes Sie weitersprechen!«

»Ich weiß«, sagte sie. »Denn alles, was in meinem Leben wie Glück aussah, war im Grunde Strafe Gottes für jene meine schwerste Sünde. Ich mußte weitersündigen. Sofort darauf hatte ich Glück. Ein reicher Mann nahm sich meiner an. Er war gütig, wie ich jetzt sehe. Ich weiß aber jetzt auch, was Güte bedeutet bei Alternden. Ich strafe ihn für seine Herzensregung, wie es sich gehört. An ihm nahm ich Rache für alles Erlittene, alles Entbehrte. Ich forderte unermüdlich Glanz. Ach! Wie wunderbar die Welt erglänzen kann – mit achtzehn Jahren! Meine Welt war einmal achtzehn Jahre alt! Der dreifach Ältere bezahlte sie mir, bevor er entgeistert abging. Er ließ mich zurück mit etwas Geld und viel erworbener Härte. Vermittels ihrer vermehrte ich das Geld.«

Sie sprach ungestört in sich hinein. »Die Geschäfte brachten mir nicht nur Geld. Ich erwarb Würde, die Bestätigung der Welt. Ohne Geld kein inneres Gleichgewicht – für mich, an meinem Platz. Jetzt brachte ich vielen andern Unglück. Selbst Unglück haben oder andern Unglück bringen, ich habe nicht erfahren, daß sich auf dritte Art leben läßt.« Ein Gedanke, den sie halb vergessen hatte, fragte: »Haben Sie sich gegen das siebente Gebot vergangen?« »Nein. Ich habe es nur übersehen. Wir übersehen es alle.« »Nein? Dann beschuldigen Sie sich leichtfertig! Geldgeschäfte sind wie die andern niedrigen Dinge der Welt: Gott, der seiner Welt nicht fremd ist, hat auch sie gewollt. Er verständigt sich mit Ihnen und Ihrer Natur durch Niedriges.«

Sie sagte überzeugt und schwer: »Hochwürden, Sie kennen die Reichen nicht. Kein Reicher hat je einen bis ins Tiefste guten Gedanken. Sie können es nicht wissen, Hochwürden. Der vom Nadelöhr und dem Reichen sprach, wußte es.«

Der andere Gedanke fiel heftig ein. »Keinen Stolz! Sie folgen nur Ihrem Stolz, wenn Sie sich der Habsucht bezichtigen. Sie waren sogar habsüchtig aus Stolz. Sie wollen urteilen über die Welt? Keine Leidenschaft trübt das Vermögen zu urteilen, das von Gott ist – wie der Stolz. Hüten Sie sich! Er ist Todsünde – und von den sieben die erste.«

Worauf sie verstummte. Mehrmals wollte sie antworten, blieb aber stumm. Wie? Sie war ihrer Sache gewiß, – noch soeben. Sie hatte teuer bezahltes geheimes Wissen, nur wäre es vergiftet am Ursprung, es fiel dahin, es war kein Wissen mehr. Was in ihr feststand noch soeben, erwies sich als Rauch, zufällig geformt von einer ihrer versteckten Leidenschaften … Ihr ward es schwül und ungewiß, jetzt erst fürchtete sie sich. Sie fürchtete hinter dem dünnen Holz, an das sie tastete, den alles entlarvenden Gedanken. Wollte er sie zuletzt durchscheinend und ohne Halt der letzten Täuschung vor Gott hinwerfen? Sie fürchtete sich.

Der Gedanke wartete, bis sie ihm demütig genug war, da fragte er: »Was taten Sie mit Ihrem Geld?« Sie wollte sagen: »Ich kaufte mir einen Mann mit adligem Namen.« Sie stammelte, bis er verstand. Er fragte: »Sie lebten damals nicht mehr in Sünden gegen das sechste Gebot?« Sie schwieg, um nicht die Wahrheit aus Stolz zu sagen. Sie traute sich selbst nicht mehr, Sünden konnten Verdienste, Zerknirschung aber konnte Stolz sein. So haßte sie Valentin, den sie doch liebte! Hätte für ihn ihr Leben lassen und ihn dabei töten können. Was sie im ganzen Leben getan hatte, schien ihr an ihm getan, die innere Wand aber darum ins Schwanken geraten, weil sie sein Bild war. »Sie sündigen noch immer gegen das sechste Gebot?« »Ich bin in die Welt einzig und allein verwickelt worden durch meine Sinnlichkeit. Der erste meiner Liebhaber war schön und stark, ein Reitknecht.«

»Verweilen Sie nicht! Wecken Sie keine unkeuschen Bilder!«
»Wenn doch alles, was vorging, unkeusch war – bei weitem nicht nur meine Handlungen! Ich hing an den Eindrücken der Sinne, von Menschen wollte ich nicht allein ihr Geld, auch ihr Menschliches, ihre Blutnähe und alles, was sie mich fühlen ließen. Ich hatte Augen, Ohren, alle Sinne und das Blut voll Menschentum. Sie konnten mich nur so um sich betrügen, daß sie starben. Ich habe sogar wohlgetan – nicht um Gottes willen, nur um der Blutnähe willen. Ich fürchte, noch was ich gedacht habe, war Blutdunst. Was mein Kopf tat, und ob er sich nahe an Gott vermaß, ob er betete – Blutdunst.«

»Das Gebet des Menschen, der sich demütigt, dringt durch die Wolken.« Die Stimme ward drohend. »Sie aber fügen zu allem noch den Zweifel an der Güte Gottes. Sie setzen seine gesamte Schöpfung herab, um selbst als überlegen dazustehn. Aber nichts ist geschehn, als daß der Teufel, wie so oft, durch Ihre Phantasie bei Ihnen eingedrungen ist, um endlich auch Ihren Willen zu erfassen. Unglückliche, merken Sie nicht, daß nur Ihr unverbesserlicher Stolz Sie in immer ärgere Fallen verstrickt? Nichts brauchen Sie dringender als Verdemütigung.«

Da von ihr keine Regung kam, verlangte er kurz: »Antworten Sie ohne Umschweife auf meine Fragen! Sie waren Ihrem Gatten treu?« »Er starb freiwillig, wir hatten uns nicht besessen.« »Weil er starb?« »Weil ich nicht wollte. Weil ich sah, daß er mich liebte, anstatt mir einfach seinen Namen zu verkaufen. Weil ich ihn dafür verachtete. Weil ich nur liebe, wo es Unheil bringt.« »Seit wann wissen Sie das? Antworten Sie mit Bedacht!« »Ein anderer Mann, den ich heftig liebte, hatte mich bestohlen und wollte mich verlassen. Ich brachte ihn vor Gericht, er ist zugrunde gegangen. Soll ich noch mehr sagen?«

»Wann erinnerten Sie sich Ihres ausgesetzten Kindes?« »Als es für mich spät und einsam wurde. Als nichts anderes mir noch blieb, zu lieben und zu verderben.« »Wodurch nur verderben Sie Ihren Sohn?«

»Mit Geld. Ich kaufe ihn. Wie alles vorher, jetzt auch ihn. Ich komme über ihn mit meinem Geld wie eine Strafe. Er lebte solange in Gehorsam und Frieden.«

Hier schwieg der um sie bemühte Gedanke, schwieg länger als je vorher. Sie fühlte eine Wendung nahen, ihr ward es kalt, noch ehe er sprach. »Kann denn auch eine Mutter ihren Sohn verderben?« sagte der Gedanke. »Das ist unmöglich, wenn es eine Mutter ist.« »Ich bin seine Mutter!« »Dann lieben Sie ihn gewiss auch so. Dann treten Sie zu ihm das Herz voll Güte. Ist es, wie ich sage? Sie lieben, wenn er liebt. Sie verzichten noch eher darauf ihn zu sehen, als ihn zu beirren.« »Wenn es so wäre!« »Wie lieben Sie ihn dann?«

Sie stockte, sie stieß hervor: »Mit Eifersucht. Ich hasse seine falsche Mutter, seine Verlobte, alle um ihn. Ich hasse auch ihn – weil er nicht mir allein gehört!« »Wie lieben Sie ihn dann?«

Sie hörte den dunkel drohenden Gedanken nicht. Aus ihr brach alle Leidenschaft. »In Verzweiflung!« rief sie. »Ich will ihn töten, nein lieber sterben, ich will ihn verjagen, aber doch an mich reißen. Ich bin irre. Ich habe mich schon verloren – und bald auch ihn!« »Wie lieben Sie ihn?« fragte der Gedanke unheimlich leise, so durchdringend leise, daß sie ihn hören mußte. »Wie?« sagte sie verstört. »Als mein Kind. Wie denn sonst? Ich muß doch mein Kind für mich haben.«

»Haben Sie seinen Anblick begehrt? Nicht ertragen, daß er fortblieb? Schrien Sie des Nachts nach ihm?« »Ja, es ist mein Kind.« »Lockten Sie ihn an sich mit List und mit Gewalt?« Sie keuchte. »Ja.« »Haben Sie sich seinetwegen gemessen mit andern Frauen? … Sich sogar entblößt vor ihm? … War er beschämt, durch Sie, seine Mutter? … Und Sie, schmeckte nicht Ihnen alles – nach Schande?«

Erstarren – »jetzt werde ich aufschreien«, fühlte sie, »jetzt schreie ich.« Aber kein Laut kam. Sie erstickte, warf die Arme um sich, fing den Vorhang, floh schon. Sie floh aus dem Beichtstuhl, sie taumelte dahin, geschlagen und betäubt. Plötzlich erinnerte sie sich wieder. »Nein!« schrie sie. »Nein« und taumelte schneller durch das Dunkel des Hauses. Es hallte leer, eine ferne Ampel schien die einzige Hoffnung. Die Taumelnde hielt sich Schritt für Schritt an der runden Wand. (…). Sie rang mit sich um ein Wort. Er half ihr ringen, jeder fühlte die Not des andern in seiner eigenen.

»Nicht Menschen hast du belogen, sondern Gott, sprach Petrus zu Ananias. So sage auch ich Ihnen, so bitte auch ich Sie: bemänteln Sie Ihre große Sünde nicht! Belügen Sie Gott nicht! Ich weiß, daß Sie Ihre Sünde jetzt erkannt haben. Sünde kann nur sein, was wir erkannt haben. Sie haben erkannt, jetzt beichten Sie!« Er war stürmisch und rauh gewesen, er ward weich. »Erleichtern Sie sich durch eine gute Beichte! Nachher werden Sie frei und verjüngt dastehn, die Hölle kann Sie nicht mehr schrecken.«

Er wartete. Da er sie, tief unter sich, schwer atmen hörte, befahl er: »Werfen Sie einen Blick in den Abgrund der Hölle! Ihnen graust. Eine Beichte, in der Sie eine schwere Sünde verschweigen, trägt Ihnen weder Sündenvergebung noch Gewissensruhe.«

Sie wimmerte. Hier begriff sie zuerst wieder, wie einst als Kind, daß es ernst sei und was ihr drohe. Sie wimmerte: »Hochwürdiger Vater, erretten Sie mich!« Er bat weich: »Haben Sie Mitleid mit sich selbst, liebe Frau!« »Ich kann nicht«, fühlte sie, »und wenn sofort die Flamme mich faßte!« Da hörte sie Stöhnen – erstickt, wie von jemand, der das Gesicht in die Hände preßt. Nach der Pause sagte er entschlossen: »Ich kann Ihnen die Absolution nicht erteilen. Ihre Sünde ist ungewöhnlich und schwer zu vergeben. Auch sind Sie nicht bußfertig. Meine Verantwortung wäre zu groß. Ich muß den Fall meinen geistlichen Oberen vortragen.«

Sie fühlte: »Könnte ich sprechen, wie er will! Ich will sprechen.« Da sagte er: »Des einen kann ich Sie schon jetzt versichern: Sie werden die nächste Gelegenheit zur Sünde meiden müssen.« Durchdringend: »Sie dürfen ihn nicht wiedersehn.« Sie schrie auf. »Ihn nicht wiedersehn? Daraus wird nichts. Lieber sterben! Vieltausendmal lieber sterben!« »Sie?« fragte er. »Eine gläubige Frau, Sie wären so schwach? Gott braucht keine Schwachen, der Glaube ist nicht Sache der Schwachen. Er gehört, wie alles, den Starken. Ein großer Gläubiger hat soviel Kraft wie ein großer Eroberer. Bedenken Sie es! Waren Sie im Leben nicht stark? Sie sollen weiterleben! Sie sollen büßen.« Er hatte sie an ihre Kraft erinnert, sie stand auf. Von der andern Seite trat auch er aus dem Beichtstuhl, sie sah ihn. Erstaunen, er war ein junger Mann. (…). Sie empfing dies alles mit ihren geübten Sinnen, sogar im Dunkeln. Der Kaplan legte Stola und Chorhemd ab, er sagte weltläufig, es sei spät geworden, man habe die Kirche inzwischen geschlossen. Er winkte ihr mit der Hand, um sie eilig und so gebückt, als wollte er sich unsichtbar machen, zum Ausgang durch die Beichtkapelle zu führen. Sie bemerkte noch, daß die Hand gepflegt war. Er trug feine Schuhe. Das geistliche Kleid machte ihm die moderne, tiefsitzende Hüftenlinie und breite Schultern.

Sie schlief erschöpft, nach jedem Aufwachen stürzte sie sich nochmals in das einzig rettende traumlose Dunkel. Auch dieser Morgen war aber gekommen, da sah sie auf einmal, was nur die Nacht noch hinausgeschoben hatte, sah sich und ihren Bestand hüllenlos. Sie schrie in ihrem Zimmer laut auf. Dann hielt sie so lange wie möglich den Atem an, lauschend, ob es vorübergehe. Es blieb. (…).

Zwei Tage lebte sie so, dann kehrte sie zurück in die Sankt-Hedwigs-Kirche. Sie fragte nach dem Kaplan, geduldig erwartete sie seine Zeit. Sie bat ihn um seinen Beschluß. Er sagte für sie gäbe es nur volle Umkehr. Die Wende ihres Lebens müsse sie ganz ergreifen, wie vorher der Fall. »Werden Sie begnadet werden? Die Gnade ist ein Geheimnis Gottes. Uns gab er den Willen, wir sollen kämpfen …« Er nannte ihr als Schauplatz ihres schwersten Kampfes ein Exerzitienhaus draußen im Lande. Sie werde die vorgeschriebene Anzahl von Tagen dort leben. Sie werde mit niemand sprechen und wie alle andern vom Exerzitienmeister sich zu ihrem Heil befehlen lassen. Die Vereinigung mit Gott werde dort erreicht durch zielbewußtes Vorgehn, unter Bindung an wohlerwogene Betrachtungen und Übungen, mit Erfüllung in eine bestimmte Ordnung des äußeren Lebens.

Sie neigte die Stirn. Er sah endlich, daß sie vor großer Ermüdung kaum stehen konnte und widerstandslos vor sich hin weinte. Er nahm ihre Hand, er war erschrocken. »Die Beichte soll keine Folter sein«, murmelte er. »Sie soll den Frieden bringen, nicht rauben. Gehen Sie mit Gott – Frau Marie.« Er wußte für sie keinen anderen Namen. Sie ging und ließ einpacken. Sie verreiste, unbestimmt, wie lange, mehr erfuhr niemand. Wenn Valentin kam und nach ihr fragte, mehr erfuhr er nicht. Sie nahm eine Autodroschke, sogar der Bahnhof, von dem sie abreiste, blieb unbekannt. Am Abend suchte sie ihren Weg durch die unbegangenen Straßen einer Kleinstadt, fand einen hoch umschlossenen Garten, ein Tor, das dunkel und lautlos vor ihr aufging, das aber, als sie sich noch umsah, schon zugefallen war.

Als Marie zurückkehrte, litt sie nicht mehr. Sie hatte in jenem Hause nochmals die vollständige Beichte abgelegt und war nun losgesprochen. Hinter ihr lag mit einer Sündenpracht ein abgefertigter Lebensabschnitt, sie hatte nicht darauf zurückzukommen. Es gab nichts mehr zu bereuen aus jenen Zeiten. Auch die Wünsche von damals waren dort zurückgelassen. Sie waren es wirklich, Marie litt an ihnen nicht mehr, sie hoffte sogar – hoffte auf ihre höhere Erfüllung für später, wenn Gott selbst die Mutter mit ihrem Kinde vereinigt und ihr erlaubt, seine Mutter zu sein.

Sie litt nicht mehr, nur fürchtete sie sich, wie Genesene vor Rückfällen. Das Sakrament der Buße kann dich retten. Es kann dich aber auch der Verzweiflung näherbringen. Wie, wenn deine Natur ihm dennoch nicht gewachsen war?
(1927) Roman. Mutter Marie, S. 131ff.

Das Eisenkartell kann eines Tages ausgedient haben und sich erübrigen. Dann haben sie vor, den »Erzfeind« wieder aus der Kiste zu holen. Oder es soll zusammen mit ihm gegen andere gehen. Die Reichswehr erfordert mehr Geld, als irgend jemand versteht oder verstehen darf. Welche Mehrheit besitzloser Wähler hat die Abgeordneten ermächtigt, für einen Heeresetat zu stimmen, der die besitzlose Masse schon jetzt alles kostet, was sie haben wollen, produktive Arbeitslosenfürsorge, Abbau der Zölle, öffentliche Geistes- und Menschenpflege; und der sie mit vollkommener Sicherheit eines Tages wieder auf den Schlachtfeldern das Leben kostet.

Welche besitzlose Wählermasse hat ihre Abgeordneten ermächtigt, den Mehlzoll sogar noch zu erhöhen? Durch welchen Verrat, welche Niedertracht von Geisteshaß, der sozialer Haß ist, kommen Gesetze gegen Gedanken- und Redefreiheit zustande, obwohl keine nennenswerte Zahl im Lande sie gewollt oder in ihren Wirkungen ermessen hat? Was haben Abgeordnete, die zu zwei Dritteln dem Einheitsstaat Preußen angehören, mit einem »Föderalismus« zu tun – den sie ausschließlich darum böswillig begünstigen, weil er sozialen Rückschritt bedeutet. Auch für ein Konkordat oder das Schulgesetz, das ihm gleicht, ist keine wirkliche Mehrheit im Lande. (…).

Wir sind eine Demokratie, Gewalt ist für täglich nicht mehr angebracht, die Kleinen stimmen mit – aber immer zu ihrem Schaden. Man überzeugt die Kleinen mit Brustton, daß sie sich fressen lassen müssen. Jetzt läuft im Lande wieder einmal ein Film zur moralischen Rechtfertigung der Waffenfabrikation; man dürfe doch den Arbeitern nicht das Brot nehmen. Brot! Saures, hartes Brot, – dafür, daß sie einwilligen, sich einstmals wieder für edle Brotgeber vergasen zu lassen. So sieht von vorn und von hinten die Moral dieses Republikgeschäftes aus.

So seine Moral, so sein Geist und sein Herz. Denselben Menschen, die im Reichstag einen ausdrücklich gegen die Besitzlosen gerichteten sozialreaktionären Block bilden und sich darin wohlfühlen, sogar noch, wenn er Abstriche an Kinderspeisungen macht, – ist nicht beizubringen, daß sie häßlich sind, grundhäßlich im Innern. Wenn sie sich sehen könnten, sie täten wenigstens dies nicht. Sittlichkeit als innere Ästhetik ist ihnen unbekannt.

(1927) Essay. Sieben Jahre, Studienausgabe, hier: Deutsche Republik, S. 343–346, S. 345f.

Rede im Palais du Trocadéro

Zu Ehren Victor Hugo *

Er ist der einzige, dessen Gedächtnis die Geister und Herzen vereinigt, um ihn zum ersten aller Dichter auszurufen. Aber sein Jahrhundert und sein Volk brachten so viele berühmte Namen hervor, daß es erstaunlich scheint zu sehen, daß einer von ihnen über die anderen erhoben wird. Was hat er also getan, um die Zustimmung soviel verschiedener Menschen, so vieler Klassen zu gewinnen, die sich vereinen, und von Nationen, die zusammenkommen, um sein Genie zu feiern?

Er hatte das Genie des Herzens empfangen zusammen mit jenem anderen Genie. Als eine große Entscheidung für Gerechtigkeit und Wahrheit zu treffen war, akzeptierte er es eher zu leiden, als sie zu verleugnen. Jedes Mal, wenn er sich über die Rechte der Menschen oder eines Menschen äußern mußte, hat er die Partei für den Menschen und das Recht ergriffen. Auf dem Gipfel des Ruhmes angekommen, zog er sich zurück und ging ins Exil, um nicht zuzustimmen, daß das Recht des Volkes beleidigt werde. Denn er glaubte und proklamierte, daß die Republik für das Volk eine Art natürlichen Rechtes ist, wie die Freiheit für den Menschen. Tief im Bewußtsein, sagte er, gibt es ein erhabenes Gefühl, das heilig, unzerstörbar, unbestechlich, ewig ist: das Recht.

Sehen Sie, wie dieser Mann, der nach seinem Gewissen gehandelt hat, den Felsen von Guernesey mit unsterblichen Figuren der ›Elenden‹ bevölkert! Diese Figuren sind im wirklichen Leben gescheitert. Aber er hat sie angenommen, er verteidigt sie, macht Menschen daraus, die eines Tages die Gerechtigkeit sehen und das Glück kennen werden. Er, der Schöpfer, er, der Starke, hat in seinem Exil gelernt, für andere als sich selbst zu leiden. Wir wollen nicht weiter weg suchen, denn darin liegt seine Größe. Dadurch selbst ist er der erste unter uns geworden. Sein so stolzes Genie hat sich dem Mitleid unterworfen. Deshalb ist er in den höchsten Rang erhoben worden.

Durch das Mitgefühl umfaßt Victor Hugo die ganze Menschheit, die er im Namen des menschlichen Bewußtseins verherrlicht. Nichts, was die Zukunft des Menschen betrifft, ist aus seiner handelnden Sympathie ausgeschlossen. Sein großes Herz über die Gesamtheit der Nationen ausströmend, hat er als erster die Vereinigten Staaten von Europa gefordert. Er verstand es, seine eigene Nation zu ehren, indem er für sie diese denkwürdige Initiative ergriff. »Das französische Volk hat die erste Schicht dieses ungeheuren Gebäudes der Zukunft, das eines Tages als die Vereinigten Staaten von Europa bezeichnet werden wird, in unzerstörbaren Granit gehauen und mitten auf den alten monarchischen Kontinent gebaut.«

(1927) Essay. Sieben Jahre, Studienausgabe, hier: Rede im Palais du Trocadéro, S. 524–526, S. 524f.

Ein geistiges Locarno

Wir sind das Land der Mitte Europas. Daraus folgert erstens, daß wir uns mindestens ebensosehr wie andere als Europäer und für dieses Europa verantwortlich fühlen müssen. Sodann scheint mir klar, daß wir zwischen unseren Nachbarn im Osten und im Westen nicht nur geographisch die Mitte zu halten haben.

Wir sind verpflichtet und es entspricht übrigens unserer Natur, zwischen ihnen zu vermitteln. Wir sollen, deutlich gesagt, zwischen Frankreich und Rußland den geistigen, wirtschaftlichen, politischen Ausgleich suchen; – und wenn wir nicht dazu verpflichtet wären, täten wir es wahrscheinlich von selbst. Die Extreme liegen uns ohnedies nicht. Sondern uns liegt der Ausgleich. Wir haben weder die französische noch die russische Revolution gemacht und werden voraussichtlich niemals eine entscheidende Revolution machen, ich meine, eine Revolution, die auf wirklich neues Gebiet führt. Wir werden aufnehmen und uns angleichen, was immer Zeit braucht. Nach dem Erscheinen der französischen Revolution hat Deutschland anfangs lange ihren Auswirkungen in der Welt zugesehen. Es war nicht ohne Wißbegier. Denken sie an Kant, wie er von seinem unabänderlichen Spaziergang abwich, um etwas früher die Nachrichten aus Frankreich zu bekommen! Der westlichste Teil Deutschlands hatte schon damals die liberalen Einrichtungen von außen empfangen und sich, so lange sie ihm erlaubt waren, nicht schlecht dabei befunden. Mit ihrer selbständigen Einführung aber blieben wir noch das ganze neunzehnte Jahrhundert überaus vorsichtig. Was wir davon annahmen, ward aufgewogen durch die preußische Monarchie; denn die preußische Monarchie war doch an den Zarismus angelehnt und ohne ihn nicht zu denken – hat übrigens ohne ihn nicht mehr weiter bestanden.

Deutschland war vor den großen Ereignissen, die wir miterlebt haben, dank den Volksrechten westlich, dank den Königsrechten östlich, und hatte gerade darum nicht den geringsten inneren Grund, gegen seine Nachbarn Krieg zu führen. Es ähnelte beiden, sowohl in seiner geistigen wie in seiner politischen Struktur. Dabei ist es auch geblieben. Seine Verwandten wird man nie los; und wenn es schon das Schicksal und, wir wollen hoffen, das Glück Deutschlands ist, mit ganz Europa verwandt und das eigentliche Bindeglied zu sein, dann gilt dies jetzt wie je.

Wir stehen auch jetzt zwischen Osten und Westen, und zwar in allem und jedem. Wir sind im Sozialismus, wäre es auch nur im Gefühl für Sozialismus, weiter vorgeschritten als Frankreich, aber auch mit der Idee des Völkerbundes, der das Gefühl für eine bürgerliche befriedete Welt umfaßt, innerlich vertrauter als Rußland. Wir haben den revolutionären Ruck, den Rußland plötzlich vollzog, auf unsere bescheidene Art, mehr probeweise anfangs mitgemacht und schwimmen nun wacker in der kapitalistischen Gegenströmung des Westens. Wir sind enteignet worden; denn das sind wir doch, obwohl nicht gerade von links, aber darum nur gründlicher; – und wenn einige bei uns dadurch noch immer so erbittert sind wie die russischen Emigranten, im ganzen sind wir männlich gefaßt ein besitzloses Arbeitervolk geworden, auch ohne Bolschewismus. Dabei bewahren wir uns, doppelten Wesens, wie wir sind, immer noch die geheime Hoffnung, einmal wieder zu Geld zu kommen, sogar Rentner zu werden – ganz wie der Franzose, der das auch noch hofft. Wir übernahmen nicht nur den westlichen Parlamentarismus, auch die russische Sturmflut hat, als sie abzog, bei uns Spuren hinterlassen, verwischte Spuren. Aber unter anderem in unserem Reichwirtschaftsrat sind sie zu erkennen. Das merkwürdigste: wir setzen inmitten unserer Proletarisierung, die man russische nennen könnte, noch immer die bürgerlich geistige Überlieferung fort, die eher französisch ist.

Unsere geistige Verwandtschaft mit Frankreich ist unverkennbar; sie ist sogar deutlicher, als sie vor dem Kriege oft war. Damals gingen wir immerhin noch Wege, die durch die Politik weit getrennt wurden, auch im Geistigen spürte man dies. Seitdem hatten wir dasselbe Erlebnis des Krieges. Gerade der Krieg, der uns gründlich und für immer auseinanderreißen wollte, hat uns in Wahrheit erst auf die gleiche geistige Bahn geführt. Die Literatur der jüngeren Generationen hier und in Frankreich könnte man fast zusammenlegen, wie eine einzige. Nur provinzielle Unterschiede blieben übrig. Andererseits ist uns Rußland nur verständlicher geworden, und zwar in dem Augenblick, als es sich von der ganzen westlichen Welt scharf zu trennen schien.

Wir kannten schon vorher die russische Literatur. Wir fanden trotz einiger Überraschungen beim Auftreten des neuen Rußland, doch bald die Verbindung, die von Tolstoi und Dostojewski zum Geist des Leninismus führt. Andere können das nicht so gut sehen. Ich weiß wohl, daß heute die französischen Schriftsteller, die nach Rußland reisen, mit die besten Beobachter sind. Als ich 1923, auf dem Gipfel unserer Inflation, in Frankreich gefragt wurde, woher unser neues starkes Interesse für Dostojewski komme, antwortete ich: vom Bolschewismus, – worauf alle sich voll Erstaunen nach mir umdrehten, teils, weil ich in Rätseln sprach, aber besonders, weil ich jenes furchtbare Wort nannte.

Wir sind in Europa, man darf sagen, die einzigen, die dem russischen Problem vorurteilslos ins Auge sehen können. Von der abergläubischen Furcht vor dem Bolschewismus, die den größten Teil Europas heute hauptsächlich bestimmt und beherrscht, sind nur wir im ganzen frei. Natürlich sprechen große Interessen, ganz abgesehen von unseren Lebensgewohnheiten, auch bei uns gegen den Kommunismus. Aber ich bezweifele, daß die Nationen selbst, ihre durch Parteien unverfälschte Mehrheit, innerlich zustimmt, wenn Kommunisten verfolgt werden. Sie glaubt wohl nicht, daß Unterdrückungen berechtigt oder auch nur notwendig sind. Dafür vertraut sie viel zu sehr dem langsamen und sicheren Verlauf der Dinge, an den sie gewöhnt sind. Sie hat sowohl das Lebenstempo wie die Philosophie einer Nation der Mitte. (…).

Ich habe seit 1923 in Frankreich an mehreren internationalen Zusammenkünften von Schriftstellern, Pädagogen, Diplomaten teilgenommen. Ich kann versichern, daß immer die Franzosen die herzlichsten waren. Ein ungezwungener Geistesaustausch ergab sich eigentlich nur mit Franzosen. Sie hatten zu lernen, wir hatten zu verstehen. Beide zusammen erlebten wir die Freude, eine Trennung zu überwinden, die uns lange Zeit hindurch künstlich auferlegt war, und Irrtümer zu berichtigen, denen manche von uns unfreiwillig verfallen waren. Ich konnte mir denken, daß die meisten den Krieg verbracht hatten mit Gefühlen wie alle übrige Welt. Genug, jetzt sprachen die besseren Gefühle und nicht nur sie; Vernunft, Wißbegier, die tiefe Kollegialität des geistigen Menschen sprach.

Das war viel, denn es wirkte sich in der Öffentlichkeit doch immer aus, auch wenn die große Nachrichtenpresse unsere Zusammenkünfte kaum zur Kenntnis nahm, eben, weil sie ihre Wirkung nicht wünschte. »Die Schriftsteller sind Vordiplomaten«, sagte mir ein französischer Minister schon 1925, und Sie wissen, daß Locarno, das politische Locarno, erst später kam.

Ein geistiges Locarno schlechthin kommt freilich weit schwerer zustande als das politische, wozu schließlich der gute Wille zweier Minister genügt. Das geistige Locarno wäre viel mehr. Es wäre erst die Verwirklichung des politischen, die Einlösung des Versprechens, das die Minister sich gaben. Das geistige Locarno würde bis in die Tiefen der Gemüter und bis zu den Wurzeln des menschlichen Zusammenlebens reichen. Dies bedingt Erziehung – unsere eigene Erziehung, die Erziehung der Massen, der Erwachsenen und der Kinder. Innerhalb der Völker wird wohl immer ein Teil lieber die Freundschaft, ein Teil lieber die Feindschaft des anderen Volkes haben wollen. Nur ist es nicht notwendig, daß die Seite der Feindschaft immer, wie jetzt, nach Parteien gerechnet fast ebenso groß bleibt wie die Seite der Freundschaft. Es ist nicht notwendig, weil es unnatürlich ist. Die bei weitem meisten Anhänger der nationalistischen Parteien sind an ihnen in Wahrheit nicht interessiert. Sie werden künstlich dabei erhalten. Wir können das alles ändern. Aber wenn es sich um Erziehung handelt, ist das erste, daß wir die Lehrer für uns haben müssen. Ich meine die wirklich unmittelbaren Lehrer der Kinder und des Volkes, die Volksschullehrer. Die Schule muß die Schule des Friedens werden.

(1927) Essay. Sieben Jahre, Studienausgabe, hier: Ein geistiges Locarno, S. 385–394, S. 388ff.

Huldigung für Max Liebermann

Während seiner ganzen Laufbahn ist er der Welt gerecht geworden, sie fand sich von ihm verherrlicht wie je. Über alle die Herrlichkeit aber gebietet sein Wissen, gebietet seine Klarheit, die immer noch lieber karg als schwerfällig wäre. Er hat nie überladen und hat nur gesagt, was er wußte. Max Liebermann tat im ganzen Leben wohl keinen Pinselstrich zu viel. Dies ist nicht mehr und nicht weniger als die erste Vorbedingung der Dauer.

Wer dauert, verdankt es der Stetigkeit seiner inneren Verantwortung. Er hat sein Können nicht wild wuchern lassen. Der Zufall und das Gleichgültige waren ihm fremd. Wahr und maßvoll zu sein, gebot ihm seine Natur, über dies wußte er, was er tat. Er steht sicher.

Statt der Zukunft, die wir nicht mehr hören sollen, sprechen uns manchmal Fremde von jenseits der Landesgrenzen schon das gültige Urteil. Max Liebermann aber ist in aller Welt umgeben von Huldigungen, die noch einmal volle Freude an unserer gemeinsamen Gesittung sind. Er hat vermocht, was nur die Vollkommensten hier und überall vertreten: Besonnenheit im Reichtum, Kraft und dennoch Geist.

(1927) Essay. Sieben Jahre, Studienausgabe, hier: Huldigung für Max Liebermann, S. 339–342, S. 342

Eugénie oder Die Bürgerzeit

1873 eines Nachmittags im Sommer erhob die Luft sich leicht und so hell wie Perlen über den Gärten vor der Stadt. Die Fahrstraße stand leer. Sie war eine Lindenallee und zog dahin, bis der Blick sich unter den Baumkronen verlor. Wer anhielt unter dem Landhause des Konsuls West, sah seitwärts bis in die Tiefe seines Gartens. Man sah darin klar und schleierlos hingezeichnet die Gestalten, ihre Bewegungen beim Krocketspiel, sah Fabeln und Spitzen flüchtig aufwehen. Das glückliche junge Lachen der Konsulin war einmal genau zu hören.

Sie gewann. Denn Leutnant von Kühn schob seinen Ball absichtlich derart, daß er der Konsulin zum Fortbringen des ihren diente. Sowohl ihre Kusine als auch Leutnant von Kessel widersprachen entschieden. Kessel tat es aus Eifersucht, Emmy Nissen nur, um zu zeigen, daß sie alles durchschaute. Nicht älter als Gabriele West, hatte sie mit zweiundzwanzig Jahren doch schon Schärfe in Ton und Gesicht. Eine mißglückte Heirat lag hinter ihr. Sie hätte, wäre nicht Gabriele dazwischengekommen, Konsul West geheiratet.

Emmy hielt Gabriele für leichtsinnig. Die junge Frau war halb fremd hier. Als noch Unerwachsene, wenigstens Emmy erinnerte sich, verwechselte sie beim Sprechen eine Menge Worte. Seiher hatte sie, wie ein kleines Kind, wieder von ihrer ersten Sprache das meiste verlernt. Sie war gefallsüchtig, wohl nicht anders als alle dort unten; aber keine wendete nun einmal hierzulande den Kopf nach einem Herrn, wie sie nach Kühn gerade jetzt.

Wäre sie nicht auch so liebenswürdig gewesen! Emmy warf es sich vor, wieviel sie selbst an Nachsicht gewährte – dem eigensüchtigen Kind, das niemand liebte. Für ihren Vetter Jürgen fürchtete Emmy, daß Gabriele ihn vor allem geheiratet habe, um aus dem Mädchenpensionat herauszukommen. Mit den Offizieren spielte sie nur. Hätte sie wenigstens Herz für ihr Söhnchen gehabt! Auch das nicht. Die gleichaltrige Emmy seufzte, als trüge sie die Verantwortung. Neben ihr seufzte Leutnant von Kessel. »Beherrschen Sie sich, mein Lieber!« riet Emmy ihm. Er sagte mit Schwermut – und sie war echt, mußte ihn freilich auch entschuldigen, wenn er Unerlaubtes dachte: »Wie Ihre Kusine bewunderungswürdig das Kleid trägt! Es wäre leicht für die Gestalten, schön zu sein, wenn der Stoff sie nur abformen, sie einfach zeigen dürfte! Hier dagegen: fünf Lagen Rüschen, gebauschte Tunika, dennoch aber siegen die jungen Glieder. Die größte Robe wird lebend, wird durchsichtig und spielt um sie wie ein Quell.«

Emmy war errötet; sogleich rief sie: »Gabriele!«

Die Konsulin wollte laufend dort hinten im Gebüsch verschwinden, Leutnant von Kühn ihr nach. Beide hielten an. »Gabriele, Herr Leutnant von Kessel wünschte sehr, eure Sonate mit dir zu spielen.« »Ich will aber schaukeln«, rief Gabriele zurück. Da war, schneller als jemand es denken konnte, der schwermütige Kessel ins Gebüsch gesprungen. Kaum, daß die langen Schöße seines Interimuniformrockes noch einmal hervorflatterten, fort war er. Die anderen fanden seine flache Infanteristenmütze im Grase liegen, wie nach einem Gefecht. Sie folgten ihm durch die bitter duftende Hecke, schon hatte er sich der Schaukel bemächtigt, schon der Dame die Kissen geordnet. Auch hielt er die Hände unter ihren Fuß, damit sie aufsteige. Zwei ihrer gespreizten Finger zupften am Kleid ein wenig, ihr Fuß erschien. Emmy errötete, Leutnant von Kühn verneigte sich.

Er verneigte sich, so oft die Schaukelnde aus den schwankenden Wipfeln herab und auf ihn zu fuhr. Der Wind von ihren aufrauschenden Röcken bewegte seinen Schnurrbart. In seinem roten Gesicht blinzelten die hellen Wimpern. Er fragte: »Was hat davon nun Kessel, daß er Sie schaukeln darf?« »Er hat die Ehre, mir Vergnügen zu machen«, sagte aus den Wipfeln die Konsulin. Ihre Kusine drunten sagte zu Leutnant von Kühn: »Wollen Sie mir, bitte, mein Album holen?« Er ging ohne Zögern. Er behauptete: »Es ist mir eine Auszeichnung« – obwohl er schwer den Platz räumte. Inzwischen fragte Emmy: »Gabriele, würdest Du Herrn von Kessel erlauben, daß er mir den Tisch aufstellt?«

Die Konsulin lachte droben wie ein Kind, das begreift. »Wenn Du mir nun alle meine Kavaliere weggenommen hast, was wirst du dann anfangen?« »Dich zeichnen, weil du hübsch aussiehst«, sagte die Kusine, schon kam Kühn mit dem Album. Sie machte einige Striche. »Ist es so?« fragte sie ihn. Es waren aber Buchstaben. Er las: »Sie werden sich zu mir setzen und uns von den Manövern unterhalten.« »Es ist so«, bestätigte er. Dann rief er aber Kessel, auch der Kamerad mußte den Befehl lesen. Die

Manöver standen für nächsten Monat bevor. Sie sollten weit fort in der Heimatprovinz der beiden Offiziere sein. »Warum nicht hier?« fragte Gabriele, gab ihrer Schaukel noch mehr Schwung, und dazu jauchzte sie. Ihre Stimme war melodisch und klein. »Das fehlte noch«, murmelte die zeichnende Kusine. Die Konsulin verlangte: »Daß die Herren mir nur pünktlich zum Herbst wieder da sind! An die Kostüme für unseren Maskenball können wir nicht früh genug denken.« Hierauf schwiegen beide Leutnants so lange, bis Gabriele erstaunte.

»Warum auf einmal so still, und niemand schaukelt mich mehr?« Diesmal war Kühn der Schnellere. Um sie in Bewegung zu setzen, umspannte er von hinten ihre ganze Taille. »Der oder jener kann versetzt werden nach den Manövern«, sagte er, als sie aus der Luft in seine Hände zurückkehrte. »Ohne daß ich gefragt werde?« bemerkte die Konsulin, wieder auffliegend. Leutnant von Kessel betrachtete, was die Kusine zeichnete. Er lobte es, indes er aber dachte, es sei vergebens. Wer gab die Leichtbeschwingtheit wieder, dem Unglück fremd und abgeneigt. Wem gelang unter dem hohen, weichglänzenden Haar, das der Zopf krönte, dies ovale Gesicht, seine noch unbeschattete Helligkeit und freundlich ungeprüfte Lust – dachte Kessel. Goldene Augen, leise gelöst der Mund mit Perlenreihe, dachte Kessel, wer sagt eure ganze zutrauliche Freundschaft zum Leben. Euren heiteren Himmel! Ihn hielt es nicht länger, er stürzte dorthin, wo sie durch die Luft schwang, wo sie lebte! Einige Worte an den Kameraden, er war mit der Herrlichen allein, er wollte sprechen. Sie sagte aber im Davonfliegen: »Bei euch drunten ist keine Sonne!« Denn bei jedem Aufflug, zugewendet den durchsonnten Wipfeln, glaubte sie dahinter den Himmel ihrer ersten Heimat zu erblicken. Das Blau ward so dunkel zwischen den Zweigen. Als sie zurückkehrte, schwärmte Kessel: »Die Sonne geht von Ihrem Antlitz aus« – worüber sie lachte. Schnell brachte er noch vor: »Sie fragen nicht einmal, wer so unglücklich ist, versetzt zu werden?« Sie antwortete hoch oben, auch die Kusine und der Kamerad konnten es hören: »Vom Unglück spricht man nicht.«

Kusine Emmy rief plötzlich: »Das Kind weint!« Sofort wollte Gabriele angehalten sein, Kühn breitete schon seine Hände hin, sie sprang ab, sie lief. »Jürgen! Mein kleiner Jürgen!« rief ihre zarte Stimme. Gabriele, der alle folgten, wehte über den Rasen dem Haus zu. Es hatte hinten die offene, breite Galerie aus Holz. Sie eilte hinan, durch das große Schlafzimmer fort in den Wohnraum, hinaus vorn auf die Steinterrasse. Kein Jürgen. Sie lief zurück um das Haus, sie war schnell. Schon langte sie wieder beim hinteren Eingang an. Als sie ihn wieder betrat, verschwanden die drei anderen grade erst vorn.

Gabriele drückte sich im Schlafzimmer neben der hohen Kommode an die Wand, sie sollten vorbeilaufen und sie nicht sehen, ihr klopfte das Herz. Sie nahten denn auch, nach ihr rufend, sie machten die ganze Runde nochmals. Nur Leutnant von Kessel nicht, er blieb zurück, er hatte sie entdeckt. »Gabriele!« stammelte er in der Überraschung. Aber vor ihrem tief erschrockenen Gesicht sagte er sofort: »Frau Konsul.« Er sagte: »Frau Konsul, ich darf nach dem Manöver nicht mehr wiederkehren, weil ich heiraten soll. Ich kann mich nicht wehren, meine Eltern wollen es. Aber ich liebe jenes Mädchen nicht.« Viel leiser: »Wie könnte ich!« Schnell schnitt sie ab. »Das glauben Sie nur«, erwiderte sie. Ihr Herz klopfte noch von der Überraschung. Ihre Stimme versuchte vielmehr, gnädig zu sein angesichts des romantischen Vorganges, blieb aber nicht ganz fest. Dies war nun das Erlebnis einer verheirateten Frau. Sie hatte es herausgefordert, ohne an seinen Eintritt zu glauben. Jetzt war es da, war schmeichelhaft, erregte die Neugier und konnte doch immer wer weiß wie ausgehn.

»Haben Sie erst Ihre eigene Frau, ist alles andere vergessen«, sagte sie, ängstlich gespannt, ob mehr geschähe. Nun geschah aber, daß er schluchzte. Hier faßte sie sich völlig, sie ward die Überlegene, bereit, den romantischen Vorgang zu ihrem Vorteil zu lenken. »So weit fort«, schluchzte er, »werde ich leben müssen von hier, wo ich ewig sein möchte.« »Sie tun es für mich«, bestimmte sie. Da verklärte sich sein Schmerz. Sie fragte: »Möchte ich selbst denn hier sein? Ich war einstmals zu Hause noch viel weiter fort«, erklärte sie, stolz auf ihr fremdes Stück Leben, das Stück, das ihr allein gehörte. Als er wieder unruhig werden wollte, bemerkte sie strafend: »Und Sie sind im Krieg gewesen!« Mütterlich fragte sie weiter: »Wie alt waren Sie eigentlich im Krieg? … Zweiundzwanzig, so alt wie ich heute. Auch jetzt sind Sie erst fünfundzwanzig, Herr von Kessel. Mein Mann fünfunddreißig, so ist alles in Ordnung. Machen Sie ein freundliches Gesicht!« Sie öffnete das Schränkchen auf der hohen Kommode.

Sie nahm aus seinem Behälter den Fächer. Der Leutnant inzwischen strich mit der Hand über das schöne, glatte Möbelstück, statt über die Gestalt, die ewig unberührbar blieb. Sie fächelte ihn, denn er schien erhitzt. Dankbar und hingegeben schloß er die Augen. Da hörten sie näher als vorher die Stimme Emmys, die »Jürgen« rief. »O Gott! Das Kind!« flüsterte Gabriele, die Faust an der Wange, aber der Unterbrechung im Grunde froh. Sie war ein unheimliches Gefühl während des ganzen Vorganges nicht losgeworden, als wäre es nicht sicher, wie sie im nächsten Augenblick sich verhalten werde … Gottlob, der Leutnant verschwand eilends nach hinten.

Vorn auf der Steinterrasse erschien die Kusine, hatte sie ihn noch gesehen? Gabriele lief ihr entgegen. Jürgen? Der ganze Garten schon abgesucht. War denn das Kind hinausgelaufen? Gleichwohl brachte Leutnant von Kessel es fast augenblicklich zurück. Es hatte sich versteckt – wie vorhin die Mutter, sagte ihr ein Blick, der nur noch neckend war. Schon hatte Kessel jene Trauer ganz vergessen. In seiner Art haftete sie am Ende so wenig wie bei dem kleinen Jürgen. Auch der war wegen eines Schmerzes in den Busch gekrochen. Jetzt jagten die beiden einander. Daraus wurde ein Spiel für alle. Sie erfüllten den Vorgarten mit ihren Sprüngen, ihrem Gelächter.

Plötzlich fühlten sie, jemand sähe zu.

(1928) Roman. Eugénie oder Die Bürgerzeit, S. 191ff.

Die große Sache

Der Boxkampf *

War es Brüstung? Nein, der Lautsprecher nannte einen anderen. Gleich darauf verkündete er die beiden nächsten Gegner, Julio Alvarez und Bruno Brüstung.

Hier begann der Beifall auf der Tribüne sieben. Ernst Birk hatte angefangen. Er war entschlossen, bis auf das Äußerste einzutreten für seinen großen Freund, schlug gewissenhaft in die Hände und war bleich unter seinen zusammengewachsenen Brauen. Emanuel und Inge machten mit – vielmehr, sie klatschten aus persönlicher Genugtuung, weil sie den möglichen Sieger unter ihren festen Bekannten hatten. Ein großer Teil des Publikums ging mit. (…). Zwei Jupiterlampen schienen grell auf den Ring. Da die ungeheure Halle sonst nur wenig beleuchtet wurde, bewegte die Menge der Zuschauer sich wie im Rauch, wurde selbst zu Rauch, vorübergehend ballte er sich hier und dort, und aus dem verdichteten Herd einer Seelenerregung schlug eine Flamme. In den Ring stieg ein Riese. Unter dem weißen Licht wuchs er zu furchtbaren Massen. Sein Chefsekundant nahm ihm sogleich den Mantel ab. Langsam, drehte er sich und zeigte der Menge seine Muskeln. Sie sahen, daß er etwas wie ein Mulatte war, diese Europäer bejubelten ihn gleichwohl mit Selbstentäußerung. Er sollte hundertzwanzig Kilogramm wiegen. Übrigens hatte er ein Gesicht wie ein Vieh, jetzt in der Ruhe wirkte es noch gutmütig. Als er seinen Gegner erblickte, fletschte er die Zähne. Er sah nicht einladend aus, bedeutete wohl grade ein Zugeständnis an unsere Höflichkeit.

Brüstung kletterte nicht maßig über das Seil, wie der andere. Mit einem Sprung stand er da – schien selbst überrascht und zeigte dennoch vor allem Haltung. Durch einen Blick auf den Riesen gab er zu erkennen, daß er sich klar sei, was ihm bevorstehe. So fürchterlich hatte er sich Alvarez nicht gedacht. Jetzt kam es auf gute Haltung an. Dies glückte ihm auch. Von ganz oben riefen sie: »Hoch Weißkopf!« Denn die Leute unter der Decke kannten ihn und seine weißblonden Haare. Sie sagten beifällig: »Er war mal Schupo.« Er sollte für sie und als einer der ihren kämpfen. Die Amateure vorn im Parkett dachten sachlicher. Sie sahen auf das Gewicht des Fremden und auf den Meistertitel, den er schon führte. Bei ihnen, wahrscheinlich auch bei den Punktrichtern dort unten vor dem Ring, war beschlossene Sache, daß der andere Junge ihm den Titel nicht entreißen würde. (…). Die Gegner verließen, mit ihren Handschuhen versehen, jeder seine Ecke. (…). Die erste Runde hatte als Erfolg, daß Bruno immer noch tänzelnd in seine Ecke kam; was es ihn kostete, zeigte er nicht. Alvarez dagegen suchte merklich erstaunt seinen Platz auf, saß dann breitbeinig hingewälzt, mit den Armen auf den Seilen, ließ sich Wasser einflößen und spie es prustend wieder aus. Die meisten schwuren auf seinen Sieg, aber er fing an, unsympathisch zu werden. Brüstung wurde einfach von seinem Trainer und Sekundanten am Nacken und an den Schultern massiert. Ernst sagte zu Inge: »Dem siehst du doch an, daß er siegen muß.« (…).

In der zweiten Runde schien er recht zu bekommen. Brüstung hatte sich entschlossen, unbedenklicher vorzugehen. Erst einmal tat er einen verbotenen Schlag. Er hatte das Glück, daß der Ringrichter sich irrte. Der Ringrichter, der angespannt und in Hemdärmeln die Kämpfenden umkreiste, glaubte an einen Genickschlag. Dies genügte, damit droben unter der Decke ein Sturm ausbrach. »Schiebung!« schrien sie, und das Geschrei griff um sich. »Schieber Stiepe!«

Ringrichter Stiepe war abgehärtet gegen Volksstimmungen, andererseits kannte er das Wesen der Autorität. Es bestand darin, daß man nie nachgab, aber das nächste Mal genau umgekehrt handelte. Er hatte sich längst überzeugt, daß der Schlag Brüstungs den Mulatten nicht im Nacken, sondern hinter das Ohr getroffen hatte. Um so gleichgültiger behandelte er den Widerspruch; aber einen Augenblick später unterbrach er den Kampf nochmals, weil Alvarez sich an seinem Gegner anhielt. Das Publikum pfiff den Mulatten aus. Wer nicht pfiff, war doch einverstanden. Stiepe seinerseits betonte durch stolze Haltung, daß er nicht der Menge, sondern sie ihm gefolgt war. Die Kämpfenden waren beide aus der Fassung. Brüstung zweifelte, warum gepfiffen wurde, Alvarez hingegen geriet in Wut. Es gelang ihm, bei Brüstung einen Körpertreffer anzubringen. Hierauf preßte er den unaufhaltsamen Jungen an die Seilbank und schlug zu – eine ganze Weile lang. In dieser Lage half es nichts mehr, daß Bruno den Kopf wegnahm; er steckte ein bis zum Zeichen, das die Runde beendete. Man sah erst jetzt, wie stark er blutete. (...).

Der Kampf begann wieder. Auch diesmal griff Brüstung an. Er hatte seine Schmerzen überwunden, auf einiges Getänzel kam es ihm nicht an, und ehe jemand es sich versah, landete er auf dem Riesen einen Kinnhaken. Freudengeschrei aller, die Alvarez taumeln sahen. Sie sollten diesmal nicht lange jubeln. Der Mulatte hatte seine Sinne schon wieder beisammen, gleich darauf schwankte im Gegenteil Bruno. Der Liebling des Volkes fiel. Er lag. Er lag auf der Seite mit eingezogenen Beinen. Der Ringrichter zählte. Bei drei hätte Bruno aufstehen können, aber er ruhte sich aus. Der Mulatte hielt zähnefletschend der Wut der fremden Menge stand. »Acht«, hatte Stiepe gerufen, da erhob sich Bruno. Er wurde mit Bravo empfangen; überhaupt ließ die Mehrheit von jetzt ab jeden Anspruch auf Unparteilichkeit fallen. Wer es sich merkte, war Stiepe. Brüstung tat noch unsicher – tat nur so, ließ Alvarez kommen, wich höchst geschickt aus, und schon fuhr seine Faust gegen das Auge des Gegners. Das war verboten, aber es war seine Chance. Jedem ist eine Chance gegeben, fühlten alle, die feststellten, was geschehen war. Auch Stiepe hatte nichts auszusetzen. Dem Mulatten war ein Lid zerrissen, Blut lief ihm über das Gesicht, er sah nur schlecht und verfehlte mehrmals seinen Gegner. Er selbst steckte ein – noch einen Kinnhaken, noch einen. »Er hat ein Glaskinn!« bestätigten freudig die Kenner. Vielleicht unter den erhaltenen Schlägen, aber sicher unter den feindlichen Wünschen aller brach der Riese nieder.

Er fiel auf den Rücken. Brüstung vorhin war noch im Fallen auf seine Selbstachtung bedacht gewesen und hatte nur vorläufig dagelegen wie durch einen Zufall, dem er im Grunde überlegen war. Alvarez lag auf dem Rücken in ungeheuerer Länge und Breite. Die ganze Masse war einfach verunglückt, unumwunden zusammengebrochen, und kein Anzeichen bestand, daß sie nochmals aufkam. Dennoch erhob sich Alvarez in aller Ruhe, sobald Stiepe »acht« gezählt hatte. Hörte er erst jetzt den Beifall? Der Liebling Bruno mußte, indes sein Gegner lag, einen dankenden Rundblick versuchen, so dringlich huldigten sie ihm. Kaum kam denn auch der Gefallene hoch, empfing Bruno ihn nach Gebühr. Dem Riesen verdunkelte Blut das Gesicht, überdies machte der Beifall ihn dämlich; denn jeder Schlag, den er einsteckte, begleitete Jubel. Dennoch bekam auch Bruno das Seine. Ihm ward an diesem Abend das Nasenbein verbogen. Der blinde Riese keilte auf ihn los, ohne zu zielen, aber an ein sicheres Auge war ebensowenig für Bruno zu denken. Sie bluteten, prügelten, hakten sich ineinander fest und wurden getrennt von Stiepe, der ausschließlich Alvarez verwarnte. Hier ertönte das Zeichen.

Jeder der beiden erreichte beschwerlich seine Ecke und krachte mit vollem Gewicht auf seinen Hocker nieder. Nur mußte unter Alvarez auch noch das Stühlchen einbrechen, dies Mißgeschick entschied über ihn vollends. Er wurde ausgepfiffen. Ihm machte es nichts mehr. In schamloser Hingabe an ihren Zustand ließ die nackte, triefende Muskelmasse sich pflegen.

»Erledigt!« sagte Emanuel.

»Warum?« fragte Inge. »Sieh mal Brüstung an!«

»Oh, Brüstung, der nützt jede Chance aus, der ist nicht doof, der vertritt unsere Zeit!«

»Er schnappt nach Luft«, wandte sie ein.

Sie war unzufrieden mit dem Begeisterten. Ihn hatte es unwiderstehlich erfaßt im Augenblick des Erfolges. Er wünschte zu Beginn nicht übertrieben stark den Sieg seines guten Bekannten; es schien zuerst nicht nötig, daß Bruno auch Inge hinriß.

Nachgrade war dem Jungen dies gleichgültig. Der Verlauf der dritten Runde hatte ihn, wie alle seinesgleichen, mit Erregungen beglückt – (…).

Die vierte, fünfte und sechste Runde vergingen damit, daß die Kämpfenden einander ermüdeten bis zu einem unwahrscheinlichen Grade. Die Zuschauer zählten laut, wie oft jeder fiel, von jetzt ab nahmen sie es humoristisch, sogar ihr ungerechter Beifall blieb aus. Andererseits hatten sich die Damen, die deshalb hier waren, am Anblick von Blut schon übersättigt, ihr Bedarf war im Grunde nicht groß; das Weitere langweilte sie. Allgemein griff Langeweile um sich. Wohin wäre es noch gekommen, hätte nicht Brüstung, als Alvarez wieder einmal stürzte, sich wie von unwiderstehlichem Drang bezwungen einfach neben ihn gelegt. »Bravo!« rief eine einzelne Stimme, es war Ernst Birk. Der Anblick hatte aber für alle etwas Versöhnliches.

Stiepe zählte sehr langsam. Nach »acht« unterbrach er sich ganz. Er hatte so gut wie das Publikum begriffen, daß die beiden freiwillig nicht wieder aufstehen würden. Nur seine ausgedehnte Pause nötigte sie dazu; nach einem Zucken der Körper, das wie Verabredung aussah, stellten beide sich wankend und in alles ergeben auf die Füße. Matte Anerkennung, Abbruch des Kampfes, die Punktrichter berieten ihren Spruch, der Lautsprecher verkündete ihn. Unentschieden.

Auch gut. Wer den Gegnern, wie sie davonhumpelten, noch nachsah, mußte bemerken, daß es nicht darauf ankam, ob einer geschickt oder ein Riese war. Er mochte jede Chance wahrnehmen oder blind oder furchtbar dreinhauen, mochte als Europäer bewußt oder elegant kämpfen oder auftreten wie die Naturkraft anderer Erdteile. Zum Schluß war das eine wie das andere dahin, und weiter als bis zur Erschöpfung ging es nicht.

Dies war indessen nicht die Erkenntnis derer, die um jeden Preis ihren Bruno feierten. Ernst Birk behauptete, bei einem so viel schwereren Gegner sei ein Unentschieden das höchste Erreichbare und Bruno Brüstung stehe als der wahre Sieger da. Selbst-

verständlich werde er in Berlin mitkämpfen. Hier folgte eine letzte geräuschvolle Huldigung für Bruno. Sie befeuerte den Boxer so weit, daß er beim Verlassen des Ringes nicht durch die Seile kletterte, wie er schon vorgehabt hatte, sondern sie im Sprung nahm.
(1930) Roman. Die große Sache, S. 143ff.

Heinrich Heine

Heinrich Heine starb vor mehr als siebzig Jahren (er starb 1856, d. Hg.), aber es gibt kaum eine Persönlichkeit, die in so langer Zeit so gegenwärtig geblieben ist, und wenige Werke, die so viel Leben behalten haben wie das seine. Er ist das vorweggenommene Beispiel des modernen Menschen. Er hatte schon damals die uns gewohnte Geisteshaltung, er war sachlich bei aller seiner Phantasie, scharf zugleich und zärtlich, ein Zweifler, doch tapfer. Aus seinen großen Schmerzen machte er nicht nur kleine Lieder. Er machte daraus auch Erkenntnisse, die noch nicht üblich waren, und Rufe einer Menschenstimme, die wie aus unserer Mitte kommt.

Die Jünglinge, viele Geschlechter der Jungen, sind mit seinen Gedichten aufgewachsen. Sie haben ihn schwärmerisch geliebt, wenn dies ihre Natur war, und selbst die zaghaftesten oder trockenen Herzen hat er etwas ahnen lassen von der Macht des Gefühls. Die Geister aber lehrte er die Kraft, es zu beherrschen. Seine Ironie, seine Leidenschaft haben beide an der innersten Erziehung der jugendlichen Lebensschüler mitgebildet durch alle diese Jahrzehnte.

Wenn der erwachsene Mann zu den ehemals zerlesenen Bänden zurückgriff, begegnete er in Heine einem Mann, wie der Jüngling einen Jüngling angetroffen hatte. Denn jedes Lebensalter ist seinesgleichen und erkennt sich in ihm. Er hat den sicheren Blick des dichterischen Geistes, der die Gesellschaft seiner Zeit erfaßt, sie anschaulich macht durch Steigerung der Wirklichkeit und auf sie einwirkt mittels des endgültigen Wortes. Ein Blick und ein Wort wie die seinen bestehen fort auch unter wechselnden Zuständen. Jeder, der seine Tagesberichte liest, muß fühlen: es sind Berichte aus allen Tagen, jene nicht ausgenommen, die auf sein leibliches Ende gefolgt sind. Unsere heute mitlebende Welt hätte keine Geheimnisse für ihn. Wäre er da, er würde dieselben Kämpfe führen wie wir. Ungerechtigkeit und Entwürdigung des Menschen müßten ihn bewegen wie je. Sein Ziel wäre immer noch Vermenschlichung der Welt, Vergeistigung des Lebens. Er hat um uns und unsere Not gewußt. Er war unter den Ersten, die soziale Gedichte schrieben. Er hat dabei das Land, das ihm die Sprache schenkte, männlich und ohne Redensart geliebt. Ihm bezeugte er Dauer, ja, ewigen Bestand. (…).

Der Dichter Heine hat alles, um im behauenen Stein vor die kommenden Geschlechter hinzutreten. Oder was sollte ihm daran fehlen? Er bekannte wohl die Unruhe seines Blutes und was seine Sinne begehrten, offener und der Wirklichkeit getreuer, als die damalige Zeit; umso mehr erkennt sich sogar darin die unsere. Auch zu den überlieferten Mächten, die er angriff und die ihn bis in die Verbannung verfolgten, stehen wir Deutsche heute nicht anders als er. War er aber Jude, so bezeugt er gerade darum die werbende Kraft der deutschen Sprache, die ihn schöpferisch machte. Als vorweggenommener Ausdruck und Typ des deutschen Europäers ehrt er Deutschland, wenn Fremde ihn fast unter die eigenen Dichter aufnehmen. Heinrich Heine hat für sich die Zukunft, da schon so viel Vergangenheit für ihn spricht. Er hat den beständigen Ruhm und die nie aussetzende Wirkung. Dies entscheidet. Der hohe Rang seiner dichterischen Kunst ist in aller abgelaufenen Zeit nie gesunken, und unverändert hält sich die Neigung des Volkes zu seinen Liedern. Sein Denkmal, wir wissen es und wollen danach handeln, ist unsere noch ungetilgte Schuld an Volk, Dichtkunst und Zukunft.

(1929) Essay. Das öffentliche Leben, Studienausgabe, hier: Heinrich Heine. Aufruf für sein Denkmal in Düsseldorf, S. 27–30, S. 27ff.

George Sand

In George Sand liest man keinen Schriftsteller: man erlebt das weibliche Genie selbst, mit seiner Neigung zu versöhnen, das Gute und das Wahre in einem zu fühlen. Beim Zusammenklingen dieser beiden Worte hätte ein sehr männlicher Künstler, Flaubert, in der Zeit, als er sich noch unerschütterlich wußte, eine ungeheure Lache angeschlagen. Und später hätte er den Kopf gesenkt. Er ist nicht der Mann des Friedens und der Natur; und legt er sich auf einen Rasen, wird ihm bang, daß Gras über ihn wachse. Er ist der Mann der Kunst und ihrer Qualen. Die Frau hegt tiefe Verachtung für die Kunst. Was ist sie George Sand! Sich ihretwegen martern? Einer Vollkommenheit zu Liebe, die künftige Geschlechter bestaunen sollen? »Ein gesundes, frisches Talent ist immer fertig zur Inspiration.« »Der Wind spielt auf meiner alten Harfe, wie er mag, bald hoch, bald tief, bald falsch.« Im Äußerlichen darf ein bißchen betrogen, ein Roman nachträglich »mit Lokalfarbe bestreut« werden. Was liegt daran, wenn das Herz richtig geht, wenn das Werk ihr selbst und anderen wohltut? Die Kunst hat dem Leben zu dienen.

Im Schlosse George Sands geht in Winternächten, nachdem alle Dienstboten entfernt sind, bei verschlossenen Laden ein geheimnisvolles Wesen an, so daß vorüberwandernde Bauern die fremdartigen Reden und Schreie für Teufelei halten. Es wird aber Theater gespielt: was in dieser Verschwiegenheit romantisch erregt und einen Vorwand für Verkleidungen und kleine feine Soupers ergibt. Ein loses Schema wird mit eigenen Erfindungen ausgefüllt, wie jedem das Herz sie einflüstert. Die Kinder werden amüsiert, geübt, belehrt und gebessert. Mit demselben Nutzen improvisiert sie ihre Romane; und hunderttausend Leser sind um sie geschart, statt der Kinder.

Die Verstiegenheit des priesterlich von der Welt gelösten Künstlers wird sie zärtlich und mitleidig belächeln, und von dem ganz Hohen, ganz Unwirklichen, vom Saint Antoine, muß sie fassungslos geblendet werden. Wie immer, wenn Mann und Frau einander ergründen, stellt in dieser Freundschaft das weibliche Genie sich als das mehr gegenständliche, wirklichkeitsfestere heraus. In den frühesten Büchern George Sands sind schon psychologische Beobachtungen, die nie ein Mann gemacht hat: tiefe Kleinigkeiten aus dem Wissen um Kinder, Krankenpflege, den Sinn psychischer Besonderheiten. Nicht sie ist es, die sich das Leben mit unverrückbaren Idealen vorstellt. Sie weist den galligen Träumer darauf hin, er scheine sich das »Glück« gar zu sehr als etwas Mögliches zu denken; sie gibt sich zufrieden, wenn sie eine seltene Pflanze findet, sei es auch neben einem Haufen Kot. Nicht für sie ist der Roman eine Zuflucht außerhalb des Lebens. Selbst im Historischen sieht sie kein Mittel zur Kunst, sondern eins zum Menschlichen. Sie zieht sich in die Geschichte nicht zurück: sie macht Gegenwart und Vorbild aus ihr. Immer wieder verfällt sie auf die Revolution und schreckt auch vor 1793 nicht zurück, denn nie handelten Menschen unerwarteter, also amüsanter als damals, und ein Gewebe wie »Cadio« nährt unerschöpflich die Neugier, die in gewöhnlichen Individuen den inneren Rückprall großmenschlicher Ereignisse zu verstehen suchen darf. Aber ihr wahres Feld ist doch 1789, dieses arkadische Verbrüderungsfest, dieses weite Morgenrot, in das eine bis zur All-Liebe verklärte Menschheit starrt. Und ihre Nanon, worin dies geschieht, ist vollkommen irdisch. Sanftmut und Güte sind nicht erschwindelt; der reine Wirklichkeitssinn hält sie uns vor. »Da seht!« Wir fühlen: wer dieses Jahr der Menschlichkeit im Innern miterlebte, kann nie mehr verzweifeln.

George Sand hat es nachträglich erlebt, vielleicht einfach, indem sie alt ward. Sie weiß, ihre jetzige Ruhe, ihre »Tugend« (ein »emphatisches dummes Wort«, das nur besagt, man sei notgedrungen unschädlich) sind kein Verdienst; aber sie können dazu dienen, daß man seine Freunde glücklicher macht, und daß man sie verbreitet durch Bücher, die auch wieder Menschen glücklicher machen. Die Kunst ist ein Weg zum Glück; nur einer.
(1931) Essay. Geist und Tat, Studienausgabe, hier: Gustave Flaubert und George Sand, S. 69–118, S. 95ff.

Die deutsche Entscheidung

Die Anweisungen Hitlers für die nationalsozialistischen Redner enthalten auch die, daß Versammlungen ausnahmslos am Abend abzuhalten sind. Dann sei eine Volksmenge leichter zu bearbeiten und dumm zu machen, als bei Tage. Sie sei dann schon abgekämpft, sie unterliege eher.

In Deutschland ist jetzt Abend, wenn nicht schon Mitternacht. Das gibt Herrn Hitler seine große Chance, wie er sehr wohl weiß. Könnten die Deutschen ihre eigene Lage mit ausgeruhtem Kopf betrachten, sie würden ihm nicht zufallen. Auch jetzt denkt immer noch nicht die Mehrheit daran, sich zu ergeben. Immerhin verliert sie einen Teil ihres Mutes, indes der Gegner überhaupt keine Zweifel mehr zu kennen scheint. In Wirklichkeit tut er nur so. Die Republik ist in den Massen befestigt, und ihr gehören große Teile der öffentlichen Mächte. Die Partei, die gegen den Staat Sturm läuft, besonders aber ihre Führer, täuschen sich schwerlich darüber; sie überrumpeln und sie bluffen, wie es im Kriege üblich ist! Sie ist darauf zugeschnitten, zu siegen mit List und Gewalt. Mit dem Siege nachher etwas Nützliches anzufangen, außer Beute machen, daran denkt sie gar nicht. (…).

Der Zustand Deutschlands ist vor allem eine seelische Tatsache. Alles Äußere tritt dagegen zurück. Der Zusammenbruch der Wirtschaft wäre nichts Ungewöhnliches. Die Wirtschaft bricht jetzt überall mehr oder weniger zusammen, aber nur in Deutschland erreicht der Vorgang seine Höchstwirkung auf die Gemüter. Man erinnere sich, daß auch die Währungen aller Länder schon bedroht waren; die deutsche allein ist restlos verfallen, die Deutschen selbst haben sie verfallen lassen, ohne äußere Notwendigkeit, aus Gründen des Gemütes, aus innerer Widerstandslosigkeit. So könnte es sein, daß sie jetzt den Nationalsozialismus zur Herrschaft gelangen lassen, weil sie in sich wieder einmal den Ruf des Abgrundes hören. Die Deutschen hören ihn reichlich oft. Die Frage ist, ob sie dem Ruf des Abgrundes auch diesmal wirklich folgen. Ihre vorigen Katastrophen haben sie doch wohl belehrt. Was spricht dafür und was dagegen?

Für den Sieg des Nationalsozialismus spricht vor allem, daß in diesem Lande die Demokratie niemals blutig erkämpft worden ist. In einem geschichtlichen Augenblick, nach dem verlorenen Kriege, erschien sie, verglichen mit der unheilvollen Monarchie und dem gefürchteten Bolschewismus, als der gegebene Ausweg – nur Ausweg, nicht Ziel, viel weniger leidenschaftliches Erlebnis. Wenn sie 1918 gewußt hätten, was sie unternehmen, würden die Deutschen damals die notwendigen Maßnahmen getroffen haben, um ihre Demokratie zu sichern. Alle, die seither Zeit gehabt haben, die Republik zu unterhöhlen, wären gleich damals ein für alle Mal verhindert worden, zu schaden. Statt dessen hat die deutsche Demokratie sich einfach eingerichtet, als gäbe es im ganzen Land niemand mehr, der nicht den Stimmzettel anerkannte. Sie sah die fremden Demokratien und Mehrheiten sicher ruhen und hielt diese Abmachung für unverbrüchlich. Sie ahnte gar nicht, was für eine solche Abmachung bezahlt werden muß, und welche Lehren die Gegner jeder dauerhaften Demokratie bekommen haben, bevor sie sich auf eine Verständigung mit ihr einließen. Die deutsche Demokratie war sogar noch stolz auf ihre Gewaltlosigkeit. Bis heute hat sie die Anwendung von Gewalt ihren Feinden überlassen, die von der gütigen Erlaubnis bestens Gebrauch machen. Die Welt mag hieran erkennen, wie ungerecht es wäre, die Deutschen schlechthin für Anbeter der Gewalt zu halten. Nein, ihre Mehrheit hat die ganze Zeit hindurch auf eine einfache Konvention, den Wahlzettel, hin gelebt und hat den Verdacht nicht aufkommen lassen, als könnte man sie trotz Wahlzettel niederschlagen, ausrauben, entrechten. Diese Unschuld, dies Vertrauen hätte wahrscheinlich kein anderes Volk aufgebracht.

Jetzt ruft die Mehrheit den Staat um Hilfe an – statt sich selbst zu helfen. Ihr wird noch immer nicht zweifellos klar, daß der Staat sie größtenteils schon verlassen hat, soweit er ihr überhaupt jemals gehörte. Die Justiz war nie republikanisch. Von der Reichswehr weiß niemand etwas Sicheres. Dagegen sieht man, daß die Privatarmee Hitlers von der augenblicklichen Regierung des Reiches behandelt wird nicht wie der Feind ihres eigenen Daseins, sondern als erwünschter Machtzuwachs. Wo steht die Regierung demnach? Nicht unbedingt dort, wo die Mehrheit sie noch vermutet, wenn sie nach Hilfe ruft. Einer der Reichsminister erklärt, daß die Regierung sich nicht vom Volkskörper isolieren dürfe. Meint er damit die Mehrheit oder eine Minderheit – die zufällig schwer bewaffnet ist?

Genug, daß dies und noch anderes, auch die Macht des Geldes, für den Sieg der Nationalsozialisten spricht. Wichtiger, ganz unvergleichlich wichtiger ist, was für ihre Niederlage und für den Bestand der Demokratie spricht. Denn dies muß klar erkannt werden, sonst wird es niemals voll ausgenutzt. Die Demokratie darf hoffen auf den Instinkt der Selbsterhaltung im Volk. Es sieht nicht ungetrübt, und sein Gemüt ist furchtbar zerrissen. Aber es muß doch noch Witterung haben, wie selbst das Tier, wenn die Schlachtbank nahe rückt. Es soll im Inneren niedergeschlagen, dann aber in neue äußere Kriege getrieben werden: das fühlt ein Volk doch voraus. Hat es lange gezögert und sich lähmen lassen, wird es doch vielleicht zuletzt noch alle seine Kraft zusammenraffen. (...).

Gesetzt aber, sie siegen und errichten ihre dumme Gewaltherrschaft: für wen herrschen sie dann eigentlich? Für ihre Gläubiger, eine gewisse Anzahl Personen, die sich »die Wirtschaft« nennen, und die schon zweimal den Staat zugrunde gerichtet haben, dessen Geschäfte sie beeinflußten. Sie haben das Erste Reich in den Krieg, das Zweite in den Nationalsozialismus gehetzt. Sollt ihnen plötzlich alles Talent ausgehen, so daß sie das Dritte Reich in nichts mehr hetzen können? Das Dritte Reich wird scheitern an seiner Unfähigkeit und an seiner Abhängigkeit. Dann aber käme ein ungemein blutiger Abschnitt der deutschen Geschichte. Das Reich der falschen Deutschen und falschen Sozialisten wird unter

Blutvergießen errichtet werden, aber das ist noch nichts gegen das Blut, das fließen wird bei seinem Sturz.
(1931) Essay. Das öffentliche Leben, Studienausgabe, hier: Die deutsche Entscheidung, S. 278–283, S. 278ff.

Ein ernstes Leben

Sie ging in den Bahnhof, um sich zu waschen. Durch das Fenster konnte sie einen Zug ankommen sehen, und was ihr auffiel, ein Mädchen lief ihm entgegen. Es winkte nicht, auch von den Leuten, die in den Fenstern lehnten, grüßte keiner von weitem. Es sah einzig der Lokomotive entgegen, lief mit unsicheren Füßen auf der äußersten Kante des Bahnsteiges, und ihr Gesicht war voll schmerzlichen Mißtrauens, als fände sie die heranbrausende Lokomotive noch nicht schnell genug. Schon hatte aber die große Maschine das Mädchen überholt, enttäuscht blieb es stehen, sein Kleid flog auf von dem Wind, den der fahrende Zug machte.

Marie begriff, was jenes Mädchen gewollt hatte. Das hat sie nötig? Das wäre doch ein Verbrechen gewesen! Wegen der Arbeit, des Essens tut sie das? Oder wegen eines Jungen, oder weil sie noch eine Zeitlang Geduld haben muß? Nein! Entschied Marie, jetzt steig ich in diesen selben Zug. Wir werden schon sehen. Ich komme wieder!

Der Bauer empfing sie: wäre sie noch länger fortgeblieben, hätte er die Kinder der Gemeinde geschickt. »Ich tue sowieso nur meine Menschenpflicht, wenn ich euch alle den Winter durchfüttere. Außerdem geh mal nach Brodten. Aus dem Krankenhaus haben sie deine Mutter entlassen, weil sie wieder ein bißchen kriechen kann. Jetzt ist sie in Brodten im Armenhaus.« Am nächsten Sonntag besuchte Marie ihre Mutter. Statt des harten Gesichtes, das sie kannte, fand sie ein geängstigtes. Auch sprach Frau Lehning mehr als früher, obwohl sie darin behindert und nicht mehr ganz zu verstehen war. Aber sie mußte sich über die Kost beklagen. Nur darauf kam sie unaufhörlich zurück, sie fürchtete zu verhungern! Die Tochter sah sie essen und wunderte sich; es war mehr, als Elisabeth Lehning in ihrem ganzen Leben gehabt hatte. Einst hatte sie alle Nahrung, die aufzufinden war, ihren vielen Kindern überlassen. Auch was sie unter der Schürze mitbrachte bei ihrer Heimkehr von der Feldarbeit, mußte sie sogleich verteilen an alle die Hungrigen, die in dem Katen große Augen machten.

Jetzt erst, da sie alt war und nicht mehr arbeitete, erinnerte sie sich ihres eigenen Hungers und wollte zum Schluß alles nachessen, was sie sich vorher entzogen hatte. Kein anderer Gedanke beschäftigte ihren geschwächten Kopf, davon sah sie geängstigt aus. Sie hielt die Tochter am Kleid fest und jammerte nach Essen. Marie versprach, es ihr zu bringen, und sie ging, von Schrecken gepackt. Auf ihrem nächsten Weg nach Brodten hatte sie die Manteltaschen voll von Eiern und Butter. Den Schinken, den sie zum Frühstücksbrot hätte essen dürfen, sparte sie auf und nahm ihn mit, Eier und Brot waren unerlaubt, aber sie kamen ihr von selbst unter die Hand, denn Marie kochte jetzt auch. Die andere Arbeit reichte im Winter nicht aus. Der Bauer vertraute ihr seine Vorräte an; schon nach zwei Wochen ließ sie eine ganze Mettwurst mitgehn, Frau Lehning hatte danach geweint wie ein Kind. Es dauerte auch nicht lange, bis an ihrer rechten Hand, die sie zuerst noch unter dem Mantel versteckte, eine Gans hing. Etwas mehr Zeit brauchte sie, um sich daran zu gewöhnen, daß alle, die ihr begegneten, die Gans oder die Speckseite, offen neben ihr schaukeln sahen.

Endlich hatte sie vergessen, daß es auffallen konnte und daß es verboten war. Sie behielt, als der Winter halb vergangen war, nichts mehr übrig von der Menschenfurcht, die man in der Stadt erlernte, und von dem Gesetz, nicht zu essen, wenn, man nichts besaß. Ein grader Weg führte von der Vorratskammer des Bauern zu dem Armenhaus in Brodten, das war die richtige Bahn für Marie, denn es war die natürliche. Sie hatte eine Mutter, eine alte Landarbeiterin, die nach ihren lebenslangen Entbehrungen um eine Wurst weinte wie ein Kind. Die mußte essen, und auch die drei Kleinen im Stall mußten essen – sonst hätte Marie lieber in der Stadt ein sitzendes Leben geführt, ihre Finger, die um die Hälfte schmäler wären, strichen über weiche Stoffe und schon am Sonnabend nach Geschäftsschluß ginge sie selbst in Seide!

Sie bekam wieder ein einfaches Gesicht, ohne Erwartung, ohne Eile. Im vorigen Jahr hatte sie sich immer auf etwas gefreut, vor etwas gefürchtet – die Wege zu den Kundinnen, die Kleider, die sie sich selbst machte, und alles, alles, was auf sie eindrang mit Mingo. Sie dachte daran wenig und unbestimmt, weil ihre größeren Sorgen, die so nahe lagen, jenen Abend in der Tanzbar und diese von Küssen erstickte Stunde weit zurückdrängten. Sie las einen Brief von Mingo, ja, dann bekam das andere Leben wieder Blut, sie glaubte nochmals daran und lächelte für Augenblicke mit einem unbekannten Gesicht.

Mingo fragte, was sie so lange dort mache, er verstehe sie nicht mehr. Er war ihr treu, wie er schrieb. Jedenfalls hatte er nichts vergessen, das bewies die Mühe, die er sich mit dem Brief gab; und keine andere ersetzte Marie, das begriff sie. Gern hätte sie es ihm gesagt, aber schon die Finger, mit denen sie schreiben wollte, verboten ihr, in Worten seine Stirn und seinen Körper zu liebkosen; denn die Finger selbst waren dafür verdorben. Statt dessen schickte sie ihm Karten – nicht mit der Gegend oder dem Hof, sondern mit einer Rose, einem schönen Mädchen. Nur zweimal schrieb er im ganzen, aber dann verlor sie für Wochen ihre gedankliche Ruhe. Ihr fiel ein, daß sie einst hergekommen war – schon gleich ein Jahr, und damals hatte sie sich beinahe als Gast angesehen. Sie wußte, es gab Werkstudentinnen, die vorübergehend auf Feldern halfen. Alles andere, nur nicht Landarbeiterin! Das war ihr fester Vorsatz gewesen. Genauso wollte aber früher ihre Mutter, die doch alle Härten der Armut und selbst ihre Schrecken gekannt hatte – eins wollte sie nicht, gegen eins kämpfte sie an: das Armenhaus in Brodten, und gerade dort mußte sie landen. Marie dachte eine Woche lang: Es hat nichts geholfen. Ich bin nun doch Landarbeiterin! Dann erstarb langsam der Schrecken. Marie bekam wieder ganz und gar das Gesicht, das sie nur hier hatte, es ging bis zur Einfalt und das langsame Sprechen bis zum Dösen.

Der Bauer sah sie einige Male merkwürdig an. Anfangs fürchtete sie: wegen der Gänse und des Specks. Später bemerkte sie, daß es zusammenfiel mit den Briefen von Mingo. Das erste Mal bemerkte der Bauer nur, daß sie nachher anders wurde. Beim zweiten rief er sie schon in ungehaltenem Ton, um ihr den Brief zu geben. Er ließ die Wirkung vorübergehen, dann wollte er ihr etwas mitteilen, sie waren im Haus gerade allein; er verschob es aber. Der Bauer war grau und knochig, ein fünfzigjähriger Witwer ohne Kinder, der nie die Zähne auseinander- und die Pfeife selten herausnahm. Als er Marie das zweite Mal so nachdrücklich beobachtete, wußte sie, was er überlegte.

Eines Abends, die wenigen Leute hatten die Stube schon verlassen, räumte Marie langsamer auf als gewöhnlich. Der Bauer begann endlich: »De Stall i supp de Läng man keen Hüsing.« Sie meinte, es müsse dabei bleiben. Im Haus war nur die eine Schlafstube. Ja, erwiderte er nach einer Weile, und dann das Zimmer mit den Schränken. Darin war das Leinen, und auch noch die Sachen der Frau lagen dort. Die können heraus, erklärte er, und die Betten der drei Kinder könnten hinein. Auf die Art erfuhr sie, wo ihr eigenes stehen sollte: neben seinem. Ihre Antwort blieb aus, endlich fragte er nach ihrem Bruder Kasper. Nein, gestand sie, von Kasper hörte sie nichts. Sie wußte ebensowenig, wo ihre Schwester Antje hingekommen war und wer von den Ihren noch lebte. Sie mußte allein für die Hiergebliebenen aufkommen, die Gemeinde verlangte es, und wenn sie fortgehen wollte, wohin dann? Sie sagte es gelassen, er konnte weder einen Wunsch noch eine Zusage heraushören. Er horchte und gab sich Mühe, genau zu verstehen. Er war schwerhörig, sie mußte laut sprechen. Trotzdem gab er ihr die Hand, als wäre die Sache in Ordnung, und sie nahm sie auch. Gleich darauf wurde sie blaß und trat von ihm weg. Was sie jetzt sagte, kam viel schneller, sie sprach auch leiser, ohne an sein Gebrechen zu denken. Er verstand sie nicht, aber sein Gesicht wurde ungehalten, wie bei der Ankunft des zweiten Briefes von Mingo. Darauf sahen sie einander nicht mehr an, bis Marie die Stube verließ. Bevor die die Tür schloß, rief der Bauer ihr nach: »Du kannst es dir überlegen, Marie!«

Es wurde April, das Düngen und Graben hatte begonnen. An einem Sonntag gegen Abend kehrte sie von Brodten zurück, da sprang hinter einem Knick ein Mann hervor. Sie blieb stehen und hielt ihre Fäuste bereit, er kam aber munter auf sie zu und zog den Hut. Marie bemerkte, daß alle seine Bewegungen schnell waren, den Sprung aus dem Busch hatte er auch nur auf seine natürliche Art gemacht. Dazu stimmte, daß er zwar abgerissen, aber städtisch gekleidet war. Die Lackschuhe glänzten sogar noch, obwohl Erde daran klebte. Wo hatte Marie dieses überhebliche Lächeln schon einmal gesehen? Es mußte sehr lange her sein. Überheblich, hinterhältig, und doch nur ein blasser, armseliger Junge, der bettelte. »Hätten Sie nicht zufällig irgend etwas zu essen bei sich, Fräulein?« fragte er leichthin, als wäre es Nebensache. Als sie aber nichts hatte, verzerrte er sich den Mund. »Das sagen mir nun die vollgefressenen Landbewohner seit vier Wochen. Dabei soll man bestehen!«

Sie wollte weitergehen, erstarrte aber, denn er hatte gesagt oder wenigstens hatte sie gehört: »Sie sind doch Marie Lehning.« Sie wartete, ob er es wirklich gewesen war, und richtig wiederholte er: »Natürlich bist du Marie!«

»Dann bist du Kurt«, stellte sie fest. »Noch immer Kurt Meier«, gab er zu und griff nach ihrer Hand, die er schüttelte. »Zehn Jahre, und jetzt sehen wir uns doch noch wieder! Du mußt mittlerweile achtzehn sein, denn wir sind siebzehn, ich meine uns Zwillinge, meine Schwester und mich. Wir waren ein Jahr hinter dir, Marie. Nun sprich auch mal ein paar passende Worte!«

Sie ließ ihn wohl allein reden, aber vieles bewegte sie. Beim Anblick des wieder gefundenen Kurt stand sie auf einmal unter dem schönsten Sommerhimmel ihrer Kindheit, sie lief im weichen Seewind über den Strand mit einem Jungen und einem Mädchen, und zu ihr stieß Mingo, ihr Freund. Jetzt? Jetzt hatte Mingo sie verlassen, so sah sie plötzlich – dieser aber war wieder da. Ihr Vater war inzwischen von der See geholt, Frieda von der Bosheit der Menschen, und wo blieben Antje, Kasper und die anderen? In Brodten saß ihre Mutter, und einsam über die dunklen Felder ging Marie, heute wie immer, und nie kam einer ihr entgegen. Da sprang Kurt aus dem Knick und war wieder da. Dies bewegte sie, und als sie es ganz begriffen hatte, erwiderte sie sein Händeschütteln. Er bemerkte: »Na, das hat ein Weilchen gedauert. Dafür ist es goldecht, wie, Marie? Ich freue mich aber auch ehrlich, glaube es mir!« Hierbei verlor er den letzten Rest seiner Überheblichkeit. Er lächelte nicht mehr, als machte er sich einen Witz mit seinem traurigen Zustand ebenso wie mit Marie. In dem Augenblick erkannte sie ihn kaum wieder, daher wurde sie befangen. »Ihnen geht es wohl schlecht?« fragte sie. »Ihnen?« wiederholte er. »Du kannst ruhig du sagen. Erstens bin ich der altbewährte Kurt Meier, und Geld? Geld scheinen wir beide nicht zu haben.« »Wie ist das bei dir gekommen?« »Wollen wir uns hinsetzen?« Er suchte nach einer möglichst sauberen Stelle. »Ich habe nur den einen Anzug mit«, erklärte er. »Du wanderst schon vier Wochen?« »Nein, wieso?« Er hatte seine eigene Angabe vergessen. »Ich habe mich herumgetrieben, allerdings, es war nötig.«

Seinem Gesicht sah sie an, daß bei ihm wirklich alles in schlimmster Unordnung war – nichts einfach und gleich zu erzählen, weder die Sachen, aus denen er kam, noch, was ihm bevorstand. Sie legte die Hand auf seine Schulter, um ihn zu beruhigen. Langsam sagte sie: »Du kannst Arbeit bekommen, Kurt. Noch hat der Bauer die Leute nicht alle aufgenommen.« »Mich wird er behalten?« fragte er ungläubig. »Wenn ich ihm zurede.« »Ach, dann!« Er betrachtete sie von oben bis unten, sie wurde dabei rot. Sie wäre aufgestanden und hätte ihn dagelassen, aber war er nicht hilflos? Sie stellte nur fest, daß er schon wieder ein unverschämtes Lächeln zeigte.

»So warst du mit neun Jahren«, sagte sie. »Und ich habe noch dazugelernt«, meinte er. »Obwohl du es mir längst ansehen könntest, daß ich dich die ganze Zeit bewundere, Marie, jetzt mußt du es erfahren. Du hast dich über Erwarten entwickelt.« »Dummer Junge! Bei den Lehningschen Mädchen ist das immer so.« »Was dieser Typ überhaupt nur liefern kann –« Er betrachtete sie nochmals, es bedeutete: das hast du. »Was macht Mingo?« fragte er und schlug sich vor die Stirn. Sie wich aus. »Und die Berliner Mädchen sind anders? Du kommst doch aus Berlin?« »Ja, ja.« Er stand auf und nahm sofort den schnellsten Schritt an. Marie hatte Mühe, ihn einzuhalten, gesprochen wurde nicht. Vor dem Hof blieben sie stehen, beide gleichzeitig. »Ich möchte nicht stören«, sagte Kurt. »Warte mal solange hier draußen!« Marie trat ein.

»Da ist ein Arbeiter«, berichtete sie dem Bauern. »Hat er Papiere?« »Ich kenne ihn auch so. Schon sehr lange, da waren wir beide klein. Die Leute waren einmal Badegäste.« »Ach so. Das kann ich dann wohl nicht brauchen.« Der Bauer kratzte sich den Kopf, er wurde mißtrauischer, je mehr Marie sprach. »Soll er hereinkommen?« fragte sie. Er antwortete nicht, er ging selbst hinaus. Beim Anblick Kurts bemerkte er: »Na ja.« Er ließ sich Zeit mit der Abschätzung der blassen, windigen Gestalt, schließlich verweilte er bei den Lackschuhen. »So was will auch jetzt arbeiten! Du machst doch nach zwei Stunden schlapp!«

Kurt entgegnete mit seinem frechsten Gesicht: »Ihr Urteil ist abwegig, mein Herr. Wie sie mich hier sehen, habe ich mal einen Jungen aus dieser Gegend verprügelt, das hätten Sie auch nicht geglaubt. Marie kann es bezeugen. Mingo hieß er, wie, Marie?«

Hierauf blickten Marie und der Bauer einander ratlos an. Zuletzt kam der Bauer zu einem vorläufigen Entschluß: »Laß ihn bei den Knechten in der Scheune schlafen!« Damit begnügte Marie sich. Kurt sagte sogar: »Heißen Dank!« Alles, was sie ihm zu essen brachte, verschlang er, und schlief schon längst, als die Knechte ins Heu krochen.

Der Bauer tat am Morgen, als hätte er den Vorfall vergessen. Mittags aber fand Marie auf dem Tisch eine offene Karte von Mingo, er zeigte an, daß er bald aus der Stadt zurückkehre. Er habe ausgelernt, »jetzt komme die Überraschung«. Hierauf folgte nichts mehr, sooft Marie auch die Karte umwendete. Unvermutet sah sie auf und ertappte den Bauern: der hatte schon vorher gelesen, was Mingo ihr schrieb! So wütend sah er aus!
(1932) Roman. Ein ernstes Leben, S. 354ff.

Vor der Katastrophe

Es liegt an den Menschen, an ihrer Bereitschaft und ihrem Willen, ob ein Zeitalter der Vernunft anbricht. Der Irrationalismus hatte sich mühelos durchgesetzt, aber die Vernunft siegt nie von selbst; keine selbsttätigen Ursachen führen sie ohne weiteres in das Geschehen ein, sie muß erkämpft werden.

Die Niederlage des Irrationalismus ist noch keine Bürgschaft, so wuchtig und vollständig sie sich auch vollzieht. Das irrational bestimmte Jahrhundert hat nichts gezeitigt außer Zerstörung, Verelendung, Haß und einem großen Nichts an Kultur. Das würde nicht hindern, daß es noch tiefer sinkt, immer tiefer, in endlose Tiefen; denn ein bestimmter Teil der Menschheit kann ebensogut endlos versinken, wie ohne Ende aufsteigen, warum nicht die paar Länder, die von der Grenze des russischen Reiches bis an die Küste des Atlantischen Ozeans reichen. Nicht im geringsten ist damit zu rechnen, daß auf jede Erschöpfung die Erholung folgen muß und daß man, ohne recht zu wissen wieso, plötzlich wieder oben steht. Das gibt es nicht ohne angespannteste Entschlossenheit, neu anzufangen – besonders, wenn die Mächte des Niedergangs und Verfalls ihrerseits so tätig und haßerfüllt sind.

Der politische Irrationalismus verlangt jetzt schon wieder nach einem Krieg, er braucht ihn schon wieder; und wenn der Krieg aus Mangel an wirklicher innerer Bereitschaft noch nicht ausbricht, es riecht doch nach ihm. Seine Atmosphäre herrscht, man fühlt sich im Krieg, besonders hier, wo ein beträchtlicher Teil des jungen Geschlechts nicht einmal mehr bewußt unvernünftig, sondern geistig einfach nicht vorhanden ist. Der Militarismus wird in Deutschland aufgewärmt, man kennt ihn vom Hörensagen, er soll das Ideal der Volksgemeinschaft dargestellt haben. Der verfallende Hochkapitalismus macht sich reif für eine letzte Verzweiflungstat, der Nationalismus hofft auf die letzte Runde, nachdem er schon alle verloren hatte. Läge wirklich die ganze Macht noch immer bei dem alten System, der Krieg müßte ausbrechen, und folgerichtig ginge er gegen Sowjetrußland. Es bleibt gar nichts andres übrig, wenn man durchaus nichts lernen und beim alten, nationalen und monopolwirtschaftlichen System durchaus beharren will. Die nationale deutsche Politik ist zwar immer noch gegen Frankreich gerichtet, aber nur noch dem Zweck der »Gleichberechtigung«, und die wird von beiden interessierten Rüstungsindustrien etwas anders verstanden als von Prestigepolitikern und wütenden Nationalisten. Das aufgerüstete Deutschland würde vorgeschickt werden gegen Sowjetrußland, das allein wäre im Sinn des alten Systems. Nach menschlichem Ermessen würde das System geschlagen werden; man besiegt keine Revolution, deren Idee durch die gegebene Wirklichkeit gestützt wird und die Gleichgesinnte auf der Gegenseite hat. Damit rechnet übrigens das alte System, die Rüstungsindustrien verdienen jedenfalls, und die Ausbreitung der Revolution würde aufgehalten werden gerade durch ihre militärischen Siege, wie einst eine andere zurückgedrängt wurde durch den Triumph Napoleons. Triumphe rächen sich, und das alte System hätte Zeit gewonnen, wie damals. So glaubt es. In Wirklichkeit gibt es für das System der alten Nationalstaaten in Europa nur noch das unaufhaltsame, unbegrenzte Versinken – ob durch Krieg, ob ohne ihn.

Sie müssen nicht in Katastrophen enden, sie können versumpfen. Der deutsche Nationalismus in seinem vorläufig letzten Zustand liefert das Beispiel. Entladungen nach außen sind ihm bis jetzt verboten, und er findet gleichwohl Mittel genug, zu Hause sich Genüge zu tun. Das eigene Volk quälen ist auch schon etwas, solange der Feind unerreichbar bleibt. Der Nationalist des letzten Zustandes zieht es sogar vor. Der verhaßteste Feind dieses Nationalisten ist kein Fremder, sondern sind Volksgenossen, die er austreiben möchte und die er undeutsch nennt. Die Nation um ihre gute Hälfte zu verkleinern, erscheint ihm als Gebot ihrer Größe – zu schweigen von ihrer wirtschaftlichen Absperrung und politischen Vereinsamung; die werden der Nation auferlegt aus Stolz, weil sie die anderen nicht besiegen und beherrschen konnte. Kriege, die niemand auf der Welt mit ihr zu führen wünscht, in einem fort beschreien! Aus überflüssigen Rüstungen eine Frage des Seins und Nichtseins machen, anstatt einfach das Gebot des Lebens anzuerkennen in der Zusammenarbeit mit anderen Völkern! Alles, was aufregt, verbraucht, öden Haß nährt, ist national, es befriedigt den Nationalismus. (…).

Auf den Nationalismus berufen sich alle, die menschliches Elend verursachen und ausnützen. Er ist die ideelle Rechtfertigung, wenn Menschen, in ihre nationalen Grenzen gepfercht, hungern, nicht arbeiten und verwildern. Er entschuldigt die planlose Unordnung einer Wirtschaft, wie er im Krieg das vollendete Chaos sogar noch verherrlicht. Er steht über dem Hochkapitalismus, dem Militarismus, sie befinden sich in moralischer Abhängigkeit von ihm, wären ohne ihn nicht in die Welt getreten, und er war zuerst da. Ein Gefühl und seine Geistesart waren früher da als die wirklichen Tatsachen, die nationale Idee und Leidenschaft früher als das bewaffnete Volk und das Volk, das dem Industriekapital unterworfen wurde. Wenn dies doch ganz erfasst würde, das Vorrecht einer Idee! (…)

Der Nationalismus begann auch in Deutschland mit der demokratischen Verbrüderung und als Sache des Volkes gegen die Herrscher. »Seid einig, einig!« schrieb der Sympathisierende der Französischen Revolution, Schiller, und das Wort wirkte so mächtig auf der Bühne, weil die Machthaber verhinderten, daß es Wirklichkeit wurde. Das Höchste, das Reinste, das der deutsche Nationalismus auszusprechen hatte, er hat es gesagt, solang kein deutscher Nationalstaat bestand. Auf ihn wurde lange vergebens gewartet, endlich trat er ein – nur leider nicht, weil der innere Befehl »Seid einig!« aus sich selbst ihn erschaffen hätte. Ein fremder Krieg mußte herbeigeführt werden und siegreich ausgehn. Das brachte ihn schließlich zustande, übrigens war es schon das zeitgemäße Verfahren des Nationalismus. Er war inzwischen bei Nationalkriegen angelangt, anstatt der Befreiungskriege der Revolution. Der Nationalismus bekämpfte längst nicht mehr die Könige, er diente jedem Machthaber, um die Völker aufeinander zu hetzen. In diesem späten Zustand übernahm ihn auch der deutsche Nationalstaat, der verzögert eintraf wie nachher auch die Republik, beides Neulinge mit Alterserscheinungen. (…).

Die seelische Erscheinung des tobenden Absterbens kleidet sich bei dem Nationalismus des letzten Zustandes in eine Ideologie des Wahnwitzes; keine wirkliche Tatsache entspricht ihr, sie verkennt und leugnet alle. Die nationalistische Ideologie ist, wie es sich gehört, gegen das persönliche Denken. Der einzelne Herr, der kürzlich hier regieren und alle belehren durfte, sprach von »volksfremden Geistigen«. Es schien ihm für seine Zwecke geboten, das Volk sorgfältig zu trennen von denen, die für es denken. Dann nimmt man an, daß die Nation ihre Ideen ein für alle Male auf die Welt mitbringt, ohne daß die Ideen auch Väter hätten. In Wirklichkeit ist es der einsame Denker, der sie zeugt – mit seiner Nation, mit allen Nationen, mit der Geisteswelt. Sogar das unbestrittene nationale Gedankengut ist das Eigentum von Denkern, die zu ihrer Zeit volksfremd genannt worden sind von allen Rednern ohne Weitblick. Aber in jedem fruchtbaren Gehirn leben Keime aus allen anderen fruchtbaren Gehirnen, und Geist ist nicht nur das höchste, sondern auch das vielfachste Zusammenwirken der Völker, die schon längst vereinigt auftreten in den Personen ihrer Denker. Es gibt nur übernationalen Geist, da es nur Geist schlechthin gibt, und weder französischen noch deutschen. Das Gesetz des Geistes ist die Wahrheit, und die führt weder Paß noch Steuerquittung. Um national zu denken, hat man es allerdings sehr nötig, »das intellektuelle Denken abzulehnen«; und sogar diese Formel ist noch von irgendeinem »volksfremden Geistigen« bezogen.

Wer den Geist nicht verträgt, beruft sich auf das Blut. Das haben starke und furchtbare Geschlechter nie für nötig gehalten, und einer »nordischen Rasse« bedurften sie nicht. Die wird frei erfunden, wenn es schon bald zum Zeugen, jedenfalls aber zum richtigen Denken nicht mehr langt. Dann kommt die Blutmystik dran. Die Nation soll eine »Blutgemeinschaft« sein; – als ob sie nicht offenkundig zu einer Interessengemeinschaft geworden wäre, mit Beteiligten, die in sehr verschiedenem Maße interessiert sind, mit Bürgern und Betrogenen, wie üblich. Geschichtliche Willkür hat die meisten Nationen zusammengebracht, und die »Blutgemeinschaft« besteht überall hauptsächlich darin, daß immer ein Teil den andern gezwungen hat, mitzumachen. Übrigens fände jeder Teil der Nation seine Verwandten jenseits der Grenzen; und nach hundert Vermischungen aller Stämme Europas möge eine neue Völkerwanderung einmal versuchen, sie noch mehr zu mengen! Man weiß dies alles; es sind Erfahrungstatsachen, kein Kind würde sich ihnen verschließen. Aber ganze Wissenschaften werden aus dem Boden gestampft, um über sie wegzutäuschen, wegzureden. (…).

Ich ersehne den übernationalen Staat und nicht nur im allgemeinen den europäischen Staatenbund, sondern ohne Umschweife seinen nächsten Anfang, den Bundesstaat Deutschland-Frankreich; weil er allein den wirklichen Tatsachen ihre natürliche Auswirkung und den Menschen die Freiheit verspricht. Ein einzelnes Land ist in Europa nicht mehr lebensfähig, weder wirtschaftlich noch politisch und erst recht nicht sittlich; mehrere,

übernational verbundene, haben Aussicht, ihre Menschen besser und glücklicher zu machen. Einem einzelnen Land kann niemand dienen; er lügt, wenn er es behauptet. Es gibt nur zusammenhängende Interessen und den Dienst an ihnen.
(1933) Essay. Der Haß, Studienausgabe, hier: Vor der Katastrophe. Das Bekenntnis zum Übernationalen, S. 13–47, S. 29ff.

Leben und Schreiben in Nizza

»6. Juni (1933). Gestern abend mit Heinrich am Meer promeniert; er tut mir wirklich leid, trägt sein Schicksal mit viel Würde, ja selbst mit Charme, und nicht so damenhaft in seinen Schmerzen, von aller Welt beleidigt wie der Alte (Golo Manns Vater Thomas Mann, d. Hg.). Seine politischen Ansichten sind klug, wenn auch einer gewissen Altfränkischkeit und Naivität nicht entbehrend. Nachmittags war ich für ihn in Toulon, ein Telegramm aufzugeben, welches die Versteigerung seiner Möbel in München verhindern sollte. Nun will er sich ein Zimmer mieten und mittags auf der Gasflamme Eier mit Schinken kochen.«

Golo Mann zum Exil an der Côte d'Azur (1986)

Vorbemerkung

Schon wenige Wochen nach Hitlers Machtergreifung floh Heinrich Mann über Straßburg an die Côte d'Azur nach Nizza. Es war ein Abschied für immer von Deutschland. Doch 1933 hoffte er noch auf eine baldige Rückkehr. Er konnte und wollte sich nicht vorstellen, dass Adolf Hitler und seine Gefolgsleute das Volk der Dichter und Denker in ihren Bann ziehen könnten. Er setzte auf die Kraft der Aufklärung und die Vernunft seiner Landsleute. Seine vordringliche Aufgabe im Exil erkannte er darin, vor der Niedertracht der Nazis zu warnen. Zu Frankreich schrieb er in *Ein Zeitalter wird besichtigt*, dass »es oft gehaßt, oft geliebt worden« sei. »Gleichgültig ließ es nie.« Letzteres galt vor allem für ihn selbst. Für Frankreich empfand er Liebe und Bewunderung. Er schätzte die französische Sprache, die französische Literatur und Philosophie, die französische Lebensart und die republikanische Tradition, wie sie sich in der Dritten Republik entfaltete. In Nizza fand er sein neues Zuhause, seine zweite Heimat fern der eigentlichen. Nizza gilt als »Stadt des milden Winters« und des Traums von einem erfüllten Leben. Nun ging es ihm darum, Frankreich vor Deutschland zu warnen, einem Deutschland, das nicht mehr sein Deutschland war, weil in ihm die Niedertracht regierte. In diesem Geiste veröffentlichte er die drei Essay-Bände *Der Haß*, *Es kommt der Tag* und *Mut*. In allen dreien brachte er seine Verachtung der Nazi-Diktatur zum Ausdruck. Am Ende der Weimarer Republik hatte er für ein linkes Bündnis von SPD und KPD gegen das Nazi-Regime geworben. Doch nun wollte er es um bürgerliche Kräfte erweitern; er scheiterte am Führungsanspruch der Kommunisten. So blieb die deutsche Volksfront nur eine Episode, die eng mit seinem Namen verbunden ist. Neben Essays schrieb er in den Dreißigerjahren den wohl bedeutendsten deutschen Exil-Roman *Henri Quatre*.

Der große Mann

Der große Mann ist Österreicher, das zeichnet ihn für das ganze Leben. Die Tatsache, daß jemand im alten Reich der Habsburger geboren ist, verleiht zwar keine Nationalität, aber es hinterläßt ein Familienmal, das er weder loswerden noch ableugnen kann. Der große Mann, gegenwärtiger Gebieter über ein Land, das nicht seins ist, beruft sich umsonst auf Friedrich von Preußen und Bismarck. Keiner der beiden würde ihn anerkennen. Eine glaubwürdige Verwandtschaft besteht zwischen ihm und Franz von Österreich, dem Schwiegervater Napoleons und Kerkermeister der Festung Spielberg. (…). Ein tausendjähriger Despotismus hatte bei den Untertanen der Habsburger Spuren hinterlassen, die jetzt und künftig im Verblassen sind. Dazu gehört die Grausamkeit, aber auch ein gewisses leichtes Vergessen und eine große Genußfähigkeit. Wirkliche Genießer entstehen grade infolge sehr langer Knechtschaft; sie erzeugt Leichtlebigkeit. Skepsis und froher Sinn bilden zwar nur die Oberfläche, dahinter stecken, öfter als anderswo, Wesen, die es in sich haben; ja, grade weil ihre Geschichte sie davon überzeugt hat, daß edle Regungen nie etwas nützen, werden sie jedem sympathisch, der nicht in die Tiefe geht.

Mit Recht sind die Österreicher beliebt wegen ihrer künstlerischen Veranlagung. Die Wurzel davon ist freilich Komödianterei, und diese verrät einen Menschen, der sich über Wirklichkeiten hinwegtröstet, für das Leben den Schein nimmt und sich das Dasein, das sonst zu schwer auf ihm lasten würde, spielend leichter macht. (…).

Die deutsche Republik hat zu viele Österreicher gehabt, auch daran ist sie zugrunde gegangen. Sie verschaffen sich Zugang in Parteien, Presse, Geschäftsleben und wirkten zersetzend durch ihre angeborene Neigung, sich geschickt durchzuschlängeln unter Nichtachtung von Grundsätzen. Man bleibt schwer dann ehrlich. Alle hingen übrigens zusammen. Ein von dort soeben in

Berlin eingetroffener Anfänger saß vierzehn Tage in den Wiener Kaffeehäusern umher, äußerte sich abfällig über Berlin und seinen steifen Ernst, und wenn dann seine Beziehungen zu Landsleuten funktioniert hatten, trat er in eine Redaktion ein, ihm ganz gleichgültig, ob bei Hugenberg oder Ullstein. Sie schrieben links und rechts, sie waren Parteiführer und Minister, immer ohne fest verankerte Überzeugungen, jede Drehung, jedes Versetzen eines Freundes war ihnen recht, ihr Herz war leicht und ihr Ehrgeiz wach. Deutschland? Die Republik? Für sie waren es Gelegenheiten und kleinere Übel, da nun einmal Wien nicht mehr genug Platz für alle hatte. (…).

Der große Mann von österreichischer Herkunft hat sich auf Deutschland gestürzt wie die anderen seinesgleichen, nur daß sein Ehrgeiz weiter ging. Aber auch der seine wurde durch die Umstände bestimmt und richtete sich nach ihnen. Eine Künstlernatur wie die übrigen, betätigte er sich nicht nur als Anstreicher; er malte Bilder und schickte sie der Jury, die sie ablehnte. Gewisse Mitglieder der Jury bereuen es bitter, jetzt, da er es auf einem anderen Gebiet zu etwas gebracht hat. Es hatte nur an ihnen gelegen, daß er, anstatt Diktator zu werden, ein verfehlter Künstler blieb. (…).

Nun war der große Mann von Natur nicht arbeitsam. Er war der geborene Arbeitslose. Sein ehrliches Handwerk hat er wohl nur um das zwanzigste Lebensjahr ausgeübt. (…). Indessen ist nicht anzunehmen, daß er schon zu jener Zeit sich den Kopf zerbrochen hat, über den Umsturz der Republik, oder den militärischen Wiederaufbau Deutschlands oder die Rettung des kapitalistischen Systems, das vor ihm niemals ernstlich gefährdet war. Nein, sondern er kam nur zur Verneinung und ist auch niemals weiter gelangt, selbst nicht, als er später eine Armee und unvorstellbare Geldmittel zur Verfügung hatte. Auch dann war dies alles nur Werkzeug, das zerstörenden Trieben diente und seinen Begierden endlich Befriedigung versprach. Die bestehende Ordnung hatte ihnen keine gewährt.

Der Haß sogar, erster Antrieb der Persönlichkeit und ihrer ganzen Bewegung, war anfangs zögernd und kleinlich. Schwung bekam er erst, großartig und des großen Mannes würdig wurde er erst im Verlauf seiner Taten, die ausschließlich in Reden bestanden. Er ist immer mehr gewachsen, je häufiger er loslegte und sich in Wut redete, zuerst vor zwanzig Personen, und mehrmals kamen noch weniger. Als er nicht ohne schwere Bewaffnung in einen größeren Saal übersiedelte, liefen ihm gleich vierhundert Hörer zu, dann zweitausend, und er war gemacht.

Er verdiente es durch seine wirkliche Rednergabe. Diese äußerte sich darin, daß er jedes beliebige Zeug überzeugend und dramatisch von sich geben konnte. Fremd waren ihm alle Bedenken hinsichtlich der Mittel, zu denen er griff, um die Wirkung zu erzwingen. Hauptsache war, daß diese allabendlich eintrat. Alle mußten weinen wie die kleinen Kinder, und wirklich, wer ihm zuhörte, vergoß heiße Tränen. Er sah zu seinen Füßen alte Professoren der Universität München; sie waren aus Neugier gekommen, wollten diesen ungebildeten Redner mal begutachten, aber ganz unerwartet kriegte er sie dermaßen in seine Gewalt, daß auch ihnen die Wangen naß wurden. (…). Der große Mann mußte sich noch zehn Jahre lang abzappeln, bis er Deutschland in die Hand bekam. München hatte er gleich. (…).

Jeder hat ihn gehört, seit er über den Rundfunk verfügt. Er beginnt mit einer ungepflegten Stimme und hinterwäldlerischen Aussprache, schleppend, aber drohend. Bald steigert sich sein Ton und wird der des schlechten Volksstücks, des pöbelhaften Klamauks, schreiend, vor Wut sich brechend. Endlich gibt er das Letzte her: dann erscheint das nackte Urwesen, die Venus entsteigt ihrer Schlammflut und stellt sich schamlos aus mitsamt ihren Schäden, die offenbar den Trieb der Menge noch mehr aufpeitschen. (…). Gegen Schluß seiner Reden fragen manche Hörer sich in tiefster Seele beleidigt, ob denn niemand den Kranken, einen Epileptiker offenbar, abführt und zu Bett bringt. Die Ärzte, vorausgesetzt, sie dürfen ihre Diagnose stellen, sprechen wohl von Verfolgungswahn. Nach seinen Taten werden sie den großen Mann, heute in seiner Allmacht, einreihen unter die Verfolgungssüchtigen aus Verfolgungswahn. Der Redner selbst aber, der die Massen vergewaltigt und schändet, hat davon gleichzeitig einen Genuß, würdig seines empfindlichen Künstlertums. Der Künstler ist in ihm verdrängt, ist überreizt, und da die Schaffenskraft nun einmal fehlt, hat er, um zu seiner Wirkung zu kommen, nur eins gefunden. Er zieht sich aus bis auf die Haut vor allen Leuten – sie können nicht genug staunen über diese anstandslose Selbstenthüllung eines Menschen mit allem, was er eigentlich verbergen sollte.

Verdrängung, Überkompensation, Komplexe, der ganze Freudsche Wortschatz wäre anzuwenden. (…).

Er darf sich alles erlauben; muß es sogar. Jemand, der wie er gegen klare Tatsachen angeht, sich unausgesetzt widerspricht und weder Grundsätze noch Regeln kennt, der bringt die Gehirne zum Sieden. Ebensooft allerdings versagt vor so etwas das Herz. Man höre ihn reden von den vierzehn Jahren innerer Kämpfe – zu denen nur er selbst gehetzt hat – und von der nationalen Erhebung, die Deutschland den Frieden gebracht haben soll – den Frieden des Friedhofes und des Schlachthofes! (…). Der große Mann ist im günstigen Augenblick erschienen, und seine Größe wurde ihm zugesprochen von einer Nation, die nichts mehr sah und hörte als nur ihn: Grund genug, ihn für den längst Erwarteten zu halten. So übertreibt er denn bewußt seine Hysterie. Es ist einer seiner Vorzüge, ein Hysteriker zu sein. Ein anderer Vorzug ist, daß ihm auf den meisten Gebieten die einfachsten Kenntnisse abgehn, daß er nichts gearbeitet hat; und weiter kommt ihm zustatten sein höchst oberflächliches Verhältnis zu dem Lande, das ihn umschmeichelt wie einen Kino-Vamp.

(1933) Essay. Der Haß, Studienausgabe, hier: Der große Mann, S. 63–81, S. 63ff.

Guernica

Die Zerstörung der Stadt Guernica und des baskischen Landes ist keine Kriegshandlung, sie ist ein gemeines niederträchtiges Verbrechen. Wir schämen uns der Deutschen, die es begangen haben. Wir leugnen, daß sie den Namen von Deutschland verdienen. Die Feiglinge, die aus der Luft herab die flüchtenden Frauen und Kinder ermordet haben, deutsche Soldaten sind sie nicht. Sie sind von der Art der verachtungswürdigen Knechte, die in den zahllosen Folterkellern des nationalsozialistischen Staates ihre verkommene Bestialität an deutschen Opfern tagtäglich üben. Jeder Menschlichkeit entfremdet durch das Regime, dem sie verfallen sind und blind gehorchen, tun sie einem fremden Volk, was sie jederzeit auch dem eigenen zufügen würden.

Aber Millionen ehrenwerter Deutscher sind erbittert, weil dieser Auswurf dieses Landes in Spanien alles, was deutsch heißt, entehrt und zum Abscheu macht. Millionen und nochmals Millionen Deutscher hassen aus der Seele die Machthaber im Lande, ihre ekelerregende Grausamkeit, die sie in Redensarten vom »totalen Krieg« kleiden, ihre niedrige Verlogenheit, wenn sie sich als »Retter der westlichen Zivilisation« aufspielen. Die Basken sind Katholiken. Die Brandbomben auf ihre Kinder retten wohl die westliche Zivilisation? Oder wird sie durch den Terror gegen die deutschen Katholiken gerettet? Durch ihre massenhaften Verfolgungen um ihres Glaubens willen, und durch die Ermordung von Geistlichen?

Die Flammen von Guernica beleuchten auch Deutschland mit. Daß die Welt es doch sähe! Daß doch alle freiheitlich Denkenden auf Seiten des deutschen Volkes wären, nun es begonnen hat, nach seiner Freiheit zu verlangen und große Teile des Volkes schon im Kampf um sie stehen. Einzig und allein die deutsche Befreiung wird auch die Befreiung der Welt sein von der schändlichen Bedrohung mit dem »totalen Krieg«, von der Verhetzung der Völker durch verlogene »Weltanschauungen« und von Gräueln wie in Guernica.

Wollt Ihr den Frieden? Freie Völker der ganzen Welt, zwingt die Machthaber Deutschlands abzutreten! Ihr könnt es, denn Deutschland will den Frieden. Glaubt uns! Die Deutschen sind Freunde des Friedens und sehnen sich danach, der Welt befreundet zu sein. Vereinigt Euch gegen die Kriegstreiber! Er hat sich die Herrschaft über Deutschland angemaßt, ist aber nicht deutsch. Wir sind es.

(1937) Essay. Mut. Studienausgabe, hier: Guernica. Eine Schändung des deutschen Namens, S. 66f.

Kampf der Volksfront

Die Volksfront kann nicht laut reden, nicht glänzen, nicht dreißigtausend abgezählte Kilometer über dem Land im Flugzeug reisen. Sie setzt sich in keinem Sinn über das Land hinweg, sie ist das Land. Wenn das, was Propaganda genannt wird, durchführbar wäre mitsamt Gelärme, Blendwerk und Umherjagen, die Volksfront hätte Unrecht, Gebrauch davon zu machen: sie würde sich selbst verkennen. Sie muß leise reden, dafür spricht sie selbst, und keine bezahlten Betrüger haben das Wort. Sie verständigt sich im kleinen Kreise, Betrieb, Dorfschänke, beim Anstehen und im Arbeitszimmer. Es ist gewiß, daß hier jedes Flüstern tiefer eindringt als vor Massenversammlungen das verstärkte Gebrüll. Die Volksfront kann verzichten auf Suggestion und erzwungenen Glauben, da sie auch in ihren umhergereichten Briefen an das Volk immer nur dem Volk seinen genauen Ausdruck verleiht. Ihr entscheidender Vorteil über den Feind ist die Wahrheit.

Alle diese Bauernbriefe, Kundgebungen der Arbeiterparteien, christlichen Sympathisierenden der Volksfront sind abgefaßt mit vollkommener Gewissenhaftigkeit. Kein Satz, der im Lande nicht vorher bekannt und lebendig erfahren wäre: nur der genaue Ausdruck fehlte. Bis eine Zentrale der Volksfront einen Anruf an das Land richtet, sind zahllose Berichte gesammelt, und Stimmen dafür und dagegen sind abgewogen. Eine Zentrale liest: »Noch nie war das Sehnen nach Einheit bei unseren Parteifreunden so tief. Allen, mit denen wir inner- und außerhalb des Betriebes in Verbindung stehen, ist klar, daß der Sturz Hitlers nur erreicht werden kann durch die geeinte Arbeiterklasse, mit einbezogen alle Schichten des werktätigen Volkes, die katholischen Arbeiter wie die anderen. Unsere Meinungsverschiedenheiten, was nach dem Sturze Hitlers für eine Staatsform errichtet werden soll – .« Sie werden nicht schwergenommen. Der Sieg einer Volksfront ergibt von selbst die demokratische Republik. Dies sagt man dem Volksfront-Ausschuß. Man versucht auch, es den Parteivorständen verständlich zu machen, die denken manchmal noch nicht soweit, oder sie denken anders.

Nun irrt jeder, der andre Kräfte an sich ziehen möchte, als die für eine Volksfront brauchbaren. Mächtige Minderheiten sind an ihren Früchten hinlänglich erkannt. Hätten sie Lust, den einen Hitler zu stürzen, dann können sie doch nicht gegen ihre Natur, sie müssen an seine Stelle einen zweiten setzen, und das Regime von sogenannten Antikommunisten wird unter abgeänderten Namen das gleiche bleiben. Jede Leitung einer Arbeiterpartei wird mit Nutzen die unausweichliche Frage vor Augen behalten: ein Staat des Volkes, oder ein Staat gegen das Volk? Die Frage enthält schon die andere: Imperialismus oder soziale Erneuerung? Das Eine schließt das Andere aus – der Zweck des hitlerischen Imperialismus liegt auf der Hand. Kolonien, »stärkster Staat Europas« und die Beseitigung einer vorgeschützten nationalen Minderwertigkeit durch Rüstungen – alles geht darauf aus, den Deutschen vorzuenthalten, was sie wirklich brauchen: die innere Kolonisation, die innere Befreiung und das Selbstbewußtsein eines Volkes, das an inneren Taten, nicht an auswärtigen Abenteuern seine Kraft ermißt. (…).

Der Antikommunismus ist, wie alle Welt weiß, ein Mittel zu dem Zweck, die Demokratien zu unterwühlen und die in Bildung begriffenen niederzuhalten. Der sogenannte Antikommunismus wird von Mächten, die gar nicht vom Kommunismus, aber umso mehr vom Faschismus bedroht sind – nun, er wird nicht immer nur aus Gefälligkeit und Schwäche gegen einen Monomanen mitgemacht. Man paßt sich noch eher seinen Interessen an als seinem Wahn. Man hofft hier und dort, mit ihm zu verdienen; und den Angriff gegen den Bestand Europas, auf den er doch angewiesen ist, man meint trotz dem Augenschein, der Angriff wäre ihm abzukaufen. Man fängt an zu bemerken, daß er in seinem Land verhaßter ist, als ein internationaler Geschäftsfreund sein darf. Gleichviel, seinem inneren Gegner traut man entweder die Kraft, ihn zu stürzen, nicht zu – oder man befürchtet für nachher das Schlimmste.

Daraus folgt für die deutsche Volksfront die Aufgabe, sich bekannt zu machen. Sie hat eine auswärtige Politik so gut wie eine innere. Sie muß sich den Völkern und Regierungen bekannt machen als die Vertretung eines Deutschlands, das ehrlich und realistisch ist. Das Regime ist weder das eine noch das andere. Es macht seinen Weg von einer Lüge zur nächsten, und mit Kommißstiefeln beschreitet es den Wolkensteg der Illusionen. Wer glaubt ihm im Grunde noch das Geringste? Seine »geopolitischen« Albernheiten gehören neben seine rassenmäßige »Weltanschauung«; dieses ebenso furchtbare wie armselige Regime wird den Erdball weder umgestalten, noch wird es ihn bekehren. Die Volksfront, das sind die Deutschen, die zur Wirklichkeit zurückgekehrt sind, wenn sie nicht überhaupt bei ihr verharrt hatten. Man darf ihnen glauben; was hätten sie für sich, wenn sie es nicht mit der Wahrheit hielten. Gelogen wird drüben ungeheurer, als irgendwer es nachahmen könnte.

(1937) Essay. Mut, Studienausgabe, hier: Kampf der Volksfront, S. 272–281, S. 276ff.

Nietzsche

Nietzsche wollte der Überwinder des 19. Jahrhunderts sein, er behauptete vor seinem Gewissen das Amt eines Denkers zwischen den Jahrhunderten. Die zweite Hälfte des zwanzigsten sollte, ihm zufolge, endlich begreifen, wer er gewesen war. Gerade das ist nunmehr zweifelhaft geworden; die erste Hälfte hat ihn voreilig mißbraucht. Sehr schwer für ihn, hiernach den Abschnitt zu vermeiden, wo die Nachwelt von einem Gedanken und einer Persönlichkeit ausruht. Vergessen zu werden, muß er darum nicht fürchten. Er hat tatsächlich die einmalige Kühnheit gehabt, in Frage zu stellen alles, was den Westen der Erde sittlich bewahrt und zusammengehalten hatte seit den Tagen, als die heidnische Welt zerfiel. Das Wagnis ist unverlierbar. Um von der »Umwertung«, an der ihm gelegen war, bis jetzt zu schweigen, sein Anteil ist die Ergründung der Sittlichkeit, die geherrscht hat.

Ihm war bekannt, daß ein Zerbrechen von Tafeln nicht ausreicht; sie müssen oft und langwierig zerbrochen werden. Geboten wäre, statt ihrer neue aufzustellen. Nietzsche hat es gewollt. Nach dem Bedürfnis hat er nicht gefragt, fand sich übrigens dazu nicht angehalten. Über die Menschen entscheidet, wenn man ihn hört, keineswegs ihr Bedürfnis, sondern der Befehl des Gesetzgebers. Dieser muß nur der Stärkere sein. Demgemäß sah der Philosoph sich als Gesetzgeber. Mit dem Erkennen, Beglaubigen, Darlegen ist nichts getan; der große Erfolg des Denkers wäre einzig zu befehlen. Bleibt allerdings übrig, in der Tat der Stärkere zu sein, – was er für seine Vorstellung wirklich war, aber auf lange Sicht, auf sehr lange. Daher nannte er sich vorerst einen Gesetzgeber nur für die Seinen.

Er beschied sich hierbei, nicht einfach aus Schwäche oder Entgegenkommen. Er zweifelte, und machte den Zweifel zu einem guten Teil seines Stolzes. Ohne Zweifel wäre niemand der unerbittlich Wahrhafte, als den er sich begriff. Auch ohne die Widersprüche nicht. Er hielt mit Recht sehr viel auf seine Widersprüche.

Dem Christentum zu Ehren hat er eigentlich mehr geschrieben als zu seinen Unehren: man messe anstatt der Breite die Tiefe, und man beachte, wo das Herz schlägt. Was er für seine Lehre ausgab, war seinen Widersprüchen abgerungen. Mehr, gegen die eigene Natur hat er es erkämpft. So vieles er sonst zu überwinden meinte, echt und ernst war seine Selbstüberwindung. Er war denn auch eifersüchtig auf ihre Früchte, niemanden überließ er seine teuer hervorgebrachten Wahrheiten ungeprüft. Zu prüfen waren die Wahrheiten, und wer vermaß sich, sie zu bekennen. Vor Nietzsche als seinem Richter hat kein damals Lebender bestanden. Seine Wahrheiten bestanden vor ihm zuletzt nur deshalb, weil sie zusammen das Werk ausmachten: das sollte dauern. Er selbst in eigner Person sollte schlechthin ewig dauern.

Hier ist der erstaunliche Fall, daß ein Mensch sich unsterblich fühlt, – worin er Vorgänger hatte, aber die glaubten an Gott. Persönlichkeiten der höchsten Stufe, der seinen wie er meinte, haben noch immer ein überirdisches Fortleben für nötig erachtet, um auch hienieden zu dauern. Nietzsche ist der erste, bisher einzige, der gegen die Erde allein seinen Anspruch erhob, daß sie ihn ewig spräche. Der Denker zwischen den Jahrhunderten war versichert, er leite kein vergängliches Zeitalter ein, er befehlige die gesamte Zukunft, die diesem Planeten bleibt. Somit hat er Grund genug, sich selbst den letzten Menschen zu nennen. Der »Übermensch«, den er lehrte, hat ihn nur als ein Schatten heimgesucht. Unvergleichlich genau erblickte er den letzten Denker, letzten Menschen – ihn, vor dem alles und nichts liegt, eine Unendlichkeit ihm untertan, und eine Gruft, die behält, was ihr gehört. »Man kann daran zugrunde gehen, daß man unsterblich ist.«

Er sagte auch: »Ich bin ein Schicksal«, und war zuerst sein eigenes. Gesetzt, die Schwere des Schicksals, das einer freiwillig trägt, wäre ein Beweis seiner Hoheit und Unvergänglichkeit, dann hätte er wahrhaftig beide. Jesus Christus, den er ablösen wollte, hat eine kleine menschliche Ewigkeit wirklich vorgehalten, war übrigens seinem Abgang, Untergang selten so fern wie gerade heute. Am Beginn aber bürgte auch für seinen Bestand hauptsächlich sein Leiden – im Namen der Menschheit, wie jedem Mitbewerber und Nachfolger sogleich zu entgegnen. Nietzsche rettet seine Sache, wenn die eigene Aufopferung und der Tod am Kreuz dafür zeugen, daß noch einmal des Menschen Sohn hier bei uns war. Gerade er leugnet, daß Kreuzigungen ein Beweis sind. Dennoch hat er seine Sache mit derselben Leidenschaft betrieben, wie einst der heraufziehende Gott und Eroberer des Menschengeschlechtes. Wahrscheinlich hat Jesus Christus, als er noch auf Erden ging, seinen »großen Erfolg« weniger weitzügig entworfen und nicht so fest erwartet. Der eine war, gleich dem andern, vorläufig nur der Gesetzgeber der Seinen. Die Frage ist, wen jeder für »die Seinen« hielt.

Der erste hielt für die Seinen die Demütigen und Bedürftigen, der zweite die Wissenden und die Herrschsüchtigen. Womit man weiter kommt, steht dahin. »Man kann den großen Erfolg nur haben, wenn man sich selbst treu bleibt«, sagt Nietzsche, aber auch sein Gegner und Bruder hat danach gehandelt. Dieser Frühere war unverbrüchlich im Glauben an ein Jenseits, jener Spätere an das Diesseits. Der Glaube an das Diesseits ist eher noch gewagter als der andere. War einer von ihnen je zu zweifeln versucht, dann auf keinen Fall der Sohn Gottes. Gleichwohl hat Nietzsche für möglich gehalten, daß über diese Welt dereinst die Erkenntnis herrscht. Seine Auszeichnung und sein Vorrang ist dies – nur dies. Hiermit wird er die großartige Erscheinung und tritt ohne Lästerung neben den Gott. Es wäre durchaus göttlich, die Erkenntnis, als einen leidenschaftlichen Zustand begriffen, zur Herrin der Welt zu machen. Nie war die Welt davon weiter entfernt als jetzt. Er hat vorweggenommen und sah in sich den Erwählten.

Die Herrschaft der Erkenntnis geglaubt zu haben, wird heldenhaft, bezieht man in den Glauben alles ein, was sichtbar widersteht und widerspricht, zuerst die eigenen Widersprüche. Dieser Glaube erhält sich durch Überwindungen, Leibes und der Seele; er wächst an Entbehrungen, je härter sie werden, Verlust der Gesundheit, des bürgerlichen Anschlusses, der Freundschaften und Quellen menschlicher Wärme. Der Glaube an die Macht der Erkenntnis wird selber vollends mächtig in der Einsamkeit, als sie endlich unbedingt ist, ein kahler Gipfel aus Eis. Dort hält man von den Menschen, was eine gnadenlose Überhebung von ihnen übrig läßt. Sie sind nicht wert, uns zu lesen, wovor sie denn sich auch hüten. Sie verdienen erst recht nicht, uns zu loben. Damit er Gegenspieler haben und sie bekämpfen darf, vergrößert der Vereinzelte, Vereinsamte ihren Wuchs, sie wären unzulänglich. Ein Mensch! ist sein Verlangen. Ein Mensch, um würdig an ihm dazutun, wofür er sich hält. (…).

Nietzsche hat sich gekannt und hatte gute Gründe, zu sagen, daß man sich selbst nicht kennen dürfe. Noch weniger sollte die Welt ihn durchschauen. Er hatte seine Freude an Verkleidungen, dies sogar auf die äußere Maske bezogen. Zu Zeiten erschien er leichtsinnig angetan. Ein Mann der harten Zucht, unerbittlichen Redlichkeit, ein Philosoph der Macht war schwerlich zu vermuten in der flotten Tracht. Hier verachtete einer sowohl die Schwäche als das Mitleiden – rührte aber die Frauen, die an seinen Lippen hingen, mit seiner Höflichkeit und Besorgtheit. Noch später küßte er öffentlich einen armen Gaul und verband eine verwundete Katze.

Was haben Eingeweihte ihm geglaubt: Seine Erscheinung? Seine Lehre? Natürlich keines ganz. Was wichtiger ist – er nahm sich ernst, wie hätte er die Ewigkeit nicht ernst genommen; aber unzweifelhaft empfand er sich nicht in allen Stunden als echten Helden der Ewigkeit: nur als Darsteller des Helden. Zuletzt hat er von dem »Possenreißer der Ewigkeit« gesprochen, und meinte den tragischen Nietzsche. Da war er keineswegs gestört, so wenig er es je vorher gewesen war. Er gab seine Rolle zu, als sie ohnehin ablief, als das große Abschminken und Nachhausegehen in Sicht kam. Was ihn im geringsten nicht verdächtig machte, es zeigt im Gegenteil die Redlichkeit des Menschen, und die steht höher als jede erdachte Wahrheit mit ihrem Widerspruch.

»Ich bin ganz und gar nicht für die Einsamkeit gemacht«, bekannte er, vier Jahre bevor er unter ihr zusammenbrechen sollte. Für Feindschaften fand er sich auch nicht geschaffen. Er forderte heraus und nahm Abstand, weil sein Werk es wollte. Sein Werk, eine Sache, die gedacht und gemacht sein will, verlangte von ihm das »Pathos der Distanz«; für sich allein hätte er es niemals aufgebracht, weder das Leiden an den Menschen noch die Entfremdung von ihnen. Nun gibt es wenige menschliche Typen, die ihr Wille zum Werk jedes Opfers fähig werden läßt. Wen überredet sein Werk, er müsse sich den schöpferischen Seligkeiten hingeben, in dem beglaubigten Bewußtsein, daß keine Beseligung sein verunglücktes Leben aufwiegen kann? Den Künstler offenbar, und genau genommen für ihn. Der Antrieb, hervorzubringen ohne Rücksicht auf das eigene Glück, ist das Vorrecht einiger Künstler des höchsten Ranges.

Nietzsche hat die Erkenntnis als einen leidenschaftlichen Zustand empfunden: das ist die Art, wie einige Künstler arbeiten; nicht einmal von ihnen sind es viele. Das Denken wird, je weiter er fortschreitet, sein Rausch, seine Entfesselung, Beflügelung, Erleichterung, Hingabe, auch die Erprobung seiner Kraft, auch der Sturz in ein Laster. Sein Denken bekommt nachgerade den Sinn des Liebesaktes, was wenig an Philosophie erinnert. Wohl aber gleicht es dem Ausspielen eines Kunstwerkes – um jeden Preis, ob wahr, ob falsch. Es hat keine Geltung außerhalb, es braucht von der Wirklichkeit die Bestätigung nicht. Seine Wahrheit und Wirklichkeit erzwingt es selbst, um sie zu behaupten vor jeder Nachwelt, wäre sie gesinnt wie immer, – vermöge des Könnens allein. Das Können allein entscheidet über den Künstler und was von ihm bleiben soll. (…).

Der Ruhm ist nach der Annahme die irdische Unsterblichkeit. Diese steht an Fragwürdigkeit hinter keiner himmlischen zurück. Genug, daß mehrere Heroen der neueren Zeit ihre Belohnung des hohen Strebens und der schweren Mühen fest erwartet haben: sie forderten unsterblich zu sein, hier oder dort, womöglich beider-

seits. Nietzsche begnügte sich mit dem Diesseits: kein geringerer Anspruch, da er nicht nur geistig fortleben wollte. Er erfand eine Lehre, die ihm erlaubte, in eigener Person ewig wiederzukehren – eigentlich aber, gleich da zu bleiben. Für die Begrabenen zählen Billionen Jahre nicht einmal wie ein Tag. Steht nach Äonen einer auf und ist von Kopf bis Fuß der scheinbar einst Vergangene – dann war er nie vergangen. Die Tür, durch die er abtrat, bleibt geöffnet; sein Schatten bewegt sich hier innen noch: schon erscheint auch er selbst auf der Schwelle, die er kaum verlassen hatte. Dies die Vorstellung. Kann ihm verborgen gewesen sein, daß sie dem Glauben an die ewige Seligkeit entliehen ist und ihn abwandelt? Nicht zu seinem Vorteil abwandelt? Die Seligen denkt man sich als ledig ihrer irdischen Mängel und Schmerzen. Der wiedergeborene Nietzsche wird derselbe sein, wird leiden und überwinden wie das erste Mal, und so noch oft. Die Fähigkeit, seinen Irrtümern zu entwachsen, ist ihm nicht gewährt, und seine Gebrechen bleiben unheilbar.
(1939) Essay. Nietzsche, in: Maß u. Wert 2/1939, S. 277–304, S. 278ff.

Der Königsroman

»Man liest dieses Werk, das jetzt abgeschlossen vorliegt, mit dem tiefen, reinen Glücksgefühl, das nur ganz große Kunst vermittelt. Mit dieser ›Vollendung des Königs Henri Quatre‹ hat Heinrich Mann sein Werk gekrönt, das Buch ist ein Ruhmestitel der deutschen Emigration … Heinrich Manns Thema ist das einfachste und das schwierigste, das es gibt: ein großer Mensch. Das Bild eines großen Mannes stellt er vor sich und vor uns hin, mit tausend Mitteln, doch ohne die Kompliziertheit seiner Methode merken zu lassen. Unaufdringlich also und doch jedermann verständlich gestaltet er, was Größe ist. Die Größe seines Heinrich besteht darin, daß er in jeder Situation das Natürliche tut, das Menschliche, daß er in Wahrheit jeder Zoll ein Humanist ist, ein Mann, durchdrungen von der Erkenntis, daß richtig handeln menschlich handeln heißt. Heinrich Manns Henri ist ein großer Mann, weil er niemals aus dem Aug läßt, was den Menschen zum Menschen erhöht, die Vernunft.«

Lion Feuchtwanger (1939)

Vorbemerkung

»Man liest dieses Werk, das jetzt abgeschlossen vorliegt, mit dem tiefen, reinen Glücksgefühl, das nur ganz große Kunst vermittelt«, schrieb Lion Feuchtwanger nach dem Erscheinen des Doppelromans *Henri Quatre* 1939. Und tatsächlich reicht Heinrich Manns Königsroman aus seinem Lebenswerk heraus wie ein wuchtiger Felsblock aus dem Meer an dem sich die Wellen des Lebens brechen. Er zählt zu den Meisterwerken der deutschen Exilliteratur. Mit dem Stoff beschäftigte Heinrich Mann sich bereits seit Mitte der Zwanzigerjahre. Er reiste nach Südwestfrankreich, an den Geburtsort des Königs Henri Quatre in das Schloss Pau am Fuße der Pyrenäen, als sich dies nach dem Ersten Weltkrieg nur wenige Deutsche trauten. Mit Heinrich IV. von Navarra rückt er eine historische Gestalt in den Mittelpunkt der Handlung, die sich im Zuge der französischen Religionskriege und dem drohenden Zerfall des französischen Nationalstaates gegen niedrige machtpolitische Interessen, gegen Intrigen, Hass und religiösen Fundamentalismus stemmt. Heinrich IV. schwört gegen seine innere Stimme dem Protestantismus ab, um als Katholik mit dem Edikt von Nantes die Religionskriege zu beenden und die Voraussetzung für ein friedliches Nebeneinander der Religionen zu schaffen. Er will zu einem König des Volkes werden, weil er in seinem wechselvollen Leben dessen Armut, Leiden und Verzweiflung aus nächster Nähe kennengelernt hat. »Wir werden eine historische Gestalt immer auch auf unser Zeitalter beziehen«, schrieb Heinrich Mann. »Sonst wäre sie allenfalls ein schönes Bildnis, das uns fesseln kann, aber fremd bleibt. Nein, die historische Gestalt wird, unter unseren Händen, ob wir es wollen oder nicht, zum angewendeten Beispiel unserer Erlebnisse werden.« Dieses Beispiel wollte er mit Henri setzen, der sich wie er selbst gegen die Zerstörung seines Vaterlandes wandte und für Freiheit und Gerechtigkeit kämpfte.

Mit der Niederschrift dieses Romans begann er nach einem längeren Gärungsprozess, als die Machtergreifung der Nationalsozialisten seine Flucht aus Deutschland unumgänglich gemacht hatte. Das Erlebnis der zunächst aufziehenden, sich dann verfestigenden Diktatur trieb ihn an, dieses Buch zu schreiben und damit der deutschen Schreckensherrschaft ein Gegenbild des steinigen Weges zu einer guten Herrschaft entgegenzustellen, in der Güte, Anstand und Moral und nicht Niedertracht und Schande regieren. Einerseits glaubte er fest daran, wie viele andere deutsche Emigranten, dass die braune Gewaltherrschaft nur von kurzer Dauer sein würde. Andererseits spürte er offensichtlich in seinem Inneren, dass an eine baldige Rückkehr in die Heimat nicht zu denken sei. Sonst hätte er sich vermutlich nicht an dieses monumentale, viele Jahre umspannende Werk herangewagt. Als der Krieg 1939 begann, lag der Doppelroman vor. Der Krieg bestätigte seine schlimmsten Befürchtungen und rechtfertigte auf ungewollte Weise seinen unermüdlichen, kräfteraubenden Einsatz für dieses außergewöhnliche Werk.

Die Jugend des Königs Henri Quatre

Bittere Worte *

»Sei froh, daß du nur ein Prinz von Navarra bist!«

D'Aubigné war klein, er ragte nicht einmal so hoch über den Kopf des Pferdes, wie Henri. Beim Reden gebrauchte er eifrig die Hand, die lange Finger und einen gekrümmten Daumen hatte. Sein Mund war groß und spöttisch, die Augen neugierig: ein weltliches Geschöpf, aber schon mit dreizehn Jahren hatte er standgehalten, als sie ihm seinen protestantischen Glauben nehmen wollten, mit fünfzehn gekämpft für die Religion unter Condé. Henri achtzehn, Agrippina zwanzig, und längst waren dies alte Kameraden, hatten sich hundertmal gestritten, sich hundertmal versöhnt.

Das war rechts von Henri. Links erhob sich eine klare und strenge Stimme.

»Ihr Könige, Knechte eures Wahnes,
Habt Felder oft mit Mord bedeckt,
Damit die Grenze eures Planes
Sich um ein Haarbreit weiterstreckt.

Ihr Richter, die auf heiligen Plätzen
Das öffentliche Wohl verkauft,
Soll euer Sohn ein Erbe schätzen,
Um das ihr euch wie Diebe rauft?«

»Freund Du Bartas«, sagte Henri, »wie kommt es nur, daß ein Hahn deiner Güte so bittere Worte findet. Die Mädchen werden dir davonlaufen!«

»Ich spreche sie auch nicht zu ihnen. Zu dir, lieber Prinz, spreche ich sie.«

»Und zu den Richtern. Du Bartas, vergiß die Richter nicht! Sonst bleiben dir nur noch deine bösen Könige.«

»Böse aus Blindheit seid ihr und sind wir Menschen alle. Man muß anfangen, sich zu bessern. Noch nicht die Mädchen, das kann ich noch nicht, aber die galanten Verse will ich mir völlig abgewöhnen. Ich mache in Zukunft nur geistliche.«

»Willst du denn schon sterben?« fragte der junge Henri.

»Ich will einst fallen in einer Schlacht für dich, Navarra und für das Reich Gottes.«

Henri schwieg infolge dieser Worte. Ihretwegen behielt er auch das Gedicht im Kopf: »Ihr Könige, Knechte eures Wahnes«, und in aller Stille beschloß er, niemals sollten Menschen tot auf Fluren liegen und ihm sein vergrößertes Gebiet bezahlen.

»Du Bartas«, verlangte er plötzlich, »richte dich so hoch auf, wie du kannst!« Das tat der lange Edelmann, und sein Prinz blickte zu ihm hinan, ironisch, aber auch bewundernd.

»Siehst du von dort oben schon die liebe Madame Catherine mit ihrem großen Freudenhaus? Ihre schönen Ehrenfräulein erwarten euch.«

»Dich nicht?« fragte Agrippina d'Aubigné und blinzelte anzüglich. »Ach nein, du bist ein ehrsamer Bräutigam. Aber wie man dich kennt –«

Hier lachten alle. Henri am meisten.

Von hinten rief einer: »Vorsicht, ihr Herren! Die Liebe am Hofe von Frankreich hat schon manchem etwas eingetragen, daß er's bis an sein selig Ende spürte.«

(1935) Roman. Die Jugend des Königs Henri Quatre, S. 112f.

Die Bartholomäusnacht

Welche Nacht ist dies? Sankt Bartholomäus. Unternehmungen mögen noch so angemessen dem Weltgeschehen sein, sie bleiben immer in Gefahr, mißdeutet zu werden, und Dank ist ungewiß. (…).

Die Glocke von Saint-Germain-l'Auxerois gab das Zeichen. In der ganzen Stadt kam die Bürgerwehr hervor. An der weißen Armbinde und dem weißen Kreuz auf dem Hut erkannten sie einander. Vorgesehen war alles und jedem seine Aufgabe bestimmt, den Untertanen wie den Hohen. Herr von Montpensier hatte den Louvre übernommen mitsamt der Sorge, daß kein Protestant aus ihm entkäme. Die Straße Dürrer Baum war Herrn von Guise zugeteilt, denn er selbst hatte die Ehre erbeten, ein Ende zu machen mit dem Admiral, der noch immer nicht tot, sondern nur verwundet und hilflos war. Beim dumpfen Brummen der Glocke rief er hell unter seine Truppe: »Noch in keinem Krieg habt ihr einen solchen Ruhm erworben, wie ihr euch heute holen könnt!« Das sahen sie auch ein und gingen tapfer vor. (…). Bei Morgengrauen, eigentlich noch während der früh erhellten Sommernacht, standen in einem Zimmer des Louvre, das auf Platz und Gassen hinaussah, Karl der Neunte, seine Mutter Madame

Catherine und sein Bruder d'Anjou. Sie sprachen nicht, denn sie horchten, wann der Pistolenschuß fiele. Dann würden sie wissen, was geschehen wäre, und wollten zusehn, was weiter vorging. Der Schuß fiel – da hatten sie plötzlich nichts so eilig, wie einen Boten zu schicken nach der Straße Dürrer Baum, mit dem Befehl für Herrn Guise, er sollte nach Hause gehn und nichts unternehmen gegen den Herrn Admiral. Natürlich wußten sie, daß es zu spät war, und entsandten den Edelmann auch nur, damit sie es nachher bei den deutschen Fürsten und der Königin von England, vorschützen konnten zur Verminderung ihrer Schuld. (…). Die vorauszusehende Antwort traf ein, da flüchtete Karl unvermittelt zurück in seinen freiwilligen Wahnsinn. Mit dem Gebrüll, das allen seinen Zustand deutlich machte, suchte er sein eigenes Zimmer auf und befahl stürmisch, Navarra und Condé sollten zu ihm gebracht werden – auf der Stelle hergeschleppt! Was sich erübrigte, sie waren von selbst schon unterwegs.

Auf ihrem Weg hörten sie durch ein offenes Fenster eine Glocke, die Sturm läutete. Sie blieben stehen, und niemand von ihnen allen wagte zu sagen, was er dachte, bis Henri es selbst aussprach. »In der Falle.« Er setzte hinzu: »Aber wir können noch beißen.« Denn vor und hinter sich hatte er seine Edelleute, der Gang zwischen den Zimmern war voll von ihnen. Er hatte ihnen aber grade erst Mut gemacht, da öffneten sich alle Türen, vorn, rückwärts, auf beiden Seiten, und spien Bewaffnete aus. Als erste wurden niedergemacht Téligny, der Schwiegersohn des Admirals Cologny, und Herr de Pardaillan. Henri sah nicht mehr als dies, er wurde weitergestoßen. Jemand faßte ihn am Arm und zog ihn zu sich hinein. Condé kam mit, denn in dem Gedränge hatten sie sich Schulter an Schulter gehalten, ihrer Verteidigung wegen. Als er sie drinnen hatte, schloß Karl selbst die Tür ab. Sie waren bei ihm in seinem Schlafzimmer.

Die drei Männer hinter dieser Tür horchten auf die Geräusche draußen, das Mordgeschrei, auf den Anprall von Waffen, Sturz von Körpern, das Röcheln und das Mordgeschrei. Als in der Nähe alle Getöteten ausgeseufzt hatten, verzog sich das Geschrei weiterhin. Seine Bedeutung war auch: »Es lebe Jesus!« Seine Bedeutung war auch: »Tod! Tod! Alles totschlagen!« – und heulend zog es in die Ferne. »Tue! Tue!« – ein heulender Laut. Er strich in wechselnder Stärke durch die Gänge und Säle hin und her, kreuz und quer. Wer horchte, glaubte das Schloß Louvre weit und breit von bösen Geistern besetzt, anstatt von Edelleuten und ihren Truppen. Das Menschenwerk, das hier verrichtet wurde, hinauszusehn aus dieser Tür: wahrscheinlich geschah in Wirklichkeit nichts. Nur das Dämmern des Augustmorgens breitete sich aus, und das einzige echte Geräusch waren die Atemzüge Schlafender.

Aber niemand sah hinaus. Alle, Karl so gut wie seine beiden Gefangenen, klapperten mit den Zähnen und verheimlichten einander die Gesichter. Der eine drückte es in seine Hände, der andere kehrte es der Wand zu, der dritte beugte sich tief. »Euch scheint wohl auch, daß es nicht wahr sein kann?« sagte Karl einmal. Er war nicht im geringsten mehr toll, seitdem sie draußen gründlich waren. »Aber es ist wahr«, erklärte er eine Weile später, und zugleich fiel ihm etwas ein, das er sagen sollte. »Ihr habt selbst die Schuld an allem. Wir mußten euch zuvorkommen, da ihr eine Verschwörung angezettelt hattet gegen mich und mein ganzes Haus.« Da hatte er es zum ersten Mal von sich gegeben, wie seine Mutter, Madame Catherine, es ihm vorgesprochen hatte, und bei der Erklärung blieben sie. Condé erwiderte heftig: »Dich hätte ich längst umbringen können, wenn ich gewollt hätte, und achtzig protestantische Edelleute, die wir im Louvre waren, brauchen keine große Verschwörung, um euch alle zu erschlagen.« Henri sagte: »Meine Verschwörungen finden gewöhnlich im Bett statt, bei deiner Schwester.« (…).

Henri lachte, er kicherte in sich hinein: das war unaufhaltsam wie das Schluchzen Karls. Das Komische wird durch Grausen noch komischer. Im Ohr hat man das heulende Mordgeschrei, vor dem Geist aber erscheinen die Schuldigen mit ihren Häßlich-

keiten und Gebrechen. Das ist eine große Wohltat, denn am Haß würde man ersticken, könnte man nicht lachen.
(1935) Roman. Die Jugend des Königs Henri Quatre, S. 271ff.

Der Tod und die Amme

Der Abend hatte sich niedergelassen, der Abend vor Pfingsten: da erwachte Karl. Die Amme erkannte es an seinem Atem allein. Sie machte Licht und sieh, sein Bluten hatte aufgehört. Dafür war er jetzt überaus schwach, mit Anstrengung hob er die Hand, um ihr zu bedeuten, was er wollte. Sie verstand nicht, obwohl sie ihn aufsetzte und das Ohr an seine Lippen legte. »Navarra«, hauchte er, und sie erriet es. (…).

Henri von Navarra indessen ging einen Weg der Ängste – durch enge gewölbte Gänge, starrend von Bewaffneten. Ihm wurde kalt, bei all dem entblößten Eisen, den Arkebusen, Hellebarden, Partisanen. Er erkannte den Tod, nicht anders als Karl selbst – hatte aber dabei all sein Blut, sowie die Füße zum Entlaufen. Wirklich stockte er und wäre umgekehrt. Kam dennoch an, trat ein und ließ sich auf die Knie. Von der Tür bis an den Fuß des Bettes ging Henri auf den Knien. Hier vernahm er, was Karl hauchte. »Mein Bruder, jetzt verlieren Sie mich, aber Sie selbst wären längst nicht mehr am Leben. Ich allein habe den anderen abgeschlagen, was sie vorhatten. Dafür wollen Sie sich künftig meiner Frau und meines Kindes annehmen. Künftig«, wiederholte er – und so leise er sprach, das Wort hallte. Er weiß, daß ich soll König von Frankreich sein! Wer stirbt sieht die Zukunft.

So ist es, daher ein großes Unbehagen bei Madame Catherine. Horoskope und die Dämpfe der Metalle stehen allerdings gegen das Wort des Sterbenden. Gleichwohl sind solche Worte folgenschwer, darum aufgepaßt! Karl ringt, um Henri noch eins zu hinterlassen. Es soll eine Warnung sein, das ist ihm anzusehen. »Trau nicht meinem –« beginnt er, da fährt sie schon hinein. »Sag das nicht!« Weil nun Karl endgültig erschöpft war und zurück auf das Kissen fiel, blieb unentschieden, wen Henri mehr zu fürchten hatte, ob d'Anjou, der ihn haßte, oder d'Alencon, seinen eigenen, unsicheren Gefährten. Er beschloß sich vor beiden zu hüten.

Madame Catherine verließ das Sterbezimmer, als sie sich überzeugt hatte, daß Karl nicht mehr sprechen würde. Henri harrte, immer noch kniend, so lange aus, bis der Todeskampf begonnen hatte.

Bei ihrem Pflegling blieb schließlich allein zurück die Amme. Über ihn geneigt, fing sie seine Seufzer auf – nicht als hätte sie gefühlt mit dem, der selbst nicht mehr fühlte, sondern einfach, damit sie genau feststellte, wann der letzte abbräche. Sie wußte wohl: in diesem vergehenden Geist gespensterte nur noch das Früheste, lang Vergessene, niemandem bekannt als ihnen beiden. Ihr fiel es wieder ein zugleich mit ihm, und dem Entschlafenen zur Seite kehrte sie in alte Tage zurück. Nur seine letzten Seufzer bewegten seine Lippen; dennoch verstand sie »Wald«; dennoch verstand sie »Nacht« und »müde«. Das Kind hat sich verirrt im Wald von Fontainebleau, jetzt fürchtet es sich im Dunkeln. Vorzeiten geschah dies, und geschieht zuletzt nochmals. Sie summt statt seiner die Worte. Eintönig wiederholte Worte fügen sich ungewollt aneinander, und sie summt:

»Mein Kind, es ist schon kalt,
Es wird schon Nacht, du Kind,
Es ist schon Nacht im Wald,
Es ist schon kalt im Wind.«

Summt es lange, schläfert auch sich damit ein.

»So klein findst keinen Weg –«

Hier merkt sie insgeheim: etwas ist eingetreten.

»So müd und keine Ruhe –«

Bei Gott, es war der letzte, war sein letzter Seufzer. Sogleich richtet sie sich auf, und seine Lider schließend spricht sie stark:

»Ich Amme aber leg
Dich in die sichere Truhe.«

(1935) Roman. Die Jugend des Henri Quatre, S. 364ff.

Die katholische Liga *

Der Präsident der Rechnungskammer zählte noch viele verschwendete Millionen auf, er beklagte die Höhe der Steuern, ihre ungerechte Verteilung, die Bestechlichkeit aller derer, die sie einzogen, voran der königliche Liebling, Herr v. O., einfach O. Dagegen versäumte der Sprecher es, mehrere andere zu nennen, obwohl auch sie gewisse Steuern gepachtet hatten und das Volk auspreßten. Unter ihnen nämlich hätten sich Mitglieder des Hauses Guise befunden, und ihre Erwähnung wäre besonders unpassend gewesen in Anbetracht dessen, was jetzt folgen sollte. Denn herbeigeschleppt wurden große Säckel, daraus rann Gold von spanischer Prägung und hörte nicht auf zu rinnen. Der Säckelmeister verteilte es gemäß den Befehlen des Herzogs von Guise, unter die Schöffen, Pfarrer, einflußreichen Bürger, Beamten und Kriegsmänner. Dafür schrieb jeder seinen Namen auf die Liste, Lothringen obenan, und jeder rief auch noch das Wort »Freiheit« aus.

Dies war der Anfang der »Liga«. Hiermit war, nach Ausschüttung der Säckel mit spanischen Pistolen, der Bund begründet zu dem Ende, einer Partei die Macht und Gewalt auszuliefern. Die bekam sie dann auch gerade genug, um in vielen Jahren des Schreckens und der Mißerfolge das Land einer Zerreißung nahezubringen, den König in den letzten Winkel zu drängen und alles Menschliche zurückzuwerfen um die Dauer ganzer Geschlechter. Hier geschah der Anfang, und während das fremde Geld schnell weggesteckt wurde, ohne daß die Empfänger auf die Prägung sahen, drangen von der Straße herein die Rufe »Heil!« und »Freiheit!«.

Das betrogene Volk ließ seinen würdigen Führer hochleben; der hatte tatsächlich dasselbe Recht für voll genommen zu werden wie sein Anhang von Pöbel. Was heißt betrogen. Sie sind es niemals so sehr, wie man nachher tut. Das spanische Gold haben die Unterführer zu sehen bekommen, das Volk sieht den blonden

Bart, der es begeistert. Dafür weiß es im Grunde ausgezeichnet, daß ihm an keiner Rettung der Religion gelegen ist und daß mit ihm selbst kein fabelhaftes Erwachen vorgeht. Sondern sie wollen andere enteignen, sie von ihren Arbeitsplätzen jagen und sich bereichern. (…).

Henri hatte hier noch keine Zeit, seine Gefühle zu befragen: zu viel geschah. Vor allem zeigte Guise sich von einer neuen Seite, als Verführer und Menschbehandler; niemand hätte dem hochmütigen Gliedermann so viel zugetraut an Verschlagenheit und Schnelle. Was der Vorteil tut! Und außerdem machten sie es ihm leicht, da alle sich geschmeichelt fühlten, in demselben Verein zu sitzen mit großen Herrn. Guise teilte ihnen ihre Aufgaben zu, den Militärs die Zwangswerbungen für die Truppe der Partei, den Geistlichen die Aufhetzung des gemeinen Volkes, den Bürgern den Widerstand gegen den Staat hinsichtlich aller Zahlungen. Er verlieh ihnen Titel samt dem Anspruch auf das zugehörige Amt, falls dieses frei würde durch den Abgang des Inhabers. Durch seine Ermordung, wie jeder begriff.

(1935) Roman. Die Jugend des Königs Henri Quatre, S. 393ff.

Heil dem König *

Desselben Tages ritten sie dorthin, der Herzog von Guise wie gewöhnlich mit reichem Gefolge, Navarra ganz allein. Noch immer kannte er Paris nicht sehr genau und horchte umsonst nach dem Namen der Kirche. Wo sie vorbeikamen, gab das Volk von Mund zu Mund ein Wort weiter. Das hieß: »Der König von Paris! Heil!« Dieser König wurde gegrüßt mit der erhobenen rechten Hand. Die Frauen machten es wie die Männer, nur daß sie sich oft vergaßen und mit beiden Händen hinauflangten nach dem blonden Helden ihrer Träume. Der strahlte hinab auf Gerechte und Ungerechte wie die Sonne selbst. So langten sie an, und als das viele Eisen der Kriegsleute zur Ruhe gekommen war, bestieg Pfarrer Boucher die Kanzel. Das war ein Redner von neuer Art.

Er schäumte beim ersten Wort, und seine rohe Stimme überschlug sich zum weibischen Geschrei. Er predigte den Haß gegen die Gemäßigten. Nicht nur die Protestanten sollten verabscheut werden bis zur Vernichtung. In einer Nacht der langen Messer und der rollenden Köpfe wollte Boucher besonders abrechnen mit den Duldsamen, auch wenn sie sich katholisch nannten. Die Schlimmsten waren ihm in beiden Religionen die Nachgiebigen, die sich bereit fanden zur Verständigung und dem Land den Frieden wünschten. Den sollte das Land nicht haben, und Boucher behauptete tobend, daß es ihn gar nicht aushalten würde, weil er gegen seine Ehre wäre. Der Schmachfriede und aufgezwungene Vertrag mit den Ketzern würde zerrissen. Laut schrien der Boden und das Blut nach Gewalt, Gewalt, nach einer kraftvollen Reinigung von allem, was ihnen fremd wäre, von einer faulen Gesittung, einer zersetzenden Freiheit.

(1935) Roman. Die Jugend des Königs Henri Quatre, S. 388f.

Die Vollendung des Königs Henri Quatre

Meditationen *

Henri nahm die Stufen schnell. Der Gang vor der hellen Tür war umso dunkler, Henri konnte nicht gesehen werden, während er dort stand und den einsamen Saal überblickte; durch eine so kleine Versammlung wurde der Raum weiter und leerer. Die Meinen, dachte Henri – und so sahen sie auch aus, die Präsidenten und Räte in abgenutzten Kleidern, tiefe Schatten unter den Augen, und diese glänzten vom Fieber, den Entbehrungen, der lange ertragenen Lebensgefahr. Justizbeamte wie ihresgleichen vor und nach ihnen, hatten sie dennoch im Namen des Rechtes hartnäckig der Gewalt widerstanden. Justiz ist allerdings nicht Recht. Man weiß sogar, daß sie gewöhnlich eine geschickte Vorkehrung gegen den Sinn des Rechtes und seine Ausbreitung ist. Henri: dennoch haben sie gekämpft für das Königreich wie meine Alten von Coutras, Arques, Ivry, und ohne ihre Schlachten wären meine vergeblich. Sie haben es mit den Verfolgten gehalten, anstatt mit den Mächtigen, und standen zu den Armen gegen die großen Räuber. So mein ich es selbst, und habe wohl Tausenden von Bauern ihre Höfe zurückerobert, jeden einzeln, und das war mein Königreich. Das ihre ist das Recht: so meinen sie's mit den Menschen.

Er trat vor, den Hut auf dem Kopf, wie auch sie ihre schlechten Hüte oben ließen; er sprach sie an: »Meine Herren Humanisten. Wir haben zu Pferd gesessen und das Schwert geführt, meine Herren Humanisten. Weil wir aber höchst streitbar waren, stehen wir jetzt hier, und das Tor unserer Hauptstadt ist für uns offen. Das Parlament von Paris hat es mir aufgemacht, da der abscheuliche Tod Ihres Präsidenten Brisson das erste Zeichen und die letzte Warnung war.« Der König nahm den Hut ab und neigte die Stirn, dasselbe taten seine Parlamentarier. Nach Ablauf des stummen Gedenkens redete der Erste Präsident von Rouon, Claude Groulart; obwohl ein Katholik, wie sie alle, bestand er ganz auf der Sorge, daß der König seinen Glauben nicht abschwören möge, wenn es entgegen seinem Gewissen wäre. Henri antwortete: »Ich habe nur immer mein Heil gesucht du allezeit gebetet zu der Göttlichen Majestät, daß sie es mich möge finden lassen. Die Göttliche Majestät gab mir zu wissen, durch die unmenschlichen Greuel, die in Paris von anderen ausgeführt wurden, aber ich selbst mußte sie verantworten – gab mir zu wissen, daß mein Heil dasselbe ist wie die Herstellung des Rechtes, und dieses ist die vollkommenste Gestalt, die ich vom Menschlichen kenne.«

Seine Worte waren nach dem Sinn der Rechtsgelehrten, laut riefen sie: »Es lebe der König.«

Henri wollte keinen Abstand mehr wahren, sondern ging mitten unter sie und erklärte den einzelnen vertraulich, wie schwer er es gehabt hatte mit seiner Göttlichen Majestät, bis sie seinen Übertritt guthieß. Er sagte nicht Todessprung, obwohl er es dachte. (...).

Er legte sich nieder, ohne daß er gegessen hatte, und schlief sofort ein. Als er erwachte, war morgen und an sein Bett trat Pastor La Faye. Henri ließ ihn hinsitzen, er umfaßte mit seiner Hand den Nacken des alten Mannes und fragte ihn nochmals: ob es wahr wäre, daß die Eigenschaften des Menschen mit der Zeit ihren Sinn ändern, wie La Faye es ihm vorgehalten hatte. So wäre es, erwiderte der Pastor. »Und auch sein Glaube?« fragte Henri weiter. »Bedeutet er jetzt das Falsche, wenn er früher das Wahre gewesen ist?« »Sire! Ihnen wird verziehen. Gehen Sie nachher zur Kathedrale mit Freuden, damit unser Herrgott sich freut.«
(1938) Roman. Die Vollendung des Königs Henri Quatre, S. 192ff.

Die Messe *

Er trat durch das große Portal ein. Fünf oder sechs Fuß weiterhin fand er sich vor dem Erzbischof von Bourges, der saß auf weißem Damast in einem Lehr- und Gerichtsstuhl, um ihn herum die Prälaten. Es fragte der Erzbischof, wer er sei, und Seine Majestät antwortete: »Ich bin der König.« Besagter Herr de Bourges, der keineswegs mehr den früher bemerkten Schweinskopf hatte, sondern wie er dreinschaute, war Würde, und was sein Maul sprach, war geistliche Macht – dieser begann nochmals: »Was verlangen Sie?« – »Ich verlange«, sagte Seine Majestät, »aufgenommen zu werden in den Schoß der Katholischen, Apostolischen, Römischen Kirche«. – »Wollen Sie es aufrichtig?« sagte der hohe Herr von Bourges. Worauf Seine Majestät zur Antwort gab: »Ja, ich will und begehr es.« Und hingekniet auf ein Kissen, das der Kardinal do Perron ihm unterschob, legte der König nunmehr sein Glaubensbekenntnis ab – vergaß auch nicht sich zu verwahren gegen jede Ketzerei, und die Ketzer schwor er auszurotten.

Dies alles war angehört, und sogar das selbstgeschriebene Bekenntnis seines neuen Glaubens überreichte der König dem

Erzbischof, der sitzend die Hand ausstreckte: da endlich bequemte sich der Erzbischof von seinem Stuhl. Einen flüchtigen Schatten lang glaubte man während seines Aufstehens, daß er zögerte und wüßte nicht weiter. Das kam von dem anstrengenden Blick Seiner Majestät, den aufgerissenen Augen, dieselben, die bei Ivry eine Anzahl feindlicher Lanzenreiter gebannt und aufgehalten hatten, bis die Hilfe nachrückte. Hier dagegen erwartet niemand die Seinen, vielmehr ist er der Unsere. Daher erhob der Erzbischof sich vollends. Ohne daß er die Mitra vom Kopf nahm, gab er dem König das Weihwasser, ließ ihn das Kreuz küssen, erteilte ihm Ablaß und Segen.

Sowohl Herr de Bourges wie Henri kannten genau die weitere Reihenfolge, nur kostete es viel Mühe, durch die Kirche in den Chor zu gelangen: das Volk quoll über das Schiff, bis unter die Gewölbe hing es, und keine Öffnung der bunten Scheiben, durch die nicht Leute krochen. Im Chor hatte Henri einfach seinen Schwur zu wiederholen; diesmal erlaubte er sich einige Ungeduld und mehrere Flüchtigkeiten. Dann ging es hinter den Hochaltar, und beim Gesang des Tedeum beichtet Henri: so war die Annahme. In Wirklichkeit verschnaufte Herr de Bourges hörbar, Henri schloss die Augen, und wenig wurde gesprochen. Meine liebe Herrin, dachte Henri. Ich durfte nur von unten auslugen: weiß sie, daß ich sie hinter dem Pfeiler bemerkt habe? Schöner als die Frauen des Paradieses, verheißungsvoll wie die Nacht, und wär es schon glücklich Nacht! Dies wünschte er sich aus einem besonderen Grunde, weil er auf seinem Weg durch das Gedränge von einem der Seinen ein gewisses Wort gehört hatte. Wenn das die Seinen sagen, was denkt erst Herr de Bourges? War doch der Mann ein richterlicher Beamter; hatte mit den anderen seinen Herrn im feierlichen Zug zur Kathedrale geleitet. Jetzt hab ich den Todessprung vollführt, da raunt er Unheil. Sein Nachbar hat ihn nicht verstanden bei dem Lärmen der dichten Menge. Nur ich, der Ohren hat, vernahm das Wort: eine Voraussage, schrecklich und schlimm.

Hiernach hörte er die Messe, der Erzbischof von Bourges zelebrierte sie, und war für den König ein Oratorium erbaut, roter Samt und goldene Lilien, der Himmel aus Goldstoff. Der König empfing die Kommunion. (…). Zurück zur Kirche, denn als geistliche Nachkost sollte eine Predigt des Hohen Herrn von Bourges genossen werden, und auf ihr letztes Amen folgte alsbald Abendandacht. Beflissen hörte Seine Majestät allem zu. Stieg dann wohl zu Pferd, aber nur damit er in einer anderen, entfernten Kirche sein Dankgebet verrichtete. Als er zu Saint-Denis wieder eintraf, wurde es Nacht, Freudenfeuer brannten: Menschen, die ihre Eßkörbe sowie den Kelch der Begeisterung heute gelehrt hatten, tanzten um die großen Fackeln, die Rüstigen auf einem Bein, und wer nüchtern zusah, verkannte schwerlich, daß ihre Freude keinen Grund mehr hatte. Am frühen Morgen hatten sie ihrem König zugerufen, weil er ihnen zuliebe den dornigen Gang tat und um geschehener Leiden wegen, die begütigt werden sollten, sich mit ihnen vereinigte. Jetzt zur Nacht empfingen sie ihn ungleich lärmender, er fand darin keinen Sinn, war übrigens ermüdet von diesem Tag, mehr und tiefer, als wäre von früh bis spät eine Schlacht gewesen. Hielt zu Pferd und dachte: Was aber ist seither im Wirtshaus vorgegangen. Davon wissen sie nichts. Tanzen um die Flamme. Sogar Freudenfeuer verbrennen die Haut, schreit nur auf, wenn ein anderer Dummer euch hineinstößt. Ich ritte jetzt nach dem Wirtshaus. Fänd es wohl leer, auch dort wird's aus sein wie dieser Tag, und ich bin herzlich müde.

Die alte Abtei lag ohne Licht, wer hätte ihn wohl erwartet. Nicht seine liebe Herrin, wenn sie gewiß auch lag und lauschte. Aber weder rief sie ihn, noch wünschte sie, daß er bei ihr einträte. Allein sein, bis die Sonne kommt, etwas anderes getrauen wir uns nicht, sind durch Ahnung einer vom anderen benachrichtigt, ob eine Stunde schwierig oder geheuer ist. Aber nach seinem Bade verlangte er jetzt, und sein Erster Kammerdiener Herr d'Armagnac ließ sogleich alles Gesinde um Wasser laufen. Von den

Geräuschen des eiligen Wesens im Dunkeln wurden einige Personen aus ihren Betten vertrieben, darunter Protestanten, und diese waren vorschnell im Urteil. Er wäscht sich von seiner Sünde, daß er eine so schöne Messe gehört hat! Das war es nicht.
(1938) Roman. Die Vollendung des Königs Henri Quatre, S. 200ff.

Die geliebte Gabriele *

Die Stimme aus dem Dunkel brach ab, der Knabe Wilhelm fühlte, daß er allein war.

Henri saß seit einer Weile bei Gabriele. Die Herren Rosny und Matignon unterhielten den König mit seiner Liebsten, beflügelt und heiter waren alle (...). Da trat bescheiden und artig der junge Sablé vor diese vier Personen hin; verneigte sich; wartete, daß der König befehle. Der König winkte ihm, er sagte: »Sing das Lied!« (...).

Mehrere der Männer, die auf dem glücklichen Schiff die Segel setzten, waren leis herzugekommen, da sie singen hörten, und von dieser frischen, zärtlichen Stimme. Frommes Lauschen, das heimliche Schluchzen des Wassers am gleitenden Kiel und Wilhelm, den wahrhaftig niemand unterbrechen wollte sang das Lied:

»Reizende Gabriele,
Dem Ruhm gehorchend war's,
Wenn blutend aus der Seele
Ich fortzog mit Gott Mars.
Grausames Abschiedgeben,
O Tag voll Schmerz,
Hätt ich nicht dieses Leben
Oder kein Herz!

Amor muß mich nicht mahnen,
Du hast mich angesehn –
Schon folg ich seinen Fahnen,

Dem großen Kapitän.
Grausames Abschiedgeben,
O Tag voll Schmerz,
Hätt ich nicht dieses Leben
Oder kein Herz!

Ein Königreich, mein werde
Durch Krieg es werde und Geschick,
Die ganze weite Erde
Gehorche deinem Blick.
Grausames Abschiedgeben,
O Tag voll Schmerz,
Hätt ich nicht dieses Leben
Oder kein Herz!

Du Stern, den ich verlassen,
Dein Denken, welche Not!
Ich muß vom Schmerz verblassen,
Erschein! Sonst wär ich tot.
Grausames Abschiedgeben,
O Tag voll Schmerz,
Hätt ich nicht dieses Leben
Oder kein Herz!«

Als Wilhelm geendet hatte, blieb es lange ganz still, wenn man ein heimliches Schluchzen ausnimmt: wie das des Wassers am gleitenden Kiel.
(1938) Roman. Die Vollendung des Königs Henri Quatre, S. 457f.

Ansprache des Henri Quatre aus den Wolken *

Man hat mich heraufbeschworen, man wollte sich von meinem Leben inspirieren lassen, da man es mir ja nicht zurückgeben konnte. Ich bin selbst nicht ganz sicher, ob ich seine Wiederkehr wünsche, und noch weniger, ob ich recht begreife, weshalb ich mein Schicksal habe erfüllen müssen. Im Grunde ist unser Weg auf dieser Erde von Leiden und Freuden gekennzeichnet, die unserem Verstand fremd und zuweilen unter unserer Würde sind. Wir würden besser handeln, wenn wir uns beobachten könnten. Was die anderen betrifft, so haben sie gewiß das Urteil über mich gefällt, ohne mich zu sehen. Eines Tages trat jemand, der noch jung war, von hinten an mich heran, hielt mir mit seinen Händen die Augen zu; worauf ich antwortete, um das zu wagen, müßte man entweder groß oder reichlich vermessen sein.

Schaut mir in die Augen. Ich bin ein Mensch wie ihr; der Tod ändert nichts daran und auch nicht die Jahrhunderte, die uns trennen. Ihr haltet euch für erwachsene Leute, weil ihr einer Menschheit angehört, die dreihundert Jahre älter ist als zu meinen Lebzeiten. Doch für die Toten – gleichviel ob sie seit langem tot sind oder erst seit gestern – ist der Unterschied gering. Ganz abgesehen davon, daß die Lebenden von heute abend die Toten von morgen sind. Wahrhaftig, mein Brüderlein des Augenblicks, du siehst mir seltsam ähnlich. Hast du nicht die Rückschläge des Krieges erlitten, nachdem du das Kriegsglück gekostet hast? Na und die Liebe, ihre keuchenden Kämpfe, gefolgt von einem ungeduldigen Glück und von einer Verzweiflung, die endlos währt. Ich hätte nicht unter dem Dolch geendet, wäre meine teure Geliebte noch am Leben gewesen.

Man sagt das so, doch kann man wissen? Ich habe einen gewagten Sprung getan, der gut und gern ein paar Dolchstöße wert war. Mein Los entschied sich im selben Augenblick, da ich die Religion abschwor. Das war jedoch Dienst an Frankreich auf meine Art. So kommen unsere Absagen oft Taten gleich, und unsere Schwächen können uns Entschlossenheit ersetzen. Frankreich ist mir zu großem Dank verpflichtet, denn ich habe ihm gute Arbeit geliefert. Ich habe meine Stunden der Größe gehabt. Doch was heißt das: groß sein? Die Bescheidenheit besitzen, seinesgleichen zu dienen und dabei über sie hinauszuwachsen.

Prinz vom Geblüt und Volk bin ich gewesen. Ventre saint gris, man muß das eine und das andere sein, will man nicht Gefahr laufen, ein mittelmäßiger Hamsterer nutzloser Staatsgroschen zu bleiben.

Ich wage mich sehr weit vor, denn letzten Endes stammt mein Großer Plan aus der Zeit meines Verfalls. Doch der Verfall ist vielleicht nichts anderes als eine höchste und schmerzliche Vollendung. Ein König, den man »groß« genannt hat – und sicherlich ahnte man nicht, wie treffend der Ausdruck war –, gewahrt zuguterletzt den ewigen Frieden und eine Gesellschaft christlicher Prägung. Womit er die Gesetze seiner Macht und selbst seines Lebens überschreitet. Größe? Aber sie ist nicht von dieser Welt; man muß gelebt haben und dahingeschieden sein.

Ein Mensch, der vor seinem Ableben steht und der es spürt, setzt immerhin eine ferne Nachwelt in Bewegung und vermacht sein nachgelassenes Werk der Gnade Gottes, die gewiß ist, und dem Genius der Jahrhunderte, der unsicher ist und unvollkommen. Mein eigener Genius war es ja auch. Ich habe euch nichts vorzuwerfen, meine teuren Zeitgenossen, die ihr mir drei Jahrhunderte nachhinkt. Eines dieser Jahrhunderte, das nicht meines war, habe ich gekannt. Ich war ihm überlegen, was mich nicht hinderte, sogar dann noch ein Überlebender vergangener Zeiten zu sein. Bin ich es noch jetzt, da ich wieder unter euch weile? Ihr würdet mich eher anerkennen, und würde ich mich an eure Spitze stellen: alles wäre von vorn zu beginnen. Vielleicht würde ich ausnahmsweise nicht umkommen. Habe ich gesagt, daß ich nicht von neuem zu leben wünschte? Aber ich bin doch nicht tot. Ich lebe, jawohl, und nicht auf übernatürliche Weise. Ihr setzt mich fort.

Bewahrt all euren Mut inmitten des gräßlichen Getümmels, in dem so viele gewaltige Feinde euch bedrohen. Zu allen Zeiten gibt es Unterdrücker des Volkes; nie habe ich sie geliebt. Sie haben kaum das Kleid gewechselt, doch überhaupt nicht die Gestalt. Ich habe den König von Spanien gehaßt, der euch unter anderem Namen bekannt ist. Er ist noch längst nicht bereit zum Verzicht auf seine Anmaßung, Europa und zuallererst mein Königreich Frankreich zu verführen. Doch dieses Frankreich, das meines war, bewahrt die Erinnerung daran; es ist immer noch der Vorposten der menschlichen Freiheiten, die da sind: Gewissensfreiheit und die Freiheit, sich satt zu essen. Nur dieses Volk versteht es, seiner Natur entsprechend ebensogut zu reden wie zu kämpfen. Alles in allem ist es das Land, wo es am meisten Güte gibt. Nur durch Liebe kann die Welt gerettet werden. In einer Zeit der Schwäche hält man Gewalt für Entschlossenheit. Nur die Starken können es sich erlauben, euch zu lieben, zumal da ihr es ihnen schwer macht.

Ich habe viel geliebt. Ich habe mich geschlagen und die Worte gefunden, die packen. Französisch ist immer meine Lieblingssprache: selbst die Fremden möchte ich daran erinnern, daß die Menschheit nicht dazu erschaffen ist, ihren Träumen zu entsagen, die nichts anderes sind als wenig bekannte Realitäten. Das Glück, es gibt es. Erfüllung und Überfluß sind in Reichweite. Und die Völker kann man nicht erdolchen. Habt keine Angst vor den Messern, die man gegen euch aussendet. Ich habe sie vergeblich gefürchtet. Macht es besser als ich. Ich habe zu lange gewartet. Die Revolutionen kommen nie zur rechten Zeit: deshalb muß man sie zu Ende führen, und zwar gewaltsam. Ich habe gezögert, ebensosehr aus menschlicher Schwäche, wie auch weil ich euch schon von hoch oben sah, Menschen, meine Freunde.

Nichts bedaure ich bis auf meine Anfänge, da ich mich herumschlug in Unkenntnis von allem, was in der Folge auf mich zukommen sollte: Größe und Pracht, dann bitterer Verrat und abgestorben vor mir die Wurzel meines Herzens, die keine Blüten mehr treiben wird. Wollte ich auf mich hören, würde ich euch nur von Waffengeklirr sprechen und vom wunderbaren Klang der Glocken, die allenthalben Alarm läuten, während Stimmen unaufhörlich schreien: Zum Sturmangriff voran! Voran! Und

Töte! Töte! Dreißigmal wäre ich fast getötet worden in diesem Hexenkessel. Gott ist mein Hüter. Und seht den alten Mann, dem es keinerlei Mühe bereitet hat, euch zu erscheinen, da jemand mich gerufen hat.
(1938) Roman. Die Vollendung des Königs Henri Quatre, S. 857ff.

Fern von Europa in Los Angeles

»Von wohl keinem anderen bedeutenden deutschen
Schriftsteller des 20. Jahrhunderts läßt sich so deutlich
wie bei Heinrich Mann feststellen, daß die Probleme
der Erforschung seines Werkes unmittelbar mit
den Problemen der Epoche zusammenhängen.
Dieser Autor war nicht nur in dem allgemeinen Sinn
ein Kind seines Zeitalters, in dem zwei Weltkriege
gesellschaftliche und politische Verhältnisse umstürzten;
wie auch viele andere Menschen wurde er aus
seiner Lebensbahn geworfen und in nie für möglich
gehaltene neue Handlungssituationen gestellt.«

Peter Stein (2002)

Vorbemerkung

Als Heinrich Mann mit seiner Frau Nelly im September 1940 in Lissabon das griechische Passagierschiff »Nea Hellas« bestieg, um vor Hitlers Schergen in die USA zu fliehen, war ihm wehmütig ums Herz. Er war dankbar, mit amerikanischer Hilfe Europa verlassen zu können und dem KZ zu entkommen, in das ihn die Nazis vermutlich gesteckt hätten. Er war aber auch voller Trauer, da er spürte, dass er nie mehr nach Europa zurückkehren würde. In Amerika erwartete ihn – er war fast 70 Jahre alt – eine ungewisse Zukunft. Schnell zeigte sich, dass er in der Hochburg des Kapitalismus nicht wie zuvor in Nizza eine Heimat finden würde. Amerika wurde nicht zu einem Land seiner Träume, sondern zum Land bitterer Erfahrungen. Im Gegensatz zu anderen wie Franz Werfel, Lion Feuchtwanger und seinem Bruder Thomas gelang es ihm nicht, auf dem amerikanischen Buchmarkt Fuß zu fassen. Dennoch schrieb er noch die drei Romane *Lidice*, *Der Atem*, *Empfang bei der Welt* und sein Erinnerungsbuch *Ein Zeitalter wird besichtigt*. Keines dieser Werke fand in den USA einen Verleger. Sie erwiesen sich als zu eigenwillig, zu politisch aufgeladen und inhaltlich für den amerikanischen Leser als unzugänglich. Für den erfolgsverwöhnten Autor war dies eine bittere Erfahrung. Er geriet in gesellschaftliche Isolation. Nach dem Freitod seiner Frau Nelly 1944 wurde es einsam um ihn. Er war auf die Hilfe seines Bruders Thomas und die Fürsorge von dessen Frau Katia angewiesen.

Der deutsche Europäer

Die Deutschen haben, wie meine Generation sich erinnern kann, vormals Sinn für Geschichte gehabt und für die Fragwürdigkeit ihrer eigenen. Ihre Art zu sein ist durch bessere Einsicht niemals geändert worden. Ihre Taten behielten die längst eingefahrene Richtung, keine durchaus wünschenswerte: und wirklich haben zu viele Deutsche die Gebärden der Nation verwünscht, als daß diese Gebärden und Taten für Rechtens anerkannt werden sollten. Von der Reformation Luthers bis zur Reichsgründung Bismarcks, beide mehr oder weniger rühmenswert, beide der Triumph der Persönlichkeiten, ist alles, aber auch alles gegen größere Minderheiten als gemeinhin üblich geschehen. Ganz eigentlich geschah es gegen die Gesamtheit, da es anders ausfiel, als sie gewollt hatten.

Keine deutsche Verwirklichung hat die Idee selbst erreicht, wie sich übrigens versteht. Ideen sind nicht bestimmt, erreicht zu werden. Sie müssen aber, wenn sie fertig dastehen, nicht unbedingt in ihr Gegenteil verkehrt sein. Gerade dies ist das Schicksal der volkstümlich deutschen Gedanken, die daher schwerlich durchgeführte Gedanken waren. Selten oder nie kamen die Deutschen über den Nebel von Träumen hinaus: Traum der Einheit, Traum der Freiheit, der Traum, gerecht und wahr zu sein. Begehrt wurde in jedem Fall, so unwahrscheinlich es heute aussieht, eine humane Gestaltung des Lebens. Das greifbare, heute allen greifbare Ergebnis der deutschen Geschichte ist dagegen ein Unmenschentum, das in der Vergangenheit Europas kein Beispiel vorfindet.

Der »totale Krieg«, ein Begriff von totaler Schamlosigkeit, wäre sogar als totgeborener Gedanke das Äußerste, dessen Angehörige des christlich-philosophischen Kulturkreises sich schuldig machen können. Das Ungeheuer von einem Einfall kommt aber lebend zur Welt. Deutschen Köpfen entsprungen, rast, blitzt, rasselt und keucht der totale Krieg nunmehr von Land zu Land. Er darf keines auslassen, keines ungeschoren, keinem einen Rest eigener Natur und natürlichen Gedeihens lassen. Es liegt zutage, daß der »totale Krieg« dermaßen total nicht gemeint war, von seinen Denkern nicht und weder von seinen Anstiftern noch von der ausübenden Gewalt. Ein Unheil, das die Begriffe übersteigt, geschieht nicht durch Vorausberechnung.

(1941) Essay. Der deutsche Europäer, Essays Bd. 3, S. 546–555, S. 548f.

»Was besitzt du denn?« fragte André nachsichtig, da er einsah: jetzt faselt der Alte. Dem Enkel ins Ohr, unter argwöhnischem Auslugen nach jeder Richtung, raunte Balthasar: »Du sollst meine Fässer sehen.«

»Deine Weinfässer?« Aus Schonung machte André sich nicht lustig, er ging auf das Geheimnis ein. »Scht!« zischte sein drolliger Ahne. »Du bist der erste. Niemand kennt sie.« Seine ausgetrunkenen Fässer! Was jetzt auf den Tisch kam, bezahlte er nicht selbst! Der Ärmste umfaßte die Schulter seines Nachfahren: »Komm, kleiner Sohn meines tüchtigen Arthur! Wir steigen zusammen in die Unterwelt.«

Schon auf der ersten Treppenstufe hielt er an: eine Gefahr war ihm eingefallen. »Sie kann uns nachspüren!« Er meinte Irene, die ihren Teil doch weg hatte und für entschlafen gelten konnte, eher als Balthasar. Indessen, was half es, ihm zu versichern, daß die Magd, nach so vieler Arbeit, ihre alten Füße unmöglich über mehrere Stockwerke schleppen werde, ihr Lohnherr bestand auf vollständiger Gewißheit. Behende, daß André ihm nur nachstaunte, erklomm er den oberen Absatz. Ein Schlüssel wurde umgedreht, einmal, noch einmal. (…). Wieder wurde eine Tür geöffnet und noch eine Treppe freigelegt. Sie wand sich schneckenhaft nach unten, war übrigens aus Eisen, wie deutlich zu erkennen. Das einfallende Tageslicht des zweiten Kellers erhellte ihn schwach, nach vielfacher Filterung. Gleichwohl, wer vorher blind gewandelt war und geharrt hatte, dem wurden die Augen aufgetan. André durchschritt die Tür, auch sie aus Eisen. Von der Plattform der Wendeltreppe überblickte er den Weinkeller und fand ihn nicht übermäßig groß. Die beiden Reihen der Fässer, die rings die Wände umgaben, erlaubten nur eine enge Mitte, auf ihr bewegte sich der glückliche Besitzer. Wie denn! Ausgelassene Sprünge tat er, hierhin, dorthin. Er betastete die festen Spangen, die seine köstlichen Gewächse bewahrten. Er zählte, ob nichts fehle. Sein Enkel begriff den Taumel eines überalterten Menschen, dem sonst nichts blieb als seine Weine. Die aber leben mit ihm noch. Es ist bekannt, daß sie in ihren Tonnen nicht untätig sind, sondern weiter zur Vollendung reifen. (...). Der Alte lächelte, sowohl erhaben als verschmitzt: »Diesen Besitz hat der Staat mir lassen müssen, als er den anderen raubte.«

»Ach, das Gold ist nur Chimäre!« sang André. Sein Großvater nickte beifällig. »Du hast sicher Durst.«

»Daß du auch alles errätst!« Der Enkel schmolz vor Verehrung. Dem guten Greis gefällig zu sein, war sein ganzes Trachten. Übrigens langweilte ihn der Aufenthalt. Durstig war er auch nicht. Balthasar belehrte ihn: »Übe dich, zu trinken und deine Gedanken beisammen zu haben. Du hast vergessen, die Tür zu schließen.« Welche Tür? Wollte der Junge fragen, da sah er sie droben allerdings offenstehen. Gehorsam lief er nach der Treppe. Sonderbarer Heiliger! Dachte er über den Geheimrat, der in Geheimnissen aufging. Hinter ihm erstreckten sich lichtlose Gänge und Hallen, den Ausgang sicherte ein Trick. Ihm genügte es nicht. Ein Neunzigjähriger hätte Grund, die Türen offenzulassen, im Fall ihm etwas zustieße!

Gut denn, die eiserne war angezogen und verriegelt. Von der Plattform herab sah André den Alten hingehockt zwischen den Reihen der Fässer. Aus einem von ihnen schöpfte er Wein. Vielmehr, genauer betrachtet, hatte er es gar nicht angezapft. Er tastete dahinter, zum Vorschein kam eine Kanne: aus ihr, zweifellos aus ihr füllte Balthasar die Gläser. Gut denn, beschloß André hier wieder. Es ist sein Mundvorrat, er hat ihn zur Hand. Meinetwegen keine Umstände! Indessen kam Balthasar vom Boden auf, hastig rückte er den Kopf, überrascht zu werden schien ihm unerwünscht. »Nein doch«, sprach der anständige Junge vor sich hin. »Wer wird da aufpassen. Ich bin es nicht gewesen.«

Schon war er unten, sein guter Balthasar kam ihm mit erhobenem Glas entgegen. Jeder saßen sie auf einem Faß, taten einander Bescheid und plauderten. Der Eigentümer des Kellers wollte wissen, ob sein Enkel erklären könne, wieso in diese Tiefe dennoch Tageslicht einfiel. André hob hilflos die Schultern: »Ist es wirklich Tageslicht, dann wirft die Sonne es herab«, entschied er und trank aus. Sein Großvater war befriedigt: »Siehst du, daß mein Wein auch deinen Kopf mit der Zeit nur klarer macht?«

André hätte sich gern eine ernsthafte Würdigung verdient: »Ein Architekt würde allenfalls herausfinden, welche Umwege, vom Dach her durch das ganze Haus, dieser blasse Schein genommen hat. Ich zeichne nur Plakate.« »Recht von dir!« Balthasar war nun völlig einverstanden. »Daraufhin schöpf ich uns nochmals an der beliebten Stelle.«

Gesagt, getan, er rutschte vom Faß und verschwand hinten. André hütete sich, ihm nachzusehen. Hätte er es doch getan, anstatt gelangweilt am Boden zu suchen! Hierbei sollte nichts Gutes herauskommen. Neben ihm, unter dem nächsten Faß, in einem fahlen Rest gesiebter Helligkeit glitzerte etwas. André, sich bücken und das Goldstück aufheben, war das Werk einer unbedachten Regung. Gleich nachher wollte er es ebenso zurücktun, fürchtete aber, sich zu verraten, wußte nicht mehr, wohin mit dem Ding, und der zurückgekehrte Balthasar fand es bei dem ersten Blick auf seiner flachen Hand. »Was ist das!« Seine Stimme war ungewohnt, ja, nie gehört. Der Ertappte versuchte Ausreden, die er, kaum erfunden, auch schon aufgab. »Ich hatte es zufällig bei mir. Ein Andenken, fragte Arthur! Nein, Großvater, nein guter Balthasar. Es war unter dem Faß. Hier!« Dabei sprang er auf die Füße, legte das Goldstück auf seinen vorherigen Platz und wartete, geteilt zwischen Schuldgefühl und der Lust zu lachen. Diese verging ihm alsbald: der gute Balthasar wurde furchtbar. »Ich bin bestohlen!« schrie er entsetzlich. »Hier lag nirgends Gold!« schrie er, im Widerspruch mit sich selbst, aber ihm war alles gleich, er führte sich auf, als wäre nichts, sogar der Anstand nicht mehr zu verlieren. Hingeworfen mit beiden Knien, mit dem ganzen Bauch sogar zum Schrecken seines Enkels, tastete der Greis die Fliesen ab, seine gekrallten Finger kratzten in ihren Lücken, wühlten Schmutz auf und untersuchten ihn trotz einem Hals, der hustete und keuchte.

Alles vollzog sich pünktlich und unglaublich wie im Traum. Was dem Enkel immer durch den verstörten Sinn fuhr, der Angsttraum von einem Balthasar führte es ohne weiteres aus. Jetzt wird er hochspringen, dachte André. Wie der Wind war er auf. Jetzt dreht er mir den Hals um! Da spreizte der Alte die Hände. Der Junge duckte sich und entging dem Griff. Aber er kann mich hier einschließen, wie droben Irene! Dies spricht er laut aus, um den Traum auf seine letzten Absichten zu prüfen, ihn, sofern es sein kann, abzubrechen. »Wenn du mich hier einschließt, sauf ich deinen ganzen Wein!«

»Wein?« wiederholte der Rasende, jäh erschöpft, als käm er weither. Er führte die beschmutzte Hand an seine Stirn. »Ich sehe, ich habe mich verirrt«, sprach er schamhaft, schloß die Augen und wartete auf ein gutes Wort. Der Junge erriet die Seele des Alten, sie rührte ihn sehr. Was der Ärmste jetzt an leeren Anklagen noch vorbrachte, sollte ihn und die überstandene Krise entschuldigen, das war alles, was er meinte, und André gab ihm recht. »Hier sind Diebe gewesen«, behauptete der Greis. »Ja doch, Großvater«, sagte der Enkel. »Du hast den Keller gekannt, ich bemerkte es gleich droben, beim Eingang.« Dies kam verlegen, obwohl noch immer Mißtrauen beabsichtigt wurde.

»Guter Balthasar!« sagte sein Enkel. »Bedenke meine Einfalt! Ich wäre bei weitem nicht gewitzt genug gewesen, deinen reizenden Keller zu entdecken. Nein. Aber wer kann dergleichen?« »Ein Architekt?« fragte der Alte bescheiden.

»Die lassen wir beiseite. Wozu in die Ferne schweifen? Am nächsten liegen deine Leute.« Als Antwort auf ein ratloses Blinzeln betonte er stärker: »Liegen deine Leute. Die dich auch sonst gern aufsuchen. Sagen wir besser: dir erscheinen. In gelben Kutschen, wenn es nicht schwarze, längliche sind.« Balthasar starrte ergriffen: »Wo hatte ich meine Gedanken? Ein Kind muß das erlösende Wort sprechen!« Er eilte auf der engen Mitte hin und her. »Natürlich bedürfen sie einer kleinen Übung nach ihrer langen Unbeweglichkeit. Sie sind die einzigen, die ungestraft den Lichtschacht benutzen, um einzudringen, noch davon abgesehen, daß die Türen gerade sie nicht aufhalten.«

Er hatte eine wahrhaft beglückte Miene bekommen. Leider störte ihn ein unabweislicher Einwand. Er blieb stehen, er klagte: »Aber sie stehlen nicht!« André erfreute sich einer ungemeinen Leichtigkeit, das Hindernis war keines. »Haben sie denn gestohlen?« fragte er und zeigte das Goldstück. »Durchaus nicht. Sie bezahlten bar, was sie tranken.« »Was sie tranken«, wiederholte Balthasar überrascht. Seine gewohnte Sicherheit hatte ihn nun einmal verlassen. Dem vorigen Toben folgte jetzt Abstumpfung, dies stellte der Enkel mit wachsender Besorgnis fest. Ein schleuniger Luftwechsel schien ihm geboten. »Nimm doch, und laß uns gehen!« Der Alte betrachtete weinerlich das Goldstück. Auf einmal griff er zu und barg es in seiner Kleidung.

»Du hattest einen glücklichen Einfall, mein Kind. Dafür soll dir einstmal aller Wein gehören. Du bist kein mühseliger Hochstapler, du nicht. Dein Vater endet im Armenhaus. Du aber erbst.« »Eine Weinhandlung«, ergänzte André. »Am Jüngsten Tag. Aber nimm einmal an, sie machten auch dann noch Krieg. Den Menschen wäre es zuzutrauen. Ein siegreicher Feind säuft uns den Keller aus!«

»Keine Sicherheit«, stöhnte Balthasar. »Ich gehe zu Bett.« Es eilte ihm. Er strebte, dem Enkel voran, nach der Treppe. Trotz dem Zittern seiner Knie erklomm er sie hastig, entsicherte die erste der Türen und ließ sie offenstehen, einzig bedacht, die zweite zu erreichen. Von dem unteren Keller her begleitete die beiden Läufer ein Rest ersterbenden Lichtes, wie wäre anders der Enkel hinter dem Großvater durch die winkligen Gänge, weiten Gewölbe bis an das Ziel gelangt! Hier konnte man es erreicht glauben. André stolperte auf unsichtbaren Stufen, Balthasar nahm sie lautlos wie der Geist, für den er sich halten wollte. Der letzte Riegel glitt weg, es knackte der Trick, der Schrank verschob sich. Hausherr Balthasar tat ein übriges, auch das Tor nach der Straße öffnete er seinem Gast, durch einen Spalt entließ er ihn. Als André sich umwendete, fand er nur raue Bohlen, brüchigen Stein und den gezackten Riß über die augenlose Front.

Die beschattete Straße, so traurig sie vor Stunden gewesen war, blendete ihn jetzt, sie versprach den Ausweg in das Glück. Als erstes dachte er: Stephanie! Nur Stephanie, dachte er. Wäre sie erfreut, den Weinkeller zu erben? Würd es ihr mehr sagen als mir? Ich glaube: nein und glaub auch: doch. Wir alle wissen voneinander nichts.

Könnt ich behaupten, was ich noch soeben mit Händen gegriffen habe? Er besah seine Hand: eine Spinne lief darüber, aber von dem Goldstück blieb nicht die Spur. Ich wäre gewiß, was Balthasar jetzt tut. Er hat den zweiten Keller offengelassen, es ist klar, daß er umkehrt. Das weitere errate ich. Indessen, als er mich anfallen wollte, befolgte er auch nur meine eigene Eingebung. Oder geschah es umgekehrt, ich griff der seinen vor? Nein, obwohl ich weiß, was er dort unten jetzt tut, glaub ich es nicht! Leider kann es ihm schwerlich wohlbekommen. Während sein sonst sympathischer Enkel eine besonnte Gegend betrat und ihn schrittweis vergaß, war Balthasar schon längst nur bei sich selbst und seinen köstlichen Fässern. Ein Spundloch nach dem anderen schlug er auf, und aus jedem stürzte das Gold hervor. Die Goldstücke rannen über seine edlen und schmutzigen Hände, sie versammelten sich zu gelben Lachen, Haufen Goldes stiegen an, er kniete hinein.

Er badete in dem Metall, rührte harte Wellen auf, ließ sie an seiner wehen, beseligten Brust herablaufen, vergrub drin das Gesicht. Kein heißer Wein hatte ihn berauscht wie hier die kalte Berührung. Mystisch erhoben von dem Geheimnis seines Kultes stimmte er Preis und Lob an, eintönig näselnd in der Art, wie allenfalls die vorgeschichtlichen Priester: »Sei gelobt mein Gold! Du allein bestehst. Mein Gold, dich preise ich, nur du bist treu! Nichts bleibt vom Leben unvergällt, nur du! Im Tod umarme ich dich und habe dich mitgenommen!« Er streckte sich auf den Rücken aus, die Flut des unterweltlichen Flusses trug ihn dahin, er wünschte sehr: für immer, auf niemehr.

»Gold«, hauchte er und wurde müde, müde. »Wärest du Wein gewesen, ich hätt ihn getrunken bis auf die Neige. Frauen, ich hätte sie geliebt, bis sie häßlich sind. Rennpferde wären mir krepiert. Menschen hätten mich betrogen, wie gewohnt. Geschäfte hätten mich um alles gebracht, ihnen untertan ist der kindliche Arthur, von mir falsch benannt nach einem Philosophen. Der Weise war nur ich.«

Im Entschlummern lallte der Liebende. »Gold, mein Gold, nimm mich dahin! Ich will in dir begraben sein, und mit dir leben für und für. Unsterblichkeit ist allein bei dir, o Gold!«

(1945/56) Roman. Empfang bei der Welt, S. 64ff.

Der Atem

Der Glücksbringer Monsieur Gaston *

In Gedanken überschlug sie den Inhalt ihrer Tasche – sie hatte ihn nicht gezählt. Möglich, daß er ausreichte, für dieses eine Mal dasselbe Glück und Mißgeschick herauszufordern wie die gewohnten Besucher des letzten Saales. Gut, es reicht einmal und nicht lange, was dann? Sie wird aufstehen müssen. Oh! niemand starrt ihr unter den Hut, die ganze Zeit hat man sich verhalten, als wäre sie ein Fall wie andere, von derselben Klasse. Warum nicht? Sogar ihrer persönlichen Gesellschaft kann einer der Männer vordem angehört haben; taktvoll schweigt er – bis sie aufbricht und entschwindet. Ist es eine Frau, dann wartet sie noch länger; sie schämt sich. »Auf meinem Rückzug werde ich hinter mir nichts hören. Sehr schlimm das, man könnte davon steckenbleiben im Teppich.«

Noch lauschte sie – dem Aufschlagen der Karten, das übrigens kein Geräusch macht; hören wird es allenfalls, wer sich nicht in dieser Partie befindet: »Meine ist älter.« – »Das waren – wir«, sah sie und wendete sich sofort. »Tiens, il fallait être un tas de ramollis, daß man den Angestellten das Spiel machen ließ und dabei die Lippen schminkte.« Ein träumerischer Besuch war dies, bei den Spielern des höchsten Ranges, ihres eigenen. Infolgedessen kehrte sie um. Sie näherte sich der mittleren Roulette – nunmehr wie eine Abwesende, bestimmt ohne den Vorsatz einzudringen, wäre es in die letzte Reihe der Belagerer. Alles änderte sich, als der Groupier ihr auffiel.

Zuerst, weil niemand ihn beachtete oder in Anspruch nahm: in dem ganzen Gewühl nicht einer, der mit der erhöhten Persönlichkeit etwas anzufangen wußte. Erhöht wurde er von seinem Stuhl, der, nicht unähnlich dem Sitz eines Redners, Autorität bildete. Einzig die unerfahrenste der lächerlichen Typen bemühte ihn mit der sinnlosen Bitte, ihr einen Schein in Spielmarken umzuwechseln. Ohne betonte Herablassung wies er sie an eine der wandelnden Kassen.

Sein hohes Amt war, die geheiligten Formeln auszusprechen: »Setzen Sie! Es wird nicht mehr gesetzt.« Zwischen den beiden Befehlen an die angstvolle Menge war er dem Gähnen nahe: eine Täuschung wohl, denn um so pünktlicher bewegte sich nachher seine Schaufel – zog alles, alles ein. Die Opfer, eine Mehrheit, so gut wie die Gesamtheit, bewunderte, daß dennoch etwas liegenblieb und freigebig vermehrt wurde von der, man konnte meinen, selbstherrlichen Schaufel. Ach! das Gesetz waltete streng, gleichviel ob unweise Verlierer das alte Gerücht übernahmen, als werde das Glück dirigiert, wie denn vieljährige Übung den Meister befähigte, das Rad nach seiner Wahl zu drehen, die Kugel rollen zu lassen, wohin es ihm gefalle.

Die einstige Zugehörige hinter seinem Stuhl stellte fest, daß der Mann, genaugenommen, abwesend war wie sie, ja, unbeschäftigt, und das war sie nicht. Sie vermutete, außerhalb des Saales interessiere ihn erst recht nichts. Das Café allenfalls, wo er nachts um zwei mit einem Kameraden Ekarté spielte. Eine lebende Roulette geworden, kann er nach Schluß der Bank nicht anhalten; dürfte endlich schlafen, da versucht er im eigenen Namen, wie die Karten fallen. Ein Spieler: ihn langweilt die umgebende Ahnungslosigkeit. Ihn langweilt sein Wissen, daß ihn das Spiel um das Leben gebracht hat; daß es außer der Langeweile nichts anderes mehr gäbe als nur die Reue. Wenn einer ihn wenigstens fragen wollte, ob der Tisch nicht doch unmerkliche trucs birgt oder warum Petroleumlampen ihn erhellen, inmitten der krudesten Beleuchtung ringsum.

Da keiner ihn, wenn noch so töricht, in Anspruch nahm, gähnte er endlich im geschlossenen Mund: das war der Augenblick. Hinter seinem erhöhten Stuhl, wo die Spieler nicht mehr drängten, sprach eine ungewöhnliche Stimme. Sein Gähnkrampf blieb stecken, als er die Aufforderung hörte, mehrere große Marken, die man herreichte, auf das Tableau zu schieben. Es war das einfachste Anliegen, nur daß von den Touristen nicht einer bisher es vorgebracht hatte. Er beeilte sich zu tun wie geheißen: gleich danach rief er sein »Rien ne va plus«.

Dann erst, während die Kugel rollte, folgte er einer Versuchung, er sah nach der Stimme um. »Dachte ich es doch«, stellte er bei sich fest. »Une ancienne.« Er zweifelte durchaus nicht, daß er das Geld platziert hatte wie geheißen. Um aber nochmals die Stimme zu hören, fragte er – ohne Zeitverlust, denn die Kugel war nahe am Ziel: »C'était bien ça, à cheval?« – »Nein richtig war es nicht«, bekundete die Stimme. »Je disais autre chose. Mais vous avez bien fait.« Das letzte erfüllte sich, während es gesprochen wurde. Mit dem Wort fiel die Kugel, in das richtige Loch.

Die Schaufel hatte eilig einzuraffen. Ein großer Wurf gewonnenen Geldes traf allein die Nummern, die sie selbst besetzt hatte. »Faites votre jeu!« Ohne eigene Teilnahme ließ er den höheren Auftrag ergehen. Dieser wurde befolgt, zögernd, von schwankenden Charakteren, die befürchteten, sie hätten sich zu früh entschieden. Die Kugel lief, da überstürzten sie sich, zur eigenen

Überraschung. Allein die Rechner vor ihrem Papier handelten ohne Sorge und Zweifel, es läge denn an ihrer eigenen Fehlbarkeit. Die Pause des gewohnten flottement erlaubte dem Mann im schwarzen Rock mit weißer Schleife, nochmals den Kopf zu wenden, nach der Stimme, die nichts verlautete.

»Madame läßt das Ganze stehen?« fragte er; es war eine Tonart zwischen Respekt und Vertraulichkeit: er hatte nicht gewählt. Die Antwort kam ohne Besinnen, sie war niemals überlegt worden; ihn belehrten seine Erfahrung und ihre Stimme. »Faites commes vous voudrez«, sprach sie, als erwachte sie, und nicht einmal vollständig. Aber die Stimme hat einen unerklärten Zauber, für einen Mann, der sich immer langweilt, auch bei seinem nächtlichen Ekarté, und dem Schlaf nur ausweicht, weil der Schlaf das Leben noch mehr herabsetzt.

Das Ganze stand – und gewann. Diesmal entfernte Monsieur Gaston den angewachsenen Betrag, den ansehnlichsten der letzten Stunde: die »pontes« beobachteten ihn, welcher Figur des Hintergrundes er so viel aushändigte. Mißtrauische glauben gleich an ein Einverständnis und geheime Tricks. Da der Verdacht auf alle Fälle unerwünscht ist, hatte Monsieur Gaston die Erfolge seiner persönlichen Kundin eigenmächtig unterbrochen: sie begriff es. Er war ihrer Zustimmung sicher. »Vous avez raison, Monsieur Gaston«, sagte sie so schön, daß er nicht den Mut zu widersprechen fand.

Er hieß nicht wie sie meinte, aber meinte sie es? Mehrere des Namens hatten vorher auf seinem Platz gesessen; sie ließ es darauf ankommen und sollte gewonnen haben. »Vous m'avez reconnue« – als ob er sie bewunderte. So war es, mochte sie ihn verwechselt haben. Sie begriff ihren Irrtum, bewegte leicht den Kopf; ihr Lächeln, als sie ihm vom Gewinn seinen Anteil überreichte, war beides, hochmütig und zart. Der Mann mit dem gelichteten Haar, das allzu schwarz glänzte, begegnete dem gleichen Anstand nicht mehr oft. »Madame la Comtesse sait jouer«, sagte er, schon wieder bei der rollenden Kugel.

Sie hatte seinen Namen nicht erraten, dafür er etwas vom ihren. Seinen Anteil hatte sie ihm unauffällig zugesteckt, dabei mit einer Leichtigkeit, als könnte es anders nicht sein; ein Haufen von Spielmarken für die Kasse des Croupiers, ein Packen Scheine für ihn. Dies ließ er verschwinden, geschickt wie ein Taschenspieler. Je mehr ihm aufgepaßt wurde, um so stolzer erlebte er sich – und seinen vornehmen Schützling. Es stand geschrieben, sie sollten einander verstehen, mit Worten, zwischen Worten, während er über die herversetzte Erscheinung eigentlich doch unbelehrt blieb, nicht anders als sie über ihn. Hätte sie bemerkt, daß er sich sogar die Reue oftmals wünschte, lieber als die Langeweile? Oder er, daß ihre letzten Veränderungen gerade dies bezeichneten, eine Probe auf die Reue? Sie übersah freundlich, daß er zum Schein lebte; er freundlich, daß sie starb. Durch die Macht ihrer Geheimnisse waren sie nunmehr gute Bekannte.
(1949) Roman. Der Atem, S. 226ff.

Der Abschiedsbrief *

Er selbst kommt zur Zeit, daß weiß der Musikmacher. In ihrem letzten Träumen vernimmt sie ihre Pavane. La Valse desselben Komponisten schluchzte hoch oben, über Tumult und Glanz. Ernst ohne auffallendes Gefühl schreitet unten um ihr Bett der Tanz für eine tote Prinzessin, diesmal will er sie aufführen. Was sie zweifellos auch wahrnimmt, wenn man ihr zusähe. Hier ist sie allein, ist allein wie nie. Sie atmet, hört, atmet. Die Pavane trägt sie, ihr Atem ist leicht, eines leichtern gedenkt sie kaum, seit Klostergmund. Das Leben war schön, und gut ist, wie es endet, zurückgezogen in den Hintergrund des Bewußtseins, wo gar nicht wenig vorgeht. Die Pavane würde mit halbem Bewußtsein nicht wiedererkannt? Aber solange sie spielt, die Vergehende fühlt es, ist ihr Atem vor Aufruhr gesichert, und das kann für immer sein. Diese Leichtigkeit! »Ce qu'il fallait avoir, c'est la facilité.« Es scheint, man hat sie zuletzt.

Ihre Haltung auf dem Kissen war geblieben, wie la Soeur Philomène sie geordnet hatte. Das kleine blasse Gesicht, ein weißer Schatten zu der bald abendlichen Stunde, neigte sich rechts gegen die Hand, die an der Wange ruhte, ohne sie zu halten. Die schmalen Finger, gebogen wie um niederzutropfen, hielten nichts. Das Wesen lächelte, weil es lebte, aber geheim, nach einem Schlaftrunk, wenn nichts mehr schmerzt. Die Lippen wurden mehrmals bewegt. Mado, auf ihrem Posten hinter der Tür des Badezimmers, bezweifelte die Lippen, es kann nicht sein, daß sie sich rühren. Auf einmal sah sie auch die Wimpern sachte zittern. Man sucht nach ihr! »Me voici, mon adorée«, dachte sie lautlos. Die andere hatte lautlose Lippen, die aber tätig waren. Sie diktierten.

Zurückgezogen in den tiefen Hintergrund seiner selbst, wird auch nie mehr hervorkommen, wiederholt jemand noch immer sein Leben, erklärt, rechtfertigt, und bekennt, wünscht all dies aufgezeichnet, vielleicht in einem Brief. Wer sollte ihn aber verstehen? Die Gedanken fliehen, verwickeln sich, wenden sich auch und grüßen – wen? »Liebe Schwester«, sprach der Traum. Die Empfängerin wäre dann die leibliche Schwester der Träumerin gewesen. Wer das Diktat aufnimmt, soll die defekten Memoiren eines einschlafenden Gehirns in verständliche Sprache fassen. Die Schwester hätte gelesen: »Ma chère Marie – Lou, désormais vous n'allez médire de votre pauvre soeur, décédée. Vous aurez raison de penser qu'elle ne fut ni méchante ni bonne, ayant eu de la facilité pour bien choses, hormis l'art de vivre. Alles wurde ihr leicht, das Gute, das Böse, nur nicht die Kunst zu leben. Haben Sie es?« kam zwischen hinein die Frage an den aufnehmenden Sekretär. Indessen stand er im Garten, die Stirn an das Haus gedrückt.

Der Traum sprach: »Sehr jung war ich, als du mir schon ansahest, daß ich es bis zu dem Rang einer Sternkreuzordensdame niemals bringen werde. Es verstimmte dich, obwohl du schon damals vorgehabt hast, mich zu überholen. Ich machte es Dir leicht, ich war nicht ehrgeizig. Ein sehr großer Fehler. Dich verstimmte, daß ich den Wettbewerb ausschlug, anstatt trotz Widerstand besiegt zu werden. Die währte, bis du für endgültig hinnahmst, deine, nicht meine Natur sei der Erfolg. Meine, wenn ich mich beim Sterben noch schämen soll, war der Hochmut. Die Ehren der Welt nicht anstreben ist Hochmut. Ich, nicht meine Schwester, die Sternkreuzordensdame, war die Hoffärtige. Der Kaiser, der Herr unserer Wirklichkeit, hat mich gleich erkannt, da ich vor seine Füße stürzte. Romantisch, so sagte er, als ob er spräche: Rebellin.«

Die Träumerin atmet schwach, aber gelassen, ihr Gesicht bleibt verklärt. »Siehst du, daher mein gestörter Atem, meine Mühen, ihn zu ordnen. Vertane Kraft – außerhalb des Opportunen; wer kann wissen, wie ungewöhnlich viel Kraft man gehabt haben muß. Mein versagender Atem quittierte für ein Leben, das vielleicht mißverstanden war. Auch reich könnte es gewesen sein. Marie – Louise, ma soeur bien-aimée, tu m'as vaincue et bien vaincue, est ce là une raison pour ma hair? Aussi m'aimes-tu. Von euch Sternkreuzerdamen sind nur noch drei übrig, euer gealtertes Dreigestirn: ich fehle. Du bedauerst es. Mußt du allein sein, dann wärest du es gern mit mir, bevor es endet. Wir dürfen uns wieder lieben. War es doch von Haus aus, mit allem was uns bevorstand, daß wir uns liebten so gut wie haßten.«

Bei dem Signal Liebe wendet sich die schon eben Verabschiedete zurück nach dem Geliebten. Aber das ist viel. Selbst sowohl groß wie gering, hat sie Geringes und Großes geliebt. Ob sie Selbstachtung vorbehielt oder sich gemeinmachte, hat sie ihrer unwiderstehlichen Stimme erlaubt, Liebe zu erobern. Dies bis in die Jahre der Einsamkeit, als ihre eigene Liebe ein verklungener Name, Fernand, war. Ja, bis gestern. Da ist der unerklärte Punkt. Womit verdient sie Fréderic, Estelle, den zurückgekehrten Fernand, die Wirtin Riquois und Reine, auch Reine, mitsamt Léon Jammes, dem Empörer Vertugas, der bürgerlichen Vogt. Folgt der Aufmarsch der Bescheidenen, der Diener, der Arbeiter, armen

Mädchen, wie sie noch heute vorbei am Sterbebett zogen. Eine große Liebe, von den späten, bleibt und verweilt. »Nur Zeit, sie zu erwidern! Ich hab es immer versäumt, Fréderic? Estelle? Ihr kehrt nie wieder. Ich bin mit Schuld bedeckt bis an den Mund.«
(1949) Roman. Der Atem, S. 372ff.

Ein Zeitalter im Rückblick

»Ein Dichter, ein Träumer, ein großartiger Menschengestalter und Fabulierer, ein mit Bitterkeit Liebender, ein alle Maße ausfüllender Kritiker und nüchtern kalkulierender Prophet, das war Heinrich Mann. Ein Moralist war er, der das Wirken der materiellen gesellschaftlichen Kräfte erkannte, ein Demokrat, der sich darüber Rechenschaft ablegte, daß nur der Marxismus die Voraussetzungen für wirkliche Demokratie schafft, ein Humanist, der im Sozialismus das begründete Bild der Zukunft erblickte.«

Bodo Uhse (1958)

Vorbemerkung

Schon bald nach seiner Ankunft in Los Angeles begann Heinrich Mann damit, sein Erinnerungsbuch *Ein Zeitalter wird besichtigt* niederzuschreiben. Es ist ein Rückblick auf das Schicksal Europas, gespeist von persönlichen Erlebnissen und den bitteren Erfahrungen des zivilisatorischen Niedergangs in der nationalsozialistischen Diktatur und des von ihr ausgehenden Zweiten Weltkrieges. Das Buch ist einerseits fiktional, andererseits historisch-politisch und endet mit dem D-Day, der Befreiung Frankreichs durch die westlichen Alliierten im Juni 1944. Zu seinem Charakteristikum zählt seine Vielschichtigkeit. Es bietet ebenso eine unausgewogene Zeitkritik wie feinsinnige Beobachtungen zur Bedeutung der Literatur für die gesellschaftliche Entwicklung. Große Aufmerksamkeit widmet es einigen Gefährten seines Lebens, natürlich seinem Bruder Thomas, Frank Wedekind oder Arthur Schnitzler. Andere, deren ausführliche Würdigung zu erwarten gewesen wäre, fanden gar keine oder nur am Rande Erwähnung, etwa Johannes R. Becher, Franz Werfel oder Lion Feuchtwanger. Dieses Memoirenbuch ist keine Autobiografie, es ist ein Abschiedsbuch: von Deutschland, von Europa und von einem glanzvollen, wechselvollen Leben zwischen Ruhm und Enttäuschung, das in Los Angeles beinahe vergessen in der Einsamkeit endet. Thomas Mann wies am Lebensende seines Bruders darauf hin, dass Heinrichs Kritik am erlebten Zeitalter »von unbeschreiblich strengem und heiterem Glanz, naiver Weisheit und moralischer Würde« sei. Das abschließende Kapitel steht unter der Überschrift »Letzter Aspekt und Dank«. Resümierend stellte der Autor fest, dass sein Zeitalter von A bis Z »zum Weinen und zum Lachen« gewesen sei. »Besichtigt man es nachher – ja, eigentlich schon jetzt von jenseits einer Schwelle besichtigt, hat es an Ehrenhaftigkeit überaus gewonnen. Sei ein anderes schöpferischer! Ich lebte dieses, nahm früher als dieses die Meisterschaft zum Vorbild, aber von bequemen Anfängen schritten wir zur katastrophalen Vollendung.«

Als Heinrich Mann das Buch zu seinem 75. Geburtstag nach langem Hin und Her bei der Suche nach einem Verlag endlich gedruckt in seinen Händen hatte, war die Zeit über es bereits hinweggegangen. In den Vereinigten Staaten mochte es kein Verlag drucken. So kam es erst für deutsche Leser schwer zugänglich 1946 in Stockholm heraus, bevor es im Jahr darauf im Aufbau-Verlag in hoher Auflage erschien. Heinrich Manns Begeisterung für Stalin und die Sowjetunion passte nicht in die Nachkriegszeit des Westens. Sie traf vor allem in der SBZ und später in der DDR auf Zustimmung. Sein Werk fand geneigte Leser.

Ein Zeitalter wird besichtigt

Die russische Revolution *

Die Sympathien, deren die Sowjetunion sich außerhalb ihres Gebietes erfreut, gelten so gut wie ohne Rest, einer Idee, der Idee der neu entstandenen Freiheit. Nur die noch Unbelehrten denken sich die Revolution des 20. Jahrhunderts schlechthin stofflich. Die Verstaatlichung der Produktionsmittel bleibt ihnen Selbstzweck, sie steht im sozialistischen Programm, hiermit ist es erfüllt.

Wenn das alles wäre, und hätte eine wirtschaftliche Maßnahme weder geistige Voraussetzungen noch sittlich Folgen, dann – bliebe sie noch immer belangreich. Aber nicht notwendig von günstigem Belang. Ein Staat kann seine wirtschaftliche Macht über Menschen so sehr und mehr mißbrauchen als die privaten Monopolinhaber. Warum nicht die wirtschaftliche, da die soziale, politische, militärische Macht der Staaten so vielfach schlecht verwendet worden ist. Die Auswirkung von Reformen – eine Revolution sei nicht immer vorausgesetzt – hängt ganz und gar davon ab, in welcher Geistesverfassung sie vorgenommen werden, welche Geschichte eine Nation hat, unter was für Taten und Lehren sie bis zu diesem Augenblick lehrte. Lasse man die Deutschen nach zwölf, vierzehn Jahren Hitler – mit den Denkgewohnheiten der Hitlerzeit, mit ihrer Art des Empfindens, des längst nicht mehr humanen Empfindens – urplötzlich durch einen Zauberschlag oder coup de théatre den Kommunismus bekommen. Er hat ihnen, wie sie sind, nichts zu geben. Er kann von dem, was sie sind nichts fortnehmen.

Der Wahn vom einzigen Herrenvolk ist ihnen, vielen Zeugnissen und der Wahrscheinlichkeit zufolge, gründlich genug beigebracht worden. Er hat die Führung in einer Reihe anderer böser Träume. Eine veränderte Wirtschaftsregelung bewirkt nicht von selbst die geistige Gesundung. Wenigstens wäre die Annahme noch willkürlicher als die entgegengesetzte Vermutung, daß die deutschen Welteroberer, wirtschaftlich reformiert (und sich selbst überlassen), alsbald zu frischen Taten schreiten. Sie müssen es nicht – obwohl erst der Kommunismus ihrem Staat die völlig zentralisierte Gewalt gegeben hätte. Die Gelegenheit oder der Mut, eine neue Katastrophe auszubrüten, könnten dem kommunistischen Deutschland fehlen: nicht die inneren Voraussetzungen.

Die Entscheidung, ob eine Nation im heutigen Zusammenhang der Welt sich einen und, geht er verloren, den zweiten Angriffskrieg erlaubt – beide irrational, beide verworfen und aussichtslos: die Entscheidung ist beschlossen in dem Maß ihrer Weisheit, und nirgends sonst. Die Deutschen waren seit fünfzig Jahren stufenweise verdummt. Sie verachteten, was man nicht sieht, was nicht technisch gehandhabt wird und Lärm macht. Sie waren ohne Stille, das ist es. Ihre ursprünglichen Gaben werden nunmehr allem anderen gewidmet, nur nicht der Meditation. Nur der uninteressierten Erkenntnis nicht. Um sich in Morallosigkeit tief hineinzuknien (»moralinfrei« ist leider eine Wortbildung Nietzsches) haben sie keinen Hitler abgewartet.

Eine sozialistische Revolution konnte gelingen, ihr Ergebnis, die Sowjetunion, kann bestehen, weil beide geistig erkämpft worden sind. Aber geistige Kämpfe geschehen in der Stille, soviel gnadenloses Geräusch sie endlich aufrühren müssen. Hundert Jahre großer Literatur sind die russische Revolution, vor der Revolution. Das alte Rußland konnte geistig bearbeitet werden zufolge seiner sozialen Schichtung, seiner altväterischen Gesittung – und ihrer grausamen Kehrseite: Das Dasein der Erniedrigten war mit der Hand zu greifen und zu schildern. Günstig war auch die geistige Duldsamkeit eines Staates, der – wenn auch nur literarisch – mit sich reden ließ. Die »Gesellschaft« rang sie den Machthabern ab, sie kleidete ein erschlafftes System, Anfälle von Strenge unterbrachen das Geschehenlassen. Mit all dem war das alte Rußland genau der Boden, dessen eine große Literatur bedarf. Die angespannte Teilnahme des ganzen Reiches galt nur ihr. Ohne sie wäre das hingefristete Leben ohne Interesse gewesen, um so mehr ohne Aussicht. Man hatte die Literatur und hatte die Musik, beide erfüllt von demselben Lebensgefühl: ein ansteigendes Gefühl für ein Leben voller Forderungen. Ihrer erste war die Wahrheit, eine intransigente durch die Gnade des Glaubens und der Barmherzigkeit.

Die russische Literatur des 19. Jahrhunderts ist ein Vorgang ungeheuer und von einer Erbaulichkeit, daß wir, gewöhnt an Niedergang und Abbruch, kaum glauben wollen, wir wären dabeigewesen. Manches begreifen wir nachträglich – oder legen es, angesichts des Nachher, hinein. Ich höre ein Marsch-Scherzo von Tschaikowski und meine die offene Verhöhnung des verjährten Militarismus zu hören, einer großtuerischen Maskerade, die ausarten soll in das Blutbad und doch lächerlich bleibt wie ein altmodisches Duell. Wie aber ist Dostojewski, wie Tolstoi gelesen worden? Sie sind mit Beben gelesen worden. Sie sind gelesen worden von Augen, die weit wurden, um so viel Gestalt, um all das Wissen zu empfangen, und als Gegengabe tropften Tränen. Von Puschkin bis Gorki haben diese Romane, Glied an Glied in lückenloser Reihe, eine tiefe Kenntnis, des Menschen, seiner Schwäche, seiner Furchtbarkeit, seiner unerfüllten Berufung, gelehrt – und sind aufgenommen worden als Lehre. (…).

Die Revolution, eine wahre und tiefe Revolution, ist zuletzt kein Aufstand der einen gegen die anderen. Im Grunde verlangt und empfängt sie die Übereinkunft aller. Nach ihr hingestrebt haben die Bevorrechteten, die ihre widernatürlichen Vorteile opfern sollen, und die Benachteiligten, die noch ganz andere Leiden werden durchstehen müssen, bevor sie die Freiheit, oder ihren Widerschein, erblicken. Die französischen Feudalen des 18. Jahrhunderts waren die ersten und eifrigsten Adepten des Humanismus in Enzyklopädien und Romanen, dem sie endlich erliegen sollten: hatten ihm aber vorher ihren Geist geöffnet. Die russischen Aristokraten schrieben die Romane sogar selbst. Ein unverhältnismäßig großer Teil der revolutionären Literatur – der Literatur der schamlosen Wahrheit – ist das Werk von Unersättlichen – nach aller Macht, dem schrankenlosen Genuß forderten sie für sich auch noch das Wissen, das sie aufhob. Als der unermeßliche Tolstoi seine »Anna Karenina« schrieb, war ihm allerdings noch unbekannt, daß eine dermaßen durchschaute Gesellschaft keinen langen Bestand mehr hat. Bei seinem letzten Roman, der »Auferstehung«, angelangt, hat er danach gelechzt, die Folgen zu erleben. Das Martyrium, nicht mehr, nicht weniger wollte er für sich. Für alle anderen – seine nackte Wahrheit.

Die russische Literatur – als die Revolution selbst, wie sie im Buch steht – hat seit dem Ende des vorigen Jahrhunderts unsterblich eingeschlagen in die Welt und bei den Intellektuellen des Westens. (…).

Die Oktoberrevolution ist, wie jede echte, tiefe Revolution, die Verwirklichung einer hundertjährigen Literatur. Dies ist hauptsächlich darum die Tatsache, weil alle Intellektuellen unseres Kulturkreises, in dessen Mitte die Sowjetunion liegt, es so wissen wollen. Wenn – par impossible – die Sowjetunion eine Selbstverleugnung vornähme –.

Aber es geht nicht: mit dem ersten Zugeständnis höbe sie sich schon ganz und gar auf. Sie würde, ohne daß ein Wort fiele, den ungeheuren Ruhm der Nation ausstreichen: er ist literarisch.

Sie verlöre – aber wer weiß es so gut wie sie – alle intellektuellen Sympathien, die in nackter Wirklichkeit nichts anderes sind als die vollendete Weltrevolution. Sie ist nicht mehr zu unternehmen, sie bedarf weder der militärischen Eroberungen noch kommunistischer Propaganda, der künstlichen Ernährung mehr oder weniger verwandter Parteien (die es niemals ganz sind). Die Weltrevolution hat als Nährboden die Geister – ausnahmslos alle menschlichen Organismen, die jetzt denken, die jetzt sich selbst achten. (…).

Der Sozialismus ist kein Einfall von Technikern oder Ökonomisten. Fourier, Saint-Simon und le Père Enfantin waren alles andere. Marx ist ein Philosoph der Tatsachen. Ihr Denker und Vollzieher zugleich ist Lenin. Zu der währenden Zeit des Realisten Stalin war die betonte, anschaulichste aller Kundgebungen (bis der Krieg kam) ein Schriftstellerkongreß. Das Volk von Moskau, samt den eingeströmten Völkern, hat mit brennendem Eifer dem Auftritt seines Maxim Gorki beigewohnt, als dem Abschluß eines fruchtbaren Jahrhunderts, als dem Versprechen eines neuen fruchtbaren. Das Volk hat mit Recht die Reden der Schriftsteller für sein öffentliches Bekenntnis (am Kreuzweg wollte es die alte Sitte) – für sein eigenes, laut gewordenes Herz hat das Volk die Reden gehalten.

(1946) Erinnerungsbuch. Ein Zeitalter wird besichtigt, S. 45ff.

Die Rechtfertigung der Moskauer Prozesse

Aber dies sind die Moskauer Prozesse, deren ganz anders gemeinten Ruhm sogar der Krieg nicht verdunkelt. Gerade die Prozesse haben erwiesen – die Zeit wäre gekommen, es einzusehen –, daß die Sowjetunion für ihre Verteidigung gerüstet, moralisch gerüstet war. Noch einmal gelten die Worte des französischen Kämpfers Émile Zola: »Wahrheit und Gerechtigkeit gehen über alles (sont souveraines), denn sie allein sichern die Größe der Nationen. Es kann geschehen, daß politische Interessen sie einen Augenblick verdunkeln, aber jedes Volk, das nicht auf sie sein einziges Daseinsrecht stellte, wäre heute ein verurteiltes Volk.«

Hier bekennt ein Demokrat, daß er die Demokratie zu Ende gedacht hat. Er wiederholt den Glauben der Französischen Revolution, solange sie wirksam war. Die neue Revolution ist effektiv, daher gelangt sie über revolutionäre Methoden zu demokratischen. Zuerst die Prozesse machten es augenfällig. Man darf nicht zugunsten einer Meinung auf die Wahrheit verzichten. Nur Mut, hier gibt es Wahrheiten, die eine Rüstung sind.

Unter den Zuschauern, die man freiwillig zuließ, befand sich ein britischer Jurist von Rang. Nachher bestätigte er, in keinem Rechtsstaat wäre das Verfahren anders gelaufen. Es ist nicht allein dies. Wären die Kompromittierten nur zu Recht verurteilt worden, der Vorgang hätte wenig Erinnerung hinterlassen. Das Eindrucksvolle ist das Hineinleuchten, dem man beiwohnte, bis zu ihren tiefsten Motiven – sie selbst hatten sich nicht gekannt, bis die Diskussion sie entblößte.

Da ist der große Dialog zwischen dem Staatsanwalt und dem Journalisten Radek: wörtlich könnte er bei Dostojewski stehen. Derselbe psychologische Kampf um den Besitz der unterirdischen Wahrheit – nicht um die Bestrafung oder die Straflosigkeit, das scheint beiderseits vergessen: nur um die Wahrheit. Der Angreifer, der Verteidiger haben zusammen den einen, zwingenden Ehrgeiz, zu wissen, was in dieser Seele war, wohin die Worte dieser Lippen, genaugenommen, gezielt hatten – und welche Wege diese Füße gegangen?

Ein Satz greift grell in eine Windung der Seele – dahinter starrt noch Finsternis, ist aber gewärtig, daß der Schein auch sie entdeckt. Der Ankläger mit allen seinen suggestiven Fragen ist keineswegs der Begierigste: An einen toten Punkt gelangt, würde er nach allem seine Ohnmacht eingestehen. Aber der Beklagte hilft ihm, es ist für ihn dahin gekommen, daß er den Zweifel nicht länger erträgt. Seine Schuld war, daß er irrte. Die Wahrheit! Um sie wird gerungen in einer klassischen Auseinandersetzung.

Der Verräter, Quasi-Verräter oder nur ein Unglücklicher, hatte den ersten falschen Schritt getan, noch unbewußt, infolge verführerischer Gedanken, denen er glaubte und auch nicht. Er gerät in ein Getriebe, möchte sich zurücknehmen, kann es nicht mehr. Politische Streitsucht? Man will die Revolution besser verstehen als jetzt die Orthodoxen. Man hat eine Richtung, sie trägt einen Namen.

Wenn die Richtung die einzig denkbare Fortsetzung der Revolution wäre, gut. Da sie es nicht ist, gelangt sie an die Grenze des Verrats, einige überschreiten die Grenze. Streit um Gesinnungen ist das nicht mehr, sondern ein Verhängnis von Attentaten gegen die eigene. Die armen Teufel waren selbst Revolutionäre, handelten aber gegen die Revolution, wie sie ist. Daß sie so und nicht anders sein mußte, ist leicht zu sagen, nachher, wenn sie sich und das Land gut verteidigt haben wird im Krieg.

Warum bleibt nach einer großen Szene Dostojewskis der Eindruck, als wäre der Schuldige schon durch sein tiefes, abgründig tiefes Verhör gereinigt und müßte nicht erst in das Gefängnis gehen? Die Gestalten aus den Moskauer Prozessen sind getötet oder eingekerkert. Entsündigt – auf psychologischem Wege wie bei Dostojewski – waren schon in der Verhandlung, vielleicht nicht sie, aber die Revolution war es. Zuerst werden Menschen erlebt in ihren tragischen Fehlgängen: dann eine soziale Gesamtheit. Jeder starken Revolution zuvor kommt eine unerbittliche Literatur.

Gerade dies ist unter Hitler, und schon vorher, den Deutschen das Fremdeste. Sie finden keinen Zugang, ihnen bleibt nur übrig, die Revolution für verurteilt zu halten, weil einige Abgewichene sie büßen müssen. Sie glauben an keine Revolution. Was bei ihnen so hieß, 1918 und 1933, war fahrlässige Mache, war schamlos ungeglaubt. Dafür brauchte man wahrhaftig keiner Ergründung der Seelen, die in Deutschland längst schon für Dunst gelten. Um so weniger der Kenntnis der Massen. Wozu waren deutsche Massen da? Um sie zu betrügen, um sie zu verachten.

(1946) Erinnerungsbuch. Ein Zeitalter wird besichtigt, S. 110ff.

Vernunft und Skepsis *

Ich war jung, daher nicht von jeher skeptisch. Der Zweifel macht höflich. Man will immer recht haben, und man achtet die Schwächen anderer. Diese beiden Kennzeichen der Höflichkeit nennt Voltaire, dessen Jahrhundert über sie Bescheid wußte. Ich war streitsüchtig, bevor ich über den Menschen und seinen Bestand so viel gelernt hatte, wie mir beschieden ist. Die Direktheit oder Geradzügigkeit des Jungen noch abgerechnet, hielt es allmählich schwer, mit mir zu streiten. Wenn ich Überzeugungen hatte, ich behielt im Grunde von früh an immer dieselben, glaubte ich sie formen zu müssen. Der geformte Ausdruck vollendet die Überzeugungen, er macht sie erst wirklich wahr, vielleicht für andere, für mich gewiß.

Nun sparte ich meine Bekenntnisse lange auf – ich meine die wörtlichen, insofern sie den Bekenner preisgeben und seine Widersacher unmißverständlich treffen. Schnell, sogar vorzeitig kam ich mit Romanen, die Wahrheiten abhandeln, nicht erörtern. Ich war ein Gestalter; Zweifel blieben mir hinsichtlich meines Rechtes zu reden. Die innere Nötigung, seine Gedanken zu äußern, fehlt einem Autor, dessen Geschöpfe sie schon verkörpert haben. Die Not der Zeit hat mich dennoch reden lassen.

Auch die Romane, in denen ich das Zeitalter besichtigte, brauchten viel Weile, ein hartnäckiges Verweilen. Den Roman des bürgerlichen Deutschen unter der Regierung Wilhelms des Zweiten dokumentierte ich seit 1906. Beendet habe ich die Handschrift 1914, zwei Monate vor Ausbruch des Krieges – der in dem Buch nahe und unausweichlich erscheint. Auch die deutsche Niederlage. Der Faschismus gleichfalls schon: wenn man die Gestalt des »Untertan« nachträglich betrachtet. Als ich sie aufstellte, fehlte mir von dem ungeborenen Faschismus der Begriff, und nur die Anschauung nicht. Mit dem Roman »Der Untertan« kam ich früher, als erlaubt. Er mußte die vier Kriegsjahre abwarten. Erst Ende 1918 konnte er gelesen werden, und wurde es wirklich: mit großem äußerem Erfolg bei allen Deutschen, denen der verlorene Krieg zuerst Bedenken über ihren Zustand aufdrängte. Sie sind bald mit ihnen fertig geworden und haben fortgefahren, wie wenn nichts wäre. Wahrhaftig gäbe ich die Schuld lieber den Fehlern des »Untertan« als ihren.

Meine Artikel, jeder ein Ausbruch des gequälten Gewissens, sind zahlreich. Sie begannen schon 1910, als das Kaiserreich in voller Macht und Blüte stand. Gerade darum konnte es Schriftstellern vieles nachsehen. Damals wurde kein »Defätist« erschossen, sowenig wie »Juden und Kommunisten«, die Opferlämmer des nächsten Kriegsherrn Hitler. Erschossen oder nicht, gegen einen Hitler oder Wilhelm wird jeder recht behalten. Die Niederlage den beiden beibringen war schwer. Ihnen die Niederlage vom Gesicht ablesen konnte jedes Kind. Nur daß die großen Kinder von Vorurteilen beirrt werden.

In der Republik machte ich meine Warnungen dringend und stark. Das freie Wort war nunmehr von der Verfassung gewährleistet; Grenzen setzten ihm die Inserenten der Zeitungen. Aber wieviel mir gerade erlaubt war, der Beweis ist auf das Furchtbarste erbracht, daß es nichts helfen konnte. In Ländern mit willkürlicher Machtverteilung ist die Presse eine Scheinmacht. Sie blendet die Augen, ohne sie wüßte man mehr. So las man Artikel wie meine. Unerschütterlich stand der Börsenbericht – und das Drohendste blieb ungedruckt, die geheimen Machenschaften der Wirtschafts-Talleyrands.

Eingestanden sei, daß ich mich nicht wirklich als einen Kämpfer fühlte. Dafür durchschaute ich zu deutlich die Vergeblichkeit des Kampfes – und begleitete meine eigenen moralischen Übungen mit dem Lächeln des Zweifels, das allein sie mir selbst erträglich machte. Oft genug erging ich mich ironisch, um mir und den Lesern einen guten Sonntag zu verschaffen. Denn man begehrte mich bei festlichen Gelegenheiten; schon ein Zeichen, daß niemand daran dachte, in der Woche mein Wort zu befolgen. Wer ernst sein will unter so aussichtslosen Umständen, muß aufflammen, aber kurz. Mein letztes Wort habe ich den Deutschen in aller Ausführlichkeit hinterlassen, als es ihnen bestimmt nicht mehr helfen konnte. Dies, weil es ihnen vorher nicht geholfen hätte. Hitler regierte schon. Es war der Übergang, als er einen Vorwand wie seinen Reichstagsbrand abwartete, um zu wüten. Die »Neue Rundschau« war die angesehenste Revue, ihre Ausgabe vom Dezember 1932 war die letzte ehrliche. Darin erschien mein »Bekenntnis zum Übernationalen«.

Es hatte nur noch den Sinn eines Abschieds von dem Land, wo ich, mit so fragwürdigem Erfolg, dennoch durch lange Jahrzehnte gewirkt hatte. Genötigt, die Deutschen sich selbst, das heißt, keinem zuverlässigen Freund zu überlassen, erinnerte ich sie an verloren gegangene oder niemals begriffene Tatsachen. »Um 1900«, so rekapitulierte ich, »verringerte sich bei den Denkenden die menschliche Teilnahme. Man nennt sich dann gern unpolitisch.« Was dafür eintrat, war Schönseligkeit – die nicht wertlos ist, sie hat auch große Werke ermöglicht, sie würde Kraft des Charakters nicht ausschließen. Gefährlich würde eine Kombination, bestehend aus Ästhetizismus und der Bezweiflung der Vernunft. Die Vernunft hatte fast das ganze 19. Jahrhundert hindurch zu groß dagestanden, noch länger wurde es einfach nicht ertragen. Die Gottlosigkeit des gebildeten Bürgers und der arbeitenden Masse war zu selbstverständlich geworden. (...). Auf diese Verarmung des Denkens erfolgte um 1900 der Gegenschlag; nur war leider nicht durchaus die Bereicherung des Denkens gemeint. Man bemühte sich, es überhaupt zu entwerten. Wozu sonst legte man alles Gewicht auf das Irrationale.

Wir haben nur unsere Vernunft, und selbst was wir von unseren unbewußten Abgründen ans Licht ziehen, wird erreichbar durch unsere Vernunft. Kunst allein gibt es nicht ohne vernünftiges Denken. Die Anschauung wird erst lebendig, wenn sie durchdacht ist. Gestaltung ist eine besondere Form des sinnlichen Denkens – nicht als ob seine anderen Formen unsinnlich wären. Aber der Gegenschlag gegen den Intellektualismus bediente sich der Kunst auch nur als des auffallendsten, wenngleich falschen Beispiels für das Irrationale in allen großen Mächten des Lebens. Die Unterlegenheit der Vernunft wurde ebensowohl betont hinsichtlich der triebmäßigen, tiefen Bereiche, die Nation, Traum, Krieg, Liebe heißen sollten.

Die neue Wendung des Geistes von 1900 verdient Achtung, solange sie Forschung ist und der Erkenntnis neue Quellen öffnet. Sie hat keinen Anspruch auf Nachsicht, sobald sie dem Denken andere Mittel des geistigen Erlebens entgegenhält. Diese nennt man Gefühl oder Ahnung, es bleibt aber immer das Nichtdenken. Einen anderen Gegensatz als das Nichtdenken kennt das Denken nicht. Das ist auch vollkommen begriffen worden von der gesamten Mittelmäßigkeit. Denn was die Vornehmen erfinden, bekommt erst seinen schließlichen Sinn, wenn es bei den Kleinen anlangt. Die haben gewittert: jetzt geht es uns gut! Das Vernünftige muß redlich erarbeitet werden, aber das Irrationale hat jeder von selbst. Es hat immer die Neigung, sich auszubreiten und alle die ungesicherten Bauten der Vernunft hinwegzuschwemmen. Die Wiedereinführung des Irrationalen war die gute Gelegenheit der menschlichen Schwäche, sich gehenzulassen, sich auszuverschenken an Instinkte, die nicht nachgeprüft werden, weil sie tief sind, und nicht nachgeprüft werden dürfen, weil ihre Tiefe sie heiligt.

Nur so hat die entscheidende Bewegung dieses halben Jahrhunderts, der Nationalismus, weiterlaufen können bis ins Äußerste und darüber hinaus. Der vierjährige Krieg schien wahrhaftig das letzte, was der Nationalismus leisten konnte; aber die Muskeln des Amokläufers haben seither nicht gelitten, und sein Schwung hat zugenommen. Er kann nicht früher zum Stillstand kommen als beim Abschluß des irrationalen Zeitalters. Denn das hat ihn für seine Taten erst reif gemacht; und es dauert, es dauert –!

Die geistige Haltung des öffentlichen Körpers verändert sich mit furchtbarer Langsamkeit. Wenn ihre Unerträglichkeit allseitig feststände, sie behielte noch lange ihr herkömmliches Recht.

Ja, der öffentliche Körper macht von einer gewissen Haltung erst dann den abscheulichen Gebrauch, wenn sie im Grunde vorbei ist, alle Tatsachen des Lebens sind gegen sie. Man weiß, aber will nicht wissen. Der öffentliche Körper und seine barbarische Langsamkeit erdrücken das Bewußtsein der einzelnen.
(1946) Erinnerungsbuch. Ein Zeitalter wird besichtigt, S. 187ff.

Quellen

Mann, Heinrich, Gesammelte Werke, hg. v. der Akademie der Künste der Deutschen Demokratischen Republik, (vor 1972 der Deutschen Akademie der Künste), Berlin 1966ff.
Mann, Heinrich, Essays. Bd. 1–3, hg. v. Alfred Kantorowicz, Heinz Kamnitzer, Berlin 1954–1962
Mann, Heinrich, Studienausgabe in Einzelbänden, hg. v. Peter-Paul Schneider, Frankfurt 1991ff.
Mann, Heinrich, Nietzsche, in: Maß und Wert, Heft 2, 1939, S. 277–304
Heinrich und Thomas Mann. Ihr Leben und Werk in Text und Bild. Katalog zur ständigen Ausstellung, Lübeck 1994
Mann, Heinrich, Briefe an Ludwig Ewers, Berlin 1980
Klein, Wolfgang Hg. u. a., Essays und Publizistik, Bd. 1–6, Bielefeld 2013ff.

Heinrich Mann zählt zu den herausragenden deutschen Schriftstellern des 20. Jahrhunderts. Er war ein Idealist und zugleich ein Träumer. Geprägt von der Aufklärung und der Französischen Revolution setzte er auf das Licht der Wahrheit und der Gerechtigkeit. Er war davon überzeugt, dass es auch in finsteren Zeiten, wenn das Licht nur noch durch Risse eintritt, erhalten bliebe. Licht schafft die Voraussetzung dafür, dass Träume Wirklichkeit werden können. Als Idealist träumte Heinrich Mann von einer besseren Welt. Als Moralist wollte er mithelfen, sie zu gestalten. Als Schriftsteller sah er sich dazu berufen.

Diese Biographie möchte das bestehende Heinrich-Mann-Bild erweitern und sein Werk der Vergessenheit entreißen.

Günther Rüther
Heinrich Mann: Ein politischer Träumer / Biographie
352 Seiten, gebunden mit Schutzumschlag
ISBN 978-3-7374-1156-1

FSC
www.fsc.org
MIX
Papier aus verantwortungsvollen Quellen
FSC® C083411

Bibliografische Information der Deutschen Nationalbibliothek
Die Deutsche Nationalbibliothek verzeichnet diese Publikation in der Deutschen Nationalbibliografie; detaillierte bibliografische Daten sind im Internet über http://dnb.d-nb.de abrufbar.

Lektorat: Timo Suchomelli, Wiesbaden
Cover: Anja Carrà, Karina Bertagnolli
Bildnachweis: Illustration von Lara Maria Carrà
Umschlag, Layout & Satz: Anja Carrà
Der Titel wurde in der Baskerville gesetzt
Gesamtherstellung: CPI books GmbH, Leck – Germany

ISBN: 978-3-7374-1162-2